Das dtv Reise Textbuch Berlin führt auf neue Art und Weise zu den Sehenswürdigkeiten der Stadt – beiderseits der Mauer.

Briefe, Tagebuchnotizen, Reiseberichte, Feuilletons, historische Reden, Gedichte, volkstümliche Lieder, Ausschnitte aus Erzählungen, Romanen, Chroniken, Essays und Theaterstücken besagen mehr und anderes, als im Reiseführer steht, über eine Straße, einen Platz, ein Gewässer, eine Brücke, ein Schloß, eine Kirche, ein Kaufhaus, ein Wohnviertel, einen Park, ein Monument, ein Werksgelände, ein Café, ein Ausflugslokal ...

Das Buch enthält eine Fülle solcher Texte aus der siebenhundertfünfzigjährigen Geschichte Berlins.

Die dtv Reise Textbücher, topografisch gegliedert und darum praktisch zu handhaben, erweisen ihren Wert an Ort und Stelle. Sie sind aber ebenso dienlich bei der Vorbereitung auf eine Reise oder einen Aufenthalt und ebenso sinnvoll beim Nach-Lesen, wenn man wieder zu Hause ist.

Und die Berliner selber? Sie kennen vieles, was in diesem Buch steht, manches noch genauer, manches noch dazu – aber kaum alles und jedes. Und selbst wenn! Das dtv Reise Textbuch Berlin ist einfach das ideale Berlin-Lesebuch, so aufschlußreich wie unterhaltsam.

REISE TEXTBUCH BERLIN

Ein literarischer Begleiter auf den Wegen durch die Stadt
Herausgegeben von Barbara und Walter Laufenberg
Mit Fotos von Antonius Flaskamp

Deutscher Taschenbuch Verlag

Originalausgabe
1. Auflage April 1987
2. Auflage Juli 1987: 11. bis 16. Tausend
© Deutscher Taschenbuch Verlag GmbH & Co. KG, München
Redaktion Langewiesche-Brandt
Umschlaggestaltung: Celestino Piatti / Antonius Flaskamp
Gesamtherstellung: Kösel, Kempten
ISBN 3-423-03903-5 · Printed in Germany

INHALTSVERZEICHNIS

SEHN SIE, DAS IST BERLIN!

UNTER DEN LINDEN

FRIEDRICHSTRASSE

KARL-LIEBKNECHT-STRASSE

INHALT

INHALT

DER TIERGARTEN

RUND UM DIE GEDÄCHTNISKIRCHE

DIE BEZIRKE NEUKÖLLN, SCHÖNEBERG UND TEMPELHOF

DIE BEZIRKE WILMERSDORF, STEGLITZ UND ZEHLENDORF

INHALT

INHALT

SEHN SIE, DAS IST BERLIN!

Die Stadt...

Das ist Berlin, Berlin, die ewig junge Stadt,
das ist Berlin, die Stadt, die meine Liebe hat,
genau im Mittelpunkt der Welt
hat sie der Herrgott hingestellt!

Du mein Berlin, Berlin, du Perle an der Spree,
wer dich erst kennt, Berlin, der sagt dir nie: «Adieu!»
Denn deinem Zauber kann man niemals mehr entfliehn,
du mein Berlin, Berlin, Berlin!

Berliner Lied

...und die Bewohner

Es lebt aber, wie ich an allem merke, dort ein so verwegener
Menschenschlag beisammen, daß man mit der Delikatesse
nicht weit reicht, sondern daß man Haare auf den Zähnen
haben und mitunter etwas grob sein muß, um sich über
Wasser zu halten.

Goethe zu Eckermann am 4. Dezember 1823

Erste Erwähnung von Berlin-Cöln

Johann und Otto, Markgrafen zu Brandenburg, haben sowohl mündlich als auch durch ihre Urkunden öffentlich vor der Geistlichkeit und dem Volke erklärt und anerkannt, daß das Recht und der Besitz der Zehnten von ihren in der brandenburgischen Diözese gelegenen Gütern, sowohl in den neuen als in den alten Landen, zum Rechte und zum Eigentum der brandenburgischen Kirche gehöre. ...

Geschehen zu Brandenburg, im großen Krankenhause, am Tag der heiligen Apostel Simons und Judä, d. i. den 28. Oktober im Jahr der Menschwerdung des Herrn 1237, in Gegenwart der nachbenannten getreuen und biederen Männer: Johannes, Dekan zu Halberstadt, Ulrich, Kanonikus zu St. Paul in Halberstadt, Johann, Pfarrer zu Gardelegen, Reinhard, Kanonikus zu St. Sebastian in Magdeburg, Meister Guntram, Heinrich von Nauen, Kanonikus zu Stendal, *Symeon, Pfarrer zu Cöln*, Heinrich, Pfarrer zu Plaue und die Ritter...

Urkunde von 1237

Die Pest, 1585

In diesem Jahre 1585, in dem die Pest regierte, haben der Rat und die Bürger von Berlin den Rat von Cölln verdächtigt – unbilliger und unrechtmäßiger Weise, entgegen ihrem eigenen Gewissen und wohlbewußt –, bei ihrer churfürstlichen Gnaden, dem gnädigsten Herrn, erreicht zu haben, daß dieser die lange Brücke und den Mühlendamm mit Toren versehen hat, damit die Bürger beider Städte nicht zusammenkommen, insbesondere aber die mit der Pest angesteckten nicht zu den gesunden nach Cölln gelangen könnten. Sie haben den Rat von Cölln weiter verdächtigt, sich ganz unnachbarlich und sehr unchristlich und unfreundlich gezeigt und verhalten zu haben, indem sie den Berlinern nicht gestattet haben, Holz, Kohlen, Bretter und noch anderes bei ihnen auf dem Markt feilzubieten. Das war zwar auch für die Cöllner sehr schmerzlich, aber sie haben es mit Geduld ertragen, und sie haben trotz allem den Berlinern gutwillig gegeben, was diese in Cölln an Rüben, Kohl und anderem kaufen wollten. Im übrigen haben sie sich unserem lieben Gott befohlen, der ihnen gnädig geholfen hat, daß sie nicht sonderlich Mangel leiden mußten. Die göttliche Allmacht möge fernerhin diese beiden Städte vor solchem und ähnlichem Unglück in Gnaden bewahren. Amen.

Aus der Chronik der Cölner Stadtschreiber

Ein französischer Besatzer

Berlin, 3. November 1806

Seit vorgestern haben wir feuchte Kälte. Um neun Uhr war Parade in Charlottenburg. Von früh sieben an war ich auf den Beinen. Die Kälte hat mich etwas mitgenommen. Gestern abend bekam ich Schüttelfrost; ich war völlig apathisch. Heute abend die nämlichen Symptome, dermaßen, daß ich an Dich schreibe, statt zum Mittagessen zu gehen.

(...) wir hausen in einem kleinen Palast, an dessen Fassade vier Säulen einen Balkon tragen. Zur Zeit sitze ich zwischen zwei Fenstern im Erdgeschosse und denke an Dich, bereit, alles in der Welt dafür zu geben, Dich einen Augenblick umarmen zu dürfen.

Ich befinde mich gegenüber dem Zeughause, einem stattlichen Bau, unweit des königlichen Schlosses, von dem wir durch einen Arm der Spree getrennt sind. Das Spreewasser sieht wie grünes Öl aus. Berlin liegt in einer Sandwüste, die ein wenig nordöstlich von Leipzig beginnt. Wo kein Pflaster vorhanden ist, sinkt man bis an die Knöchel ein. Der Sand macht die Umgegend der Stadt öd. Nur Bäume gedeihen und hier und da Wiesen. Ich begreife nicht, wie jemand auf den Gedanken geraten ist, mitten in diesem Sand eine Stadt zu gründen. Berlin soll 159 000 Einwohner haben.

Stendhal

In der Mitte Europas

Berlin, die schöne Hauptstadt des preußischen Staats, hat nahe an 500 000 Einwohner und etwa 16 000 Mann Militär. Sie liegt in meist sandiger, ebener Gegend an der Spree, und zählt mit den zum Weichbilde gehörigen Gebieten 11 400 Grundstücke, 352 Straßen, 40 Plätze und ebenso viele Brücken. Die Grenzen der Stadt wurden früher durch die Stadtmauern bezeichnet. Nach der Entstehung der Vorstädte, die sich in vielfacher Hinsicht mit der Stadt verschmolzen, betrachtet man die Stadt jetzt nur in ihrem Weichbilde, ohne mehr auf die engere Begrenzung Rücksicht zu nehmen.

Berlin liegt unter dem 52° 31′ 30″ nördlicher Breite und 31° 2′ 30″ östlicher Länge, in der Nähe des geographischen Mittelpunkts der preußischen Monarchie und ziemlich in der Mitte Europas, nur etwa 41 Meilen näher an Moskau als an Lissabon, aber in fast gleicher Entfernung von Amsterdam, Kopenhagen, Königsberg, Krakau, München, Stuttgart, Warschau und Wien.

Robert Springer, 1861

Wie man in Berlin so lebt, um 1890

Mein Bett steht in einem sogenannten Berliner Zimmer (manche sagen auch «Saal»), und da ich einen gesegneten Schlaf habe, so komme ich über die Nacht gut weg. Selbst wenn ich mal aufwache, ist alles so dunkel, daß die merkwürdigen architektonischen Linien mich nicht stören können. So geht es bis 7. Um diese Zeit weckt mich ein Nachbargeräusch mit einer geradezu brutalen Gewalt. Es trifft sich nämlich so unglücklich – und unglücklich ist noch ein mildes Wort – daß gerade am Kopfende meines Bettes der Closet-Zug des Nachbarhauses läuft, ein in gräßlichen Gurgeltönen arbeitendes Instrument, das mit einer erstaunlichen Pünktlichkeit und angenehm nur für den, auf den diese Pünktlichkeit zurück zu führen ist, um 7 Uhr sein Tagewerk beginnt. Für Menschen ohne Phantasie mag das gehn, aber wer alles mitdurchlebt, der ist doch beklagenswerth. In der Regel schlafe ich trotzdem wieder ein. Um 8 oder wenig später werden auf dem 6 Meter im Quadrat großen Hofe Decken geklopft; eh man noch fertig ist, erscheint ein Leierkasten. Ein Glück, daß das Deckenklopfen noch nicht ganz fertig ist, so frißt eins das andre auf.

Eine halbe Stunde später bin ich beim Frühstück oder was man so Kaffe nennt. Dazu Semmeln von meinem berühmten Bäcker; auch alle Brote sind berühmt. Es heißt die Fremden freuten sich... Entweder kommen sie aus merkwürdigen Gegenden oder sie nehmen uns das Glück weg und lassen uns das Elend. In Dresden soll man sich nur um die Engländer kümmern; die Deutschen müssen warten.

Die Zeitung. Wenn der Druck nicht zu schlecht oder der Nebel nicht zu dicht ist, einer der ersten Genüsse. Dann heißt es, sich anziehn. Ich habe die Tugend oder Untugend mich selber zu rasieren. Marterstunde. Diese Jahrzehnte zerfallen in ein up and down. Es gab auch gute Zeiten. Aber seit längerer Zeit bin ich wieder in der down-Epoche und mache Marterstunden durch. Es ist mir nicht mehr möglich ein Rasiermesser zu erstehn, das Schneid hat. In Preußen und nicht mal Schneid! Ich bin in allen möglichen Läden gewesen in großen berühmten Messerhandlungen, in renommirten Schleifanstalten, alles umsonst. Es bleibt wie's ist. «Man kann drauf nach Rom reiten.» Es ist der Prozeß des Mähens mit der ungedengelten Sense, keine Maht, das Gras bleibt stehn. «Hier steh ich, ich kann nicht anders.»

Weiter in der Toilette. Die Seifenfrage beginnt. In englischen Zeitungen steht immer Pears Soap und dann eine lange Beschreibung und ein Bild wie ein Mohr weißgewaschen wird. Dies Letzte ist das Einzige was ich unsrer Seife auch zutraue, denn sie ist so alkalireich, daß sie die Haut mitwegnimmt, da muß dann zuletzt der natürliche Fleischton zur Geltung kommen. Aber – die Haut ist weg.

Nun weiter. Die Hose bammelt und schlägt überall Falten wo sie keine schlagen soll; zieht man die Träger an, so schneidet sie ein, läßt man die Träger los, so tritt man drauf. Die Weste ist wie für einen Bierbrauer, und ich habe kaum mittlere Brust- und Bauch-Weite. Dann der Rock. Ich lasse mir dabei helfen, weil es sonst gar nicht geht, und nun endlich sitz' ich drin und stecke wie in einem Futteral. Alles zu eng. Die Manschetten sammt einem Stück Hemdärmel wachsen aus dem Ärmel heraus, und alles in allem steh ich da wie eine Jammerfigur. Es ist überhaupt nur ein Halbärmel. Ich bin ein alter Herr, aber wenn man mir ein Tuch über den Kopf deckt, wird mich jeder für einen Confirmanden halten. Und dafür meine besten Gesellschaftsröcke, das Produkt eines sogenannten guten Schneiders, eines ersten gewissenhaften Künstlers. Denn als unter beständiger genauester Zahlennennung Maß genommen wurde, war es als ob die Firth-of-Forth-Brücke neugebaut werden sollte, so minutiös die Berechnung.

Dann Hut und Stock und Handschuh. Ach die Handschuh. Ich bin kein Handschuhmann, aber so viel weiß ich doch, daß ich einen guten von einem schlechten unterscheiden kann. «Ich kaufe neue Handschuh», und nun wird eine Fabrik in einer wilden Stadtgegend genannt. Was ich von da bezogen habe, hatte immer mehr oder weniger die Gestalt des ehemaligen Fausthandschuhs, auch dann noch wenn sie zu eng waren. Unter dem Daumen hing immer eine unmotivirte Lederkappe, ein kleiner Lufthut, und wo der kleine Finger in die Handfläche einsetzt lagen tiefste Runzeln. Eine Zeitlang besorgte mir eine Freundin Handschuh im Bon Marché in Paris; sie waren trotz Steuer erheblich billiger und saßen wundervoll. Ich trug sie bis zur Erschlaffung, bis an die Grenze des Möglichen, denn auch in ihrem verschlissensten Zustande saßen sie immer noch besser als die hiesigen neuen.

Und nun in die Stadt. Da fährt die Pferdebahn vorüber. Gott sei Dank etwas Gutes, was einen wieder an Berlin glauben läßt. Aber ich nehme doch lieber eine Droschke. Auch was Gutes. Manche lassen zu wünschen übrig, und wer zu Rheumatismus oder Zahnweh neigt soll lieber draußen bleiben, aber was kann man für 60 Pfg. verlangen! Und dann diese wunderbaren Leute. Jeder ein Original, die vermickerten die wie Kranke aussehen ebenso wie die forschen und stattlichen.

Und so geht es in die Stadt und in den Tag hinein. Aber ich breche ab und begnüge mich ein paar Fragen zu stellen: Ist die Kaiser-Wilhelms-Brücke schön? Und was dann folgt, ist es schön? Und der neue Markt, der mich immer an Loreto erinnert wohin das Haus der Maria durch Engel getragen wurde. Der neue Markt wurde von Bentschen oder Tirschtiegel nach Berlin getragen, natürlich nicht von Engeln. In Bentschen leben andere Träger. Dann wachsen überall die Gemeindeschulen wie Pilze aus der Erde, aber lange nicht so hübsch wie Pilze. Sie haben was von einem Verließ. Die Heiterkeit freier Wissenschaft kommt sehr unvollkommen zum Ausdruck. Sie wirken einschüchternd, als habe sich der Bakel des vorigen Jahrhunderts eine Kunstform gesucht, als gäb es noch Lattenstrafe drin.

Viele lassen sich ihr Schuhzeug aus dem Österreichischen schicken. Eine gute Tasse Kaffe gehört in Berlin zu den Seltenheiten; die Hälfte der Sommerreisen ins Böhmische führe ich auf diesen Umstand zurück. Wer in Berlin einen guten und verhältnismäßig billigen Buch-Einband haben will, wendet sich nach Leipzig. Gute Sättel kommen aus England. In guten Restaurants kriegt man unglaubliche Beef-steaks, mit einem starken Stich oder einem Beigeschmack von Hauklotz, und wenn man sie stehen läßt, ist der Wirth beleidigt. Er fordert Selbsttödtung als Anstandspflicht. Und welche Flaschenbiere! Ob die Pantscher schuld sind, ich weiß es nicht, ich weiß nur, daß einem schofles Zeug ins Haus geschickt wird. Und dann wechselt man, und dann ist es noch schlechter. Daß man in Berlin auch wundervolles Bier trinken kann, weiß ich natürlich, wenn man Glück hat oder alle besten Plätze kennt ist alles wundervoll, aber ich spreche vom Durchschnitt. Wers nicht glaubt, der läßt es.

Ich bin ein guter Berliner, Preuße, Deutscher, und einige halten mich für geeicht in diesem Punkte; nichts ist mir widriger als ewiges Mäkeln und Besserwissenwol-len, alles blos aus Überheblichkeit und Wichtigthuerei. Berlin ist eine proppre Stadt und es giebt viele Fremde – die, weil unbefangen, immer das beßre Urtheil haben – die das Berliner Leben dem Leben in andren Großstädten vorziehn. Wenn ich solchen Stimmen begegne, schlägt mir das Herz höher, und ich freue mich dann Stimmen gegen mich selber sammeln zu können. Es liegt mir nicht das Geringste daran, Recht zu haben, es liegt mir nur daran, Dinge gebessert zu sehn, die der Besserung bedürftig sind, auch wenn die Fremden liebenswürdig genug sind all der-gleichen um andrer Vorzüge willen zu übersehn. Das be-rühmte Wort Reuleaux', eines Mannes der wahrhaftig im Stande war Unterschiede wahrzunehmen [die deutschen Ex-ponate auf der Weltausstellung in Philadelphia, 1877, seien «cheap and nasty», billig und geschmacklos], enthielt eine große Wahrheit und enthält sie noch, nur daß uns der Ent-schuldigungsgrund des einen Wortes für das andre mehr und mehr verloren geht. Nichts von cheap mehr. Zum Teufel ist die Billigkeit, das «Andre» ist geblieben.

Theodor Fontane

Als der neue Westen entstand

Allsommerlich wuchs Berlin um viele Kilometer neuer
Straßen mit hohen Zinshäusern. Um 1890 war die Stadt
im Westen am Nollendorfplatz zu Ende. Hinter diesem
trostlosen Platz dehnten sich die Felder bis Wilmersdorf.
Ging ich – in meiner Malerzeit – im Sommer morgens zu
einer Arbeitsstelle in Friedenau über diese Felder, so saß
nicht selten an einem Grabenrand ein verschlafenes Pärchen,
das bis in die Nacht in Wilmersdorf getanzt und darauf
im Freien geschlafen hatte. Rund angelegt lag in dieser
Feldeinsamkeit nur der Prager Platz, an dem ein tollkühner
Pionier eine ziegelsteinerne Villa erbaut hatte. An der
Südwestseite der Tauentzienstraße befanden sich große
Holzplätze, an der Ecke des Kurfürstendamms und der
Kurfürstenstraße lag noch jene alte Gärtnerei, die Theodor
Fontane in seinen «Irrungen, Wirrungen» beschrieben hat,
und dort, wo sich jetzt die Kaiser-Wilhelm-Gedächtniskirche erhebt, wuchs eine hohe Pappel wie zur Orientierung.
Vom Nollendorfplatz fuhr eine Dampfstraßenbahn nach
Halensee über den noch fast unbebauten Kurfürstendamm,
dessen Bauterrains benutzt wurden, wenn Buffalo Bill
seine Indianerritte vorführte. Hinter der Ringbahn, die
damals noch eine Art von Wüstenbahn war, begann der
Grunewald, denn die Villenkolonie wurde erst später angelegt. Am Dianasee und Herthasee ging man entlang wie
heute am Riemeister. In den andern Stadtgegenden war es
nicht anders. Am nördlichen Ende der Friedrichstraße, nahe
dem Oranienburger Tor, war noch die hochummauerte
Fabrik von Borsig in Betrieb, die in Friedrich Spielhagens
Roman «Hammer und Amboß» eine Rolle spielt. Weiter
draußen wuchsen phantastisch einzelne hohe Mietshäuser
aus den Kartoffeläckern. Dann kam die Bauperiode auch
dort zu ihrem Recht. In fünfundzwanzig Jahren entstand
der ganze neue Westen, überall schlossen sich die Häuser
in Reihen zusammen, und es formten sich die Straßen und

Plätze. Die heißen Sommertage waren erfüllt von Baulärm und Räderknarren, von Ziegelstaub und Mörtelgeruch. Diese ruhelose Arbeit rings an der Stadtperipherie gab eine Stimmung von Nationalwohlstand, Unternehmerkühnheit und hereindrohenden Katastrophen. Die hunderttausend neuen Wohnungen wurden im Eiltempo errichtet für die illusionskräftige, großmannssüchtige, schnell sich bereichernde Großstadtbevölkerung. Es mehrten sich schnell die Besitzer beträchtlicher Vermögen. Sie kamen aus engen Verhältnissen, arbeiteten sich fleißig herauf und ließen ihre Söhne studieren. In der Innenstadt, zwischen den Läden, Lagern und Kontoren, wurde die hin und her flutende Menge von Jahr zu Jahr dichter. Sie berauschte sich an sich selbst. Die Zeitungen erreichten Massenauflagen, Pferdebahnen wurden in elektrische Straßenbahnen verwandelt, die Droschken wichen den Autos, aus dem Ladenhaus ging folgerichtig das Warenhaus hervor, das nur noch ein einziges Schaufenster ist, aus bescheidenen Bierwirtschaften wurden Brauereipaläste, aus kleinen Konditoreien spiegelglasprunkende Cafés, und an die Stelle der behaglichen Altberliner Weinstuben trat der Kempinskibetrieb. Ganze Stadtteile nahmen den Charakter von Vergnügungsvierteln an, überall flammte farbig elektrisches Licht auf, war Bewegung, Genuß und Lärm.

Karl Scheffler (1869–1951)

Eine Stadt, die läuft und läuft

Eine Stadt, die nicht steht, nicht sitzt wie die vom Strom oder Berg abgelagerten Städte Hamburg oder Wien, Köln, Dresden oder München, eine Stadt, die vielmehr läuft und läuft, deren Bewohner vor dem Kriege nach statistischem Durchschnitt alle zwei Jahre die Wohnung wechselten, und in der sich die Bande von Familie, Konfession, Stand, Verkehr vielleicht noch rascher lösen als in anderen

Großstädten. Eine Stadt voll Straßen ohne eigentlichen Markt, voll Gang ohne Stand, die von Fürsten geradlinig wie ein Feldlager ausgespannt ward, die ihr gesellschaftliches Verkehrszentrum, ihren Korso kilometerweise immer weiter nach Westen vorschob, die noch ihre jüngste Hauptstraße, den Kurfürstendamm, als geraden Ausfallsweg fernhin ausstrahlte. Kurz, es ist eine Stadt auf der Wanderschaft, vor dem Kriege schon bis Zehlendorf halbwegs nach Potsdam auslaufend, eine wahrhaft ahasverische Stadt, die sich selbst zu fliehen scheint und eine leise Tragik in sich trägt, wie sie manche ihrer denkenden Söhne bekannten, Ed. v. Hartmann, als er die Welt zum Todesmarsch exerzierte, und noch Georg Simmel, als sich ihm die Welt relativierte und er zuletzt doch ins Absolute strebte, ja noch Walter Rathenau, als sich ihm die Welt mechanisierte unter seiner romantischen Sehnsucht. – Ja, es ist eine Stadt der verzehrenden Unrast, mehr in notwendigen Mitteln als im ruhenden Zweck atmend, und dieses Berlin, das stets am meisten von Berlinern gescholten wird, ist gerade darum schätzbar und fruchtbar, weil es sein Ungenügen kennt. Und darum läuft es aus seiner künstlichen, sandgebauten Kultur in die Natur hinaus, läuft es durch die Linden in den Tiergarten, durch den Kurfürstendamm in den Grunewald, läuft es durch immer weiter ausgestreute Vororte in das schöner gebettete Potsdam und sucht Geistesfrieden im Naturanschluß, in lauter Tuscula von Sanssouci bis Tegel, von Kolonie Grunewald durch das Tiergartenviertel bis Friedrichshagen. Ohne diese grünen Ausmündungen, ohne diese haltenden Ruhepunkte, ohne diese Rahmenperlen darf man das zerfließende Bild Berlins nicht sehen, kann man es nicht werten. Auch diese lauteste der deutschen Städte hat noch ihre stillen, feinen Winkel, auch diese lösendste der Städte spinnt ihre langen, treuen Freundschaften, und in aller Zersetzung und Kritik ist sie die gastlichste der Städte, die verknüpfendste, ist sie es als Stadt der kontinentalen Mitte und darum der kulturellen Vermittlung, räumlich wie zeitlich, deutsch wie europäisch und darum so problematisch wie das Volk der Mitte, das sich in ihr kapitalisiert.

Karl Joel, 1924

Mehr eine Stadtschaft als eine Stadt

Berlin ist (...) mehr eine Stadtschaft als eine Stadt, um einen gleichläufigen Begriff zur Landschaft zu bilden. Es sind weder in sich abgeschlossene Siedlungen, die sich um einen chrakteristisch herausgehobenen Stadtkern schließen, noch gleichmäßige Häusermassen, die wieder auf ein Zentrum bezogen sind. Am besten vergleicht man Berlin mit einem Zellgewebe, von dem nur die einzelnen Zellen, ihr Leben, ihre Teilung feststellbar sind, aber noch nicht die endgültige Form, der das Ganze zustrebt. An einigen Stellen verdichtet sich das Gewebe zu Mittelpunkten, deren Anziehungskraft aber ungleichmäßig bleibt. Prüft man das Zueinander dieser Punkte, so bemerkt man, daß die Verbindungslinien zwischen ihnen stark belebt sind, wenn auch plötzlich tote Strecken dazwischenliegen, wie etwa das Straßenstück Nollendorfplatz – Wittenbergplatz. Sehr merkwürdig zu beobachten, wie die großen Verkehrsstraßen des Westens, vor allem Tauentzienstraße und Kurfürstendamm, in ihre Seitenstraßen hineinwirken: die eleganten Läden, Vergnügungslokale, kleinen Restaurants ziehen sich noch ein Stück hinein; von der Mitte der Straße ab jedoch läuft die Wirkung der großen Straße langsam aus, und das Ende liegt in bürgerlicher oder schon kleinbürgerlicher Ruhe.

Daß die einzelnen Bezirke Groß-Berlins voneinander nicht so stark und charakteristisch geschieden sind wie die Pariser Arrondissements, heißt nicht, daß sie charakterlos seien. Man hat das für den Osten und Norden oft festgestellt; es gilt aber auch für den Westen. Ein Beobachter, der, wie

Paul Morand (Neuyork), das westliche Berlin schildern würde, könnte über jede Straße einen Roman schreiben.

Ernst Wilhelm Eschmann, 1941

Emigranten-Heimweh

Wiederum legtest Du Dich mächtig aus, und allenthalben entstanden am Stadtrand, in Reinickendorf und Tempelhof, in Onkel-Toms-Hütte und in Schlachtensee, nicht weit von Wäldern, Wiesen und den märkischen Seen, die großen Neubauviertel mit gesunden, hellen Wohnungen, breiten Straßen und gepflegten Plätzen. Dort können «Berliner Rangen» gesund und kräftig heranwachsen. Damals entwickelten sich Deine beiden Zentren des Lebens und des Verkehrs, die für uns nun das typische Berlin sind. Tagsüber ist es der Alexanderplatz. Moderne Geschäftshäuser, U-Bahn-Schächte, die ununterbrochen Menschenströme ausspeien und einsaugen, ratternde rot- und gelbgestrichene S-Bahn-Züge, überfüllte Autobusse, in den Schienen kreischende, funkensprühende Straßenbahnen, Autokolonnen, die sich vor dem roten Licht der Verkehrsampeln stauen, um dann gemeinsam mit aufbrausenden Motoren anzufahren, flinke Zeitungsfahrer, die sich, mit ihrem großen Sack frischgedruckter Neuigkeiten auf dem Rücken, auf ihren Rädern geschickt durch den Verkehr winden. Das ist der «Alex». Wertheim, Tietz, Jonas – dort sind mit ihren grellbunten Inventur-Ausverkaufs-Plakaten die großen Kaufhäuser, in deren überfüllten Verkaufshallen sich die Hausfrauen um die schwerbeladenen Tische drängen, um «angestaubte Wäsche» oder «Schlipse mit Webfehlern» billig zu erhandeln. Dort steht der wortgewandte Straßenverkäufer im Kreise seiner aufmerksamen «Sehleute», und das Maulwerk der Blumenfrau am Alex plappert hier genauso schnoddrig wie am Potsdamer Platz.

Dein anderes Zentrum: Nacht der Tauentzien! Dort mischen sich auf regennassem Asphalt die glitzernden Reflexe der bunten Reklameschriften, der lichterfüllten Schaufenster, der grellen Bogenlampen und der blendenden Autoscheinwerfer zu einem festlich-bunten Abbild des Großstadtlebens. Das flackernd fahle Licht der roten und blauen Neonröhren hebt aus dem Dunkel den massiven Bau der Kaiser-Wilhelm-Gedächtniskirche hervor, die den ruhig-ernsten Hintergrund zu diesem Zentrum der Daseinsfreude und des Weltstadttempos bildet.

Alexanderplatz und Tauentzien! Berlin der Arbeit und der Lebensbejahung!

Noch ist Dein Bild nicht vollständig. Zu Dir gehören auch die vielen Parks und Grünanlagen, der Tiergarten mit seinen alten Bäumen, gepflegten Blumenrabatten und stillen Seen, die uns die Nähe der Großstadt vergessen ließen, mit seinen Gartenbänken, auf denen im abendlichen Dunkel die Liebespaare saßen. Zu Dir gehören der Wannsee, der Müggelsee und die vielen anderen märkischen Gewässer, an deren Ufern wir sonntags zu Tausenden Erholung und Kraft für die bevorstehende Arbeitswoche suchten. Zu Dir gehört der Grunewald mit seinen schlanken hohen Kiefern, durch den wir so oft gewandert sind.

Doch so warst Du, Berlin. Wie wenig gleichen unsere Erinnerungen Deiner Wirklichkeit. Auch Du wurdest Front wie jede andere deutsche Großstadt. Zu den Abrißhäusern und kaum begonnenen Baustellen gesellen sich jetzt die Trümmerstätten.

Bernt von Kügelgen, 1944

Nur die Siegessäule stand unversehrt

Je mehr sie sich dem Stadtkern Berlins näherten, um so trostloser wurden die Ruinenfelder. Waren in den Vororten nur einzelne Villen ausgebrannt, deren verkohlte Stümpfe im sommerlichen Grün der Gärten und Parkanlagen verschwanden, so glich der Tiergarten einem Schlachtfeld. Die Bäume waren von Bomben zerfetzt; nur wenige schwarze Stämme streckten angekohlte Äste von sich. Denkmäler waren von den Sockeln gestürzt oder von Granaten zertrümmert. Die Prachtvillen, in denen die internationale Diplomatie gewohnt hatte, waren ausgebrannt. Opernhaus, Reichstag, Bahnhof, Brandenburger Tor – alles, was das Auge durch den verstümmelten Tiergarten mit einem Blick übersah: kalte Ruinen mit klaffenden Wunden im Gemäuer, mit leeren Fenstern, zusammengebrochenen Säulen, zerfetzten Eingängen. Nur die Siegessäule stand unversehrt inmitten all der Zerstörung, und über ihrer in der heißen Julisonne golden glitzernden Viktoria wehte die Trikolore. Am andern Ende der breiten Ausfallstraße grüßte vom zerhackten Steinkoloß des Brandenburger Tors die rote Fahne.

Immer wieder wich ihr Wagen tiefen Granatlöchern im Straßenpflaster und großen Steinblöcken aus, die von der Wucht der Bomben auf die Fahrbahn geschleudert worden waren. Im ausgebrannten Tiergarten, an der Siegessäule und am Brandenburger Tor parkten Personenwagen, Jeeps und andere Militärfahrzeuge. Vor einigen Tagen waren Truppenkontingente der Alliierten in Berlin eingezogen; die Stadt war in vier Sektoren aufgeteilt. In Gruppen gingen Soldaten der sowjetischen, amerikanischen, englischen und französischen Armee vorüber. Viele photographierten die historischen Gebäude und Denkmäler.

Der Wagen fuhr langsam durch die Tiergartenstraße.

«Sehen Sie dort, Genosse! Das Denkmal! Soll wohl der Große Kurfürst sein, nicht wahr? Steht noch einigermaßen fest auf seinem Sockel. Aber wie bekümmert er dreinblickt!»

«Hat allen Grund dazu.»

«Der Bahnhof. Das war doch ein Bahnhof, nicht wahr, Genosse? Der Bogenbau ist noch zu erkennen. Wie das Gerippe eines fossilen Ungeheuers...»

«Sehen Sie da, Russen und Amerikaner lassen sich zusammen photographieren. Das Bild wird bestaunt werden, wenn es in Archangelsk oder in Philadelphia von Hand zu Hand wandert.»

«Was ist das eigentlich für eine Siegessäule? Aus welchem Anlaß wurde sie gebaut?» Die Frage war an Boisen gerichtet. Er gab Auskunft: «Die haben die Hohenzollern nach ihrem Sieg 1870/71 über Frankreich aufstellen lassen.»

«Aha, deshalb nun die Trikolore!»

«Seht mal das Gekrabbel an der Reichstagsruine. Wir müssen auch hin und uns photographieren lassen, Stepan Wladimirowitsch», rief Kotlubow.

Mit dem Reichstagsbrand 1933 begann die deutsche Katastrophe, dachte Boisen. Mit dem Reichstagsbrand 1945 endete sie.

Sie fuhren in die ehemalige Prachtstraße Unter den Linden ein. Hier war kein Gebäude unversehrt, über weite Strecken türmte sich nur Steingeröll. Am Pariser Platz standen zwischen dem Steinschutt immer noch Reste zusammengeschossener Panzer und Geschütze. Munitionskisten, Patronenhülsen, verbeulte Stahlhelme lagen umher; Leitungsdrähte baumelten wirr herab; umgeworfene Straßenampeln hingen verbogen über der Asphaltdecke, in der riesige Löcher und Risse klafften.

Obwohl die Offiziere schnell nach Karlshorst wollten, konnten sie nicht der Verlockung widerstehen, sich vor dem Reichstagsgebäude photographieren zu lassen und einen Abstecher in die Wilhelmstraße zu machen. Scharen von Soldaten der Siegermächte zogen hier von Ruine zu Ruine, viele wühlten in dem Schutt nach Erinnerungsstücken. Auf der Spitze einer Fassadenruine der Reichskanzlei saß ein Sowjetsoldat. Er spielte auf einer Handharmonika und griente herunter auf die ihm Zuwinkenden.

«Eine tote Stadt. Tot für Jahrzehnte.»

Willi Bredel (1901–1964)

Seit gestern tausend Jahre vergangen ·

Um gegen den Wind landen zu können, muß das aus dem Westen einfliegende Flugzeug die Stadt und das sie teilende Bauwerk dreimal überqueren: zunächst in östlicher Richtung fliegend, erreicht das Flugzeug Westberliner Luftraum, überfliegt darauf in einer weiten Linkskurve den östlichen Teil der Stadt und überwindet dann, jetzt aus dem Osten kommend, das raumaufteilende Bauwerk in Richtung Landebahn Tegel ein drittes Mal. Aus der Luft betrachtet, bietet die Stadt einen durchaus einheitlichen Anblick. Nichts bringt den Ortsunkundigen auf die Idee, daß er sich einer Gegend nähert, in der zwei politische Kontinente aneinanderstoßen. (...)

Zwischen all diesen Rechtecken wirkt die Mauer in ihrem phantastischen Zickzackkurs wie die Ausgeburt einer anarchistischen Phantasie. Nachmittags von der untergehenden Sonne und nachts verschwenderisch vom Scheinwerferlicht angestrahlt, erscheint sie eher als städtebauliches Kunstwerk denn als Grenze.

Bei schönem Wetter kann der Reisende den Schatten des Flugzeugs beobachten, der zwischen beiden Stadtteilen hin und her huscht. Er kann die Annäherung des Flugzeugs an seinen Schatten verfolgen bis zu dem Augenblick, da das Flugzeug in seinem Schatten aufsetzt. Erst wenn der Reisende ausgestiegen ist, bemerkt er, daß der wiedergefundene Schatten in dieser Stadt einen Verlust bedeutet. Nachträglich stellt er fest, daß sich einzig der Schatten des Flugzeugs frei zwischen beiden Stadtteilen bewegen konnte, und plötzlich erscheint ihm das Flugzeug als eines jener von Einstein erträumten Verkehrsmittel, aus dem lächerlich jung und ahnungslos Reisende steigen und eine Stadt besichtigen, in der seit gestern tausend Jahre vergangen sind.

Peter Schneider, 1982

UNTER DEN LINDEN

Untern Linden, untern Linden,
Gehn spaziern die Mägdelein!
Wenn du Lust hast anzubinden,
dann spaziere hinterdrein!
Wenn du an der Kranzlereck' bist,
sagt sie dir noch, daß du keck bist,
bist du am Pariser Platz,
schwuppdich! ist sie schon dein Schatz!

Berliner Lied

Winterliche Impressionen

Berlin ließ in mir eine dauerhafte Erinnerung zurück, weil
die Art der Erholungen, die ich dort fand, mich in die Zeit
meiner Kindheit und meiner Jugend versetzte. Aber die
Rolle meiner Sylphide übernahmen nun wirkliche Prinzessinnen. Alte Raben, meine ewigen Freunde, setzten
sich auf die Linden vor meinem Fenster; ich streute ihnen
Futter hin; mit unvorstellbarer Geschicklichkeit warfen
sie, wenn sie ein zu großes Stück Brot erwischt hatten,
dieses wieder weg, um nach einem kleineren zu schnappen.
Nachdem die Mahlzeit beendet war, sang der Vogel auf
seine Art: «Die Stimme der Raben gleicht der Stimme uralter Jahrhunderte.» Ich schweifte durch die verödeten
Stadtteile des vereisten Berlin; doch vernahm ich aus

seinen Mauern nicht wie aus den alten Mauern Roms die schönen Stimmen junger Mädchen. Und statt weißbärtigen Kapuzinern, die in Sandalen zwischen Blumen einherschlendern, begegnete ich Soldaten, die Schneebälle machten.

François René de Chateaubriand, 1821

Ist die Gegenwart nicht auch herrlich?

Ja, das sind die berühmten Linden, wovon Sie so viel gehört haben. Mich durchschauert's, wenn ich denke: Auf dieser Stelle hat vielleicht Lessing gestanden, unter diesen Bäumen war der Lieblingsspaziergang so vieler großer Männer, die in Berlin gelebt; hier ging der große Fritz, hier wandelte – Er! Aber ist die Gegenwart nicht auch herrlich? Es ist just zwölf und die Spaziergangszeit der schönen Welt. Die geputzte Menge treibt sich die Linden auf und ab. Sehen Sie dort den Elegant mit zwölf bunten Westen? Hören Sie die tiefsinnigen Bemerkungen, die er seiner Donna zulispelt? Riechen Sie die köstlichen Pomaden und Essenzen, womit er parfümiert ist? Er fixiert Sie mit der Lorgnette, lächelt und kräuselt sich die Haare. Aber schauen Sie die schönen Damen! Welche Gestalten! Ich werde poetisch!

> Ja, Freund, hier unter den Linden
> Kannst du dein Herz erbaun,
> Hier kannst du beisammen finden
> Die allerschönsten Fraun.

> Sie blühn so hold und minnig
> Im farbigen Seidengewand;
> Ein Dichter hat sie sinnig
> *Wandelnde Blumen* genannt.

Welch schöne Federhüte!
Welch schöne Türkenschals!
Welch schöne Wangenblüte!
Welch schöner Schwanenhals!

Heinrich Heine, 1822

Ungehindert schweift der Blick

Wie viele Gestalten hat die Straße «Unter den Linden» vorübergehen sehen! Und welch reges Leben herrscht dort noch heute! Ein indischer Fürst erklärte einmal, er hätte noch nie in einer Stadt eine so schöne Straße gesehen wie «Unter den Linden». Wer einstmals in einer warmen Juninacht über den Mittelweg gegangen ist, wird die Fülle jener rauschenden Bäume nicht vergessen, deren Frieden und Ruhe, mitten im bunten, bewegten Leben der Großstadt, jeder dankbar genoß. Denn hier leuchtete zwischen den Zweigen die Friedrichstraße mit ihren Lichtreklamen, dort öffneten sich die Hallen der großen Hotels mit ihrer Schar von Gästen, die aus und ein gingen. Und während Autohupen und Großstadtverkehr Lärm verbreiteten, strömten diese Bäume den reinen Duft der Erde aus, unbekümmert um die Nervosität der Großstadt. Jetzt sind die alten Bäume verschwunden, und die Straße, deren Bild sie seit Jahrhunderten bestimmten, hat einen ganz neuen Charakter erhalten. Sie ist breit, weiträumig und zu einem herrlichen Festplatz geworden. Ungehindert schweift der Blick hier zum Schloß und nach Alt-Berlin hinüber, während auf der anderen Seite die klassische Linie des Brandenburger Tors sichtbar wird. An der Stelle der alten bläulichen Bogenlampen, die einst zwischen den grünen Ästen hingen, sind kleine, zierliche, dekorative Laternen getreten.

Helene Nostiz, 1938

Beim Torwart der modernen Malerei

In seinem Hause neben dem Brandenburger Tor, dessen eine Fensterreihe auf den Pariser Platz blickte, während die andere auf den Tiergarten hinausging, wirkte Liebermann wie ein Torwart der modernen Malerei. Die Räume dieses Alt-Berliner Hauses, das schon die Eltern bewohnt hatten, enthielten die schönsten Meisterwerke moderner Malerei, persönlich mit der Initiative des Künstlers gewählt. Von eigenen Werken fanden sich nur Familienbildnisse, vor allem im Arbeitszimmer das Doppelbildnis der Eltern. Daneben war jedes Möbel – Liebermann sprach von seiner «Stuhl-akademie» – und jeder Teppich ein Museumsstück, doch wirkten die Interieurs in keiner Weise museumhaft. Kultur war zu einem Lebenselement geworden, die Vornehmheit erschien selbstverständlich, der Wohlstand war bis zum letzten in eine Lebensform verwandelt, die dem Besitzer wie angegossen saß. In keinem anderen Berliner Hause war eine Gesamtstimmung dieses Niveaus anzutreffen. Über eine enge, eingebaute Treppe führte der Maler den Besucher aus diesen Räumen ins Atelier, das dem flachen Dach aufgebaut worden war. Und dort, wo an den Wänden Studien hingen, die an seine berühmten Bilder erinnerten, wo die letzte Arbeit auf der Staffelei stand und ein schöner Stuhl auf dem Podium des Modells harrte, kam es zu den Gesprächen, die die Erinnerung durch die Zeit zurück verfolgt, wie einen Goldfaden im Gewebe. Am eisernen Ofen in der Ecke, über dem eine Ölkopie Liebermanns nach dem Pastell-bildnis hing, das Eduard Manet von George Moore ge-macht hat, entzündete der Bewegliche immer wieder einen Fidibus für seine Zigarette – er sparte im kleinen –, und formulierte dann mit bedächtiger Konzentration seine Aussprüche. Nicht einmal in allen Jahren habe ich Lieber-mann gähnen sehen, nie ließ er sich gehen. Beim Sprechen zog sich die Stirnhaut, die in einen kahlen Schädel über-ging, in viele Falten zusammen, der scharfe Grat der Nase schien jeden Satz zu akzentuieren, das feste Kinn machte die Worte zu Willenskundgebungen, der Schnurrbart über dem ausdrucksvollen, ja schönen Mund sträubte sich, die dunkeln Augen durchbohrten die Probleme, der heftig modellierte Kopf, der nur aus Knochen, Haut und Nerv bestand, war in Bewegung, jede Form zitterte von Geist und Temperament.

Karl Scheffler (1869–1951)

An Goethe   Berlin, 7. April 1804

Sie haben mir freundlicherweise gesagt, daß es Ihnen eine Freude gewesen wäre, Berlin zusammen mit mir zu besuchen. In Wirklichkeit kann sich das, was in meinen Empfindungen lebendig und jung ist, hier kaum erproben. Es ist ein Land, das die Phantasie nicht anregt. Die Gesellschaft ist hier preußisch ausgerichtet, und die Frauen hier müssen über die Tatsache, daß sie altern, ganz erstaunt sein, denn sie sagen und tun sechzig Jahre lang immer dasselbe; die Zeit sollte nicht fortschreiten, wenn die Gedanken, die Gefühle und die Umstände stecken bleiben. Lebte ich in Deutschland, würde ich mich sicher nicht in einer Großstadt niederlassen. Die Deutschen verstehen es nicht, aus einer Großstadt Vorteil zu ziehen; man sucht sich seine Gesellschaft hier nicht aus, man vergrößert sie; man weiß hier kaum mehr von politischen Nachrichten, dagegen tausendmal mehr von Klatsch und Tratsch; man hat hier nicht mehr Freiheit als in einer Kleinstadt, macht lediglich mehr Beobachtungen, und dem äußeren Leben, Trinken, Essen, Tanzen, Kartenspielen kommt hier tausendmal mehr Bedeutung zu als in Weimar. Bei alledem erkennt man in der literarischen Welt, was für Deutschland charakteristisch ist, Gelehrsamkeit, Philosophie, Rechtschaffenheit, doch besteht nicht die geringste Ähnlichkeit zwischen dem, was wir in Frankreich Gesellschaft nennen, und dieser hier.

Und mich wundert nicht, daß die Gelehrten in Deutschland mehr Zeit für ihr Studium haben als sonstwo, denn eine Verführung durch die Gesellschaft gibt es nicht. Nichtsdestoweniger hat es mich gefreut, ein neues Land zu sehen, wirklich großartig aufgenommen zu werden und, unter diesen vielen Leuten, Männern und Prinzen, Königinnen und Frauen zu begegnen, die in all dem, was sie für vornehm halten, einen liebenswerten und guten Geschmack beweisen. Es gibt hier wie in Weimar Menschen, die für Sie schwärmen, und kämen Sie hierher, ich bin sicher, daß Hof und Stadt ebenso in Aufregung gerieten wie bei der Ankunft eines Bonaparte; es will schon etwas heißen, wenn das Genie wie ein Potentat gefeiert wird.

Madame de Staël

Die Landkinder sollen aufs Gymnasium

Berlin, 9. August 1826

Lieber Arnim!

Ich habe mir bis auf den heutigen Tag Mühe gegeben, ein Quartier zu finden, ich bin bis am Hallischen Tor beinah gewesen und habe nichts gefunden; unser alter Major will für die oberste Etage, die aus 6 Zimmern besteht und dem langen Saal, ohne den Garten, 600 Taler, und wenn er auch 50 Taler abließe, so steckt das ganze Haus so voll Wanzen, daß es, ohne daß die Zimmer neu beworfen werden, gar nicht zu bewohnen ist. Ich opfere schon lang meinen meisten Schlaf bei der Jagd auf diese Tiere, denn die armen Kinder sind oft ganz übersät, und ich muß sie ihnen absuchen.

Nun habe ich endlich ein Haus gefunden, was alle Bequemlichkeit vereinigt, die man wünschen kann, wie Du aus beigefügtem Plan ersehen wirst; es liegt in der Dorotheenstraße neben den Artilleriegebäuden, hat die Aussicht über den gegenüberliegenden Holzhof nach der Spree, und hinten läuft der Garten mit Beelitz seinem parallel nach den Linden hin; der Wirt ist voll Attention und Artigkeit, er läßt alles drin einrichten bis auf Gardinenhaken, Klingelzüge, Flurlampe u.s.w. (...)

Wiepersdorf, 11. August 1826

Liebe Bettine!

Mitten im Tumulte von Sep.-Terminen, von der Abreise der Kinder erhalte ich durch Expressen (der 6 gr. kostet) Dein Schreiben über eine Wohnung. Ich kenn wohl das Haus, es ist noch entfernter vom Gymnasio und steht allein und darum etwas kalt. Gott weiß, welcher Fluch auf uns ruht, daß wir nie ein Quartier finden, welches unseren Vermögensumständen angemessen ist. Dient es zu Deiner Beruhigung, so nimm dies Quartier, ein Jahr werden wir es doch bezahlen können; dann aber suche gleich im Winter nach einem, welches der Schule näher und wohlfeiler ist. Die Kinder sind schrecklich faul und unwissend, ich quäle mich jeden Tag und Nacht, wie ich es bessern soll, dabei kann ich sie wegen der Plumpheit ihres Betragens keinem anständigen Besuche vorstellen, ja, nicht einen Bissen wissen sie in gesitteter Weise zum Munde zu bringen, und in ihrem Zimmer hausen sie wie die Schweine. Du mußt es mit meiner Verzweiflung entschuldigen, wenn ich so offenherzig bin, aber heute war kein Auskommen, so wie sie denn diese Ferien ohne allen Nutzen für ihr Fortkommen hingebracht haben. (...)

Bettina und Achim von Arnim

Mit Theodor Storm im Café Kranzler, 1862

An einem mir lebhaft in Erinnerung gebliebenen Tage machten wir einen Spaziergang in den Tiergarten, natürlich immer im Gespräch über Rückert und Uhland, über Lenau und Mörike und «wie feine Lyrik eigentlich sein müsse». Denn das war sein Lieblingsthema geblieben. Es mochte zwölf Uhr sein, als wir durchs Brandenburger Tor zurückkamen und beide das Verlangen nach einem Frühstück verspürten. Ich schlug ihm meine Wohnung vor, die nicht allzu weit ab lag; er entschied sich aber für Kranzler. Ich bekenne, daß ich ein wenig erschrak. Storm war wie geschaffen für einen Tiergartenspaziergang an dichtbelaubten Stellen, aber für Kranzler war er nicht geschaffen. Ich seh ihn noch deutlich vor mir. Er trug leinene Beinkleider und leinene Weste von jenem sonderbaren Stoff, der wie gelbe Seide glänzt und sehr leicht furchtbare Falten schlägt, darüber ein grünes Röckchen, Reisehut und einen Schal. (...)

Storm trug ihn rund um den Hals herum, trotzdem hing er noch in zwei Strippen vorn herunter, in einer kurzen und einer ganz langen. An jeder befand sich ein Puschel, der hin und her pendelte. So marschierten wir die Linden herunter bis an die berühmte Ecke. Vorne saßen gerade Gardekürrassiere, die uns anlächelten, weil wir ihnen ein nicht gwöhnliches Straßenbild gewährten. Ich sah es und kam unter dem Eindruck davon noch einmal auf meinen Vorschlag zurück. «Könnten wir nicht lieber zu Schilling gehen; da sind wir allein, ganz stille Zimmer.» Aber mit der Ruhe des guten Gewissens bestand er auf Kranzler. En avant denn, wobei ich immer noch hoffte, durch gute Direktiven einiges ausrichten zu können. Aber Storm machte jede kleinste Hoffnung zuschanden. Er trat zu der brunhildenhaften Kontordame, die selber bei der Garde gedient haben konnte, sofort in ein lyrisches Verhältnis und erkundigte sich nach den Einzelheiten des Büfetts, alle reichlich gestellten Fragen bis ins Detail erschöpfend. Die Dame bewahrte gute Haltung. Aber Storm auch. Er pflanzte sich, dem Verkauftisch gegenüber, an einem der Vorderfenster auf, in das zwei Stühle tief eingerückt waren. «Hier wird er Platz nehmen», an diesem Anker hielt ich mich. Aber nein, er wies auch hier wieder das sich ihm darbietende Refugium ab, und den schmalen Weg, der zwischen Fenster und Büfett lief, absperrend, nahm er unser Gespräch über Mörike wieder auf, und je lebhafter er wurde, je mächtiger pendelte der Schal mit den zwei Puscheln hin und her. Ich war froh, als wir nach einer halben Stunde wieder heil heraus waren.

Theodor Fontane

Heimkehr der Sieger, 1871

Am 16. Juni in heißer Mittagsstunde zogen die tapferen Krieger unter dem unbeschreiblichen Jubel der Bevölkerung durch das festlich geschmückte Brandenburger Tor in die nunmehrige Reichshauptstadt ein, mit Kränzen und grünen Zweigen geschmückt, von einem Blumenregen und dem unaufhörlichen Hurrarufen des Publikums, das Unter den Linden dicht gedrängt dahinwogte, enthusiastisch empfangen. Voran die eroberten feindlichen Fahnen und Standarten, dann ein schier endlos scheinender Zug von Gardedragonern und endlich die Heldengestalten der Drei, die ihren Namen mit goldenen Lettern nicht nur in die Geschichte, sondern in das Herz jedes Deutschen tief eingegraben haben: Bismarck, Moltke, Roon und hinter ihnen der, bei dessen Anblick der Jubel keine Grenzen mehr kannte, *Kaiser Wilhelm der Siegreiche,* der vor elf Monaten als König von Preußen hinaus in den Kampf gezogen war und nun als Deutscher Kaiser, umgeben von den geeinigten Deutschen Fürsten und den Führern der deutschen Heere, in seine Hauptstadt zurückkehrte!

Ich sah dem glänzenden Schauspiel, das mir einen unauslöschlichen Eindruck hinterließ, von einem Fenster der Wohnung des Justizrats A. Levin aus zu, die der Neustädtischen Kirchgasse gegenüber lag, das von mir gemalte Velarium gerade vor Augen.

Anton von Werner

Nur ein Thema: Der Hof

Unter den Linden haben die Photographen ihre Reklame-Schaukästen; sie haben alle nur ein Thema: den Hof. Hier die Familie des Kronprinzen mit Ehrendamen und Adjutanten beim Schlittschuhlaufen; dort eine Gruppe Jäger im Schnee: der Kronprinz, die Pfeife im Mund, Prinz Wilhelm, Minister Puttkamer, der russische Botschafter Graf Schuwalow; ein Stück weiter, die Familie Bismarck im Hochzeitsstaat auf der Schloßtreppe gruppiert, vorn die beiden Neuvermählten; noch weiter, die jungen Prinzessinnen, Töchter des Kronprinzen, in historischen Kostümen; endlich – in Plüschrahmen, unter Herzogs- und Grafenkronen – goldgesprenkelte Hofmeister, Gardeoffiziere, die Fürstin Georg Radziwill, etc.

Im Schaufenster einer Buchhandlung sehe ich ein Poem in mehreren Gesängen mit dem Titel: «Wilhelm der Einzige»; das «Buch der Königin Luise»; die «Reisen des Prinzen Heinrich um die Welt»; der Einband dieses Buches zeigt eine kolorierte Vignette, auf welcher der junge Prinz abgebildet ist: er steht aufrecht im Boot und salutiert militärisch im Kanonenrauch.

Ein mehr asiatisches, möchte man sagen, als monarchisches Schauspiel kann man ein, zweimal die Woche Unter den Linden und in den angrenzenden Straßen haben. Von Gassenjungen gefolgt, während ein paar Passanten zur Seite treten und mit gezogenem Hut tiefe Bücklinge machen, prominiert Prinz Georg, ein einsamer Tiberius, der bei Hof nie zu sehen ist und der für Sarah Bernhardt eine «Phèdre» geschrieben hat, in Generalsuniform, langsam, aufgedunsen, sein ungesundes Fleisch. Sein hochrädriger, gefederter Wagen fährt sacht schaukelnd hinter ihm her. Der Prinz bleibt vor den Schaufenstern stehen. Er geht in die Geschäfte hinein, hauptsächlich und unbedenklich in die in der Friedrichstraße, wo alle Sorten von Photographien verkauft werden. Wenn er sich ermattet fühlt, winkt er den Wagen herbei; der Wagen fährt vor, der Diener reicht ihm den Generalsmantel mit den roten Aufschlägen, er steigt mitten unter den Gaffern ein und fährt wieder, sacht geschaukelt, ab zu seinen Sitten.

Jules Laforge, 1887

Das Bild hat sich verändert

Und das sind also die Linden, früher eine Prachtstraße der Stadt. Der Grundriß ist noch da, – die Straßen verschwunden. Wie weit die Linden sind, leer, ein Riesenplatz, der sich lang hinzieht. Keine Bäume. Man sieht über Häuser hinweg, durch Häuser hindurch. Hinten, am Pariser Platz, erkenne ich das Brandenburger Tor. Es steht im leeren Raum, rechts und links nichts. Auf seinem Dach, wo das Viergespann fuhr, liegt oder steht noch etwas, aber das Bild hat sich verändert.

Still und leer die Friedrichstraße, und so diese Linden, durch die sich früher Menschenmassen und Wagen wälzten. An der Kranzler-Ecke mußten – früher – Schutzleute den Verkehr regeln. Wie wir hier stehen, nähert sich von der Friedrichstraße her ein junger, russischer Soldat, am Arm eine junge Frau in einem einfachen blauen Kleid. Ernst gehen sie an uns vorbei. Ein Bild, eine Halluzination: über die verwüsteten menschenleeren Linden, zwischen den Ruinen dieser verwüsteten Stadt, spaziert einsam, ernst und ruhig ein junger russischer Soldat mit seiner Frau. Hätte sich dieses Bild irgend einer vor fünf Jahren ausdenken können, oder gar vor fünfzehn Jahren, als ich noch hier war.

Ich spreche davon zu dem jungen Zeitungsmann neben uns. Er zuckt die Achseln und schließt seine politische Betrachtung mit dem Hinweis: «Wie die Dinge laufen, in Europa und in der Welt, kann noch allerhand möglich sein (...)»

Alfred Döblin, 1949

Akademie. Rede an die deutsche Nation

Keine Nation, die in diesen Zustand der Abhängigkeit herabgesunken, kann durch die gewöhnlichen und bisher gebrauchten Mittel sich aus demselben erheben. War ihr Widerstand fruchtlos, als sie noch im Besitze aller ihrer Kräfte war, was kann derselbe sodann fruchten, nachdem sie des größten Teils derselben beraubt ist? Was vorher hätte helfen können, nämlich wenn die Regierung derselben die Zügel kräftig und straff angehalten hätte, ist nun nicht mehr anwendbar, nachdem diese Zügel nur noch zum Scheine in ihrer Hand ruhen, und diese ihre Hand selbst durch eine fremde Hand gelenkt und geleitet wird. Auf sich selbst kann eine solche Nation nicht länger rechnen; und ebensowenig kann sie auf den Sieger rechnen. Dieser müßte ebenso unbesonnen, und ebenso feige und verzagt sein, als jene Nation selbst erst war, wenn er die errungenen Vorteile nicht festhielte, und sie nicht auf alle Weise verfolgte. Oder wenn er einst im Verlauf der Zeiten, doch so unbesonnen und feige würde, so würde er zwar eben also zugrunde gehen, wie wir, aber nicht zu unserm Vorteile, sondern er würde die Beute eines neuen Siegers, und wir würden die sich von selbst verstehende, wenig bedeutende Zugabe zu dieser Beute. Sollte eine so gesunkene Nation dennoch sich retten können, so müßte dies durch ein ganz neues, bisher noch niemals gebrauchtes Mittel, vermittelst der Erschaffung einer ganz neuen Ordnung der Dinge, geschehen. Lassen Sie uns also sehen, welches in der bisherigen Ordnung der Dinge der Grund war, warum es mit dieser Ordnung irgend einmal notwendig ein Ende nehmen mußte, damit wir an dem Gegenteile dieses Grundes des Untergangs das neue Glied finden, welches in die Zeit eingefügt werden müßte, damit an ihm die gesunkne Nation sich aufrichte zu einem neuen Leben.

Man wird in Erforschung jenes Grundes finden, daß in allen bisherigen Verfassungen die Teilnahme am Ganzen geknüpft war an die Teilnahme des einzelnen an sich selbst, vermittelst solcher Bande, die irgendwo so gänzlich zerrissen, daß es gar keine Teilnahme für das Ganze mehr gab, – durch die Bande der Furcht und Hoffnung für die Angelegenheit des Einzelnen aus dem Schicksale des Ganzen, in einem künftigen, und in dem gegenwärtigen Leben. Aufklärung des nur sinnlich berechnenden Verstandes war die Kraft, welche die Verbindung eines künftigen Lebens mit dem gegenwärtigen durch Religion, aufhob, zugleich auch andere Ergänzungs- und stellvertretende Mittel der sittlichen Denkart, als da sind Liebe zum Ruhm, und Nationalehre, als täuschende Trugbilder begriff; die Schwäche der Regierungen war es, welche die Furcht für die Angelegenheiten des Einzelnen aus seinem Betragen gegen das Ganze, selbst für das gegenwärtige Leben, durch häufige Straflosigkeit der Pflichtvergessenheit aufhob, und ebenso auch die Hoffnung unwirksam machte, indem sie dieselbe gar oft, ohne alle Rücksicht auf Verdienste um das Ganze, nach ganz andern Regeln und Bewegungsgründen, befriedigte. Bande solcher Art waren es, die irgendwo gänzlich zerrissen, und durch deren Zerreißung das gemeine Wesen sich auflöste.

Johann Gottlieb Fichte, 1807/1808

Zeughaus und Königswache

Das Zeughaus ist eine der erhabensten Zierden Berlins. Es wurde vom König Friedrich I. aufgeführt und dazu bestimmt, die Waffen und die Ausrüstung der Armee zu enthalten. Es bildet ein Quadrat von 280 Fuß Seitenlänge, mit drei Portalen an jeder Seite. Das Hauptportal ist mit Statuen, das Dach mit Trophäen, die Fenster mit Bildwerken, darunter die schön gebildeten Helme von Schlüter, geschmückt. Über dem Hauptportal befindet sich das in Metall gegossene und vergoldete Bildnis König Friedrichs I., über welchem zwei Viktorien das Wappen halten. Darüber lautet die Inschrift: «Der Gerechtigkeit der Waffen, dem Schrecken der Feinde, dem Schutze seiner Völker und Verbündeten Friedrich I.» In dem Giebelfelde thront Minerva unter Waffen; rechts von ihr über dem Seitenportal zeigt sich Mars, zu seinen Füßen gefesselte Sklaven. Das ganze Gebäude ist ringsum mit eisernen Ketten umgeben, die an eingegrabenen Kanonenröhren befestigt sind. Das Erdgeschoß und das obere Stockwerk, woraus das Gebäude besteht, enthalten die Räume zur Aufbewahrung aller Arten von Waffen, Fahnen und Siegeszeichen. Jedes dieser Geschosse bildet einen einzigen Saal, der um den ganzen Hofraum läuft; der untere Raum ist mit einem dreifachen Gewölbe gestützt, der obere durch dorische Säulen und Pfeiler. Im innern Hofe erblickt man über den untern Fenstern die berühmten Köpfe sterbender Krieger, von Schlüter. Hier stand früher die Bildsäule Friedrichs I. von Schlüter, welche von Friedrich Wilhelm III. 1801 der Stadt Königsberg geschenkt wurde. Der Grundstein zum Zeughause wurde 1695 gelegt; der Bau nach Nerings Plänen begonnen, nach seinem Tode aber von andern Baumeistern, darunter Schlüter mit einigen Veränderungen fortgesetzt; vollendet wurde er 1706 durch de Bodt. Im Jahre 1844 diente das Zeughaus zu der großartigen deutschen Industrieausstellung.

Neben dem Zeughause befindet sich die schöne Neue oder Königswache, im Jahre 1818 von Schinkel nach dem Modell eines römischen Kastrums erbaut. Die Vorderseite ziert eine dorische Halle, über deren Säulen Viktorien schweben. Den Giebel füllen ideale Darstellungen des Kriegs. Zu beiden Seiten stehen die Statuen der Helden Scharnhorst und Bülow.

Robert Springer, 1861

Raus!

Die Königswache ist wahrlich das Zentrum von Berlin, sowohl moralisch und symbolisch wie auch topographisch. Sie liegt auf halber Höhe Unter den Linden, zwischen der Universität und dem Zeughaus (Museum) gegenüber den beiden Palais und der Oper: eine Art römisches *castrum*, ein niedriger Tempel mit Dreiecksgiebel, Relief und einer Vorhalle auf sechs Säulen. Das Ganze von einem Gitter eingeschlossen. Vorn, zwischen Gitter und Vorhalle, sind vierzig Pikette in zwei Reihen aufgestellt, jedes mit einem Gewehrständer versehen. Die Pikette bezeichnen jedem Soldaten seinen Platz, wodurch das Antreten sehr rasch vonstatten geht. Hinzuzufügen ist, daß diese Pikette, so klein und unscheinbar sie sein mögen, in den preußischen Farben angestrichen sind, wie die Schilderhäuschen, etc.... Unsere Schilderhäuschen prangen erst seit der Regierung Boulanger in der Trikolore. Am letzten Pikett hängt eine Trommel, die kleine, flache preußische Trommel, die so schroff klingt. Eine Schildwache steht neben dem Gitter. Sie geht nicht auf und ab, sie muß ständig nach links und nach rechts in die Allee Ausschau halten. Sobald ein Hofwagen erscheint (meist ein einfaches Coupé, aber der Kutscher ist an den Schulterschnüren und an der silbernen Hutschnur von weitem erkennbar) und der Kutscher seine Peitsche so hält, daß es bedeutet: der Wagen ist nicht leer, dreht sich die Schildwache nach der Vorhalle um, legt die Hände als Trichter an den Mund und brüllt: *raus!* (Abkürzung von *heraus*).

Sofort stürzt die Garde (Infanteristen) heraus und über die Stufen herunter; im Handumdrehen sind sie in zwei Reihen angetreten, die Waffe im Arm, der Tambour hat seine Trommel am Gürtel festgemacht und hält die Trommelschlägel gezückt, am Ende steht der Offizier, bereit, mit dem Degen zu salutieren.

Ein Wagen fährt vorbei. *Raus!* Die Garde präsentiert das Gewehr, der Offizier salutiert, der Tambour trommelt ein

Ehren-Ram-tam-tam. Im Wagen sitzen zwei Gouvernanten, auf ihren Knien zwei königliche Säuglinge. Nur für die kaiserliche Familie wird die Trommel geschlagen. Für einen General kommt die Garde nur zur Hälfte heraus.

Jules Laforge, 1887

Schöpfung eines neuen Baustils

Jede Hauptzeit hat ihren Stil hinterlassen in der Baukunst, warum wollen wir nicht versuchen, ob sich nicht auch für die unsrige ein Stil auffinden läßt?

Warum sollen wir immer nur nach dem Stil einer andern Zeit bauen? Ist das ein Verdienst, die Reinheit jedes Stils aufzufassen – so ist es noch ein größeres, einen reinen Stil im allgemeinen zu erdenken, der dem Besten, was in jedem andern geleistet ist, nicht widerspricht.

Nur Mangel an Mut und eine Verwirrung der Begriffe und der Sitten, eine Scheu vor gewissen Fesseln der Vernunft und eine Vorliebe für dunkles Gefühl und die Einräumung von dessen unbedingter Gewalt über uns ohne einige Rücksicht auf die Verhältnisse im allgemeinen, die uns umgeben, und auf den Fortschritt, welchen wir auf unserem Standpunkt für die allgemeine Entwicklung des Menschengeschlechtes zu machen durch die Vernunft verpflichtet werden, kann von solchem Unternehmen abhalten.

Dieser neue Stil wird deshalb nicht so aus allem Vorhandenen und Früheren heraustreten, daß er ein Phantasma ist, welches sich schwer allen aufdringen und verständlich werden würde, im Gegenteil, mancher wird kaum das Neue bemerken darin, dessen größtes Verdienst mehr in der konsequenten Anwendung einer Menge im Zeitlaufe gemachter Erfindungen werden wird, die früherhin nicht kunstgemäß vereinigt werden konnten.

Es kann nicht die Frage sein bei einer Aufgabe für die

Baukunst: was gehört von den bekannten nützlichen Dingen in der Welt zur Ausführung einer Aufgabe, sondern es steht eine reine Idee von der allein möglichen Art eines Werkes in der Seele des Baukünstlers, diese Idee ganz unabhängig von der bestehenden Welt rein aus ihm selber erschaffen, in dem er die tiefste Bestimmung des Gebäudes unmittelbar in ihm selbst fühlte, und nun erst entsteht die Frage, was sind die notwendigen Mittel zur Realisierung dieser neuen, in ganzer Freiheit erzeugten Idee.

Es ist wohl sehr klar, daß von den vorhandenen bestehenden Mitteln, die für andere Zwecke dienten, wohl nichts geradezu seine Anwendung finden dürfte, sondern daß auch die Mittel ganz neu zu erschaffen wären.

Es wäre ein ärmliches Ding um die Baukunst und sie verdiente wahrhaftig nicht den Platz im Rang der andern Künste, wenn alle notwendigen besonderen Stücke wie z. B. bestimmte Säulenordnungen, Gesimse pp. in der Antike schon vorgerichtet und fertig dalägen und auf nichts zu sinnen wäre als auf einige neue Zusammensetzung dieser Stücke, – ein kärgliches Geschäft für den Verstand. Auch würde, da diese bestehenden Mittel endliche Größen sind, das Zusammenpassen und Verhältnis-suchen einmal erschöpft werden; ein widerlicher Kreislauf finge nun an, wenn noch Kraft dazu übrig bliebe und nicht die Martyrien von fortlaufenden Jahrtausenden das Menschengeschlecht hierin so erschlaffen, daß reiner Tod entstände.

Der erste, welcher die korinthische Säule erfand und sie an den Ort stellte, der allein ihr zukommen kann, war ein Künstler im wahren Sinne des Wortes; aber wahrhaftig keiner, der ihm folgt und nachahmt, was er vortat, darf sich mit diesem Namen schmeicheln, er mag sein Verdienst haben, daß er das Gute anerkannte und verwandte, aber er ist nicht mehr Schöpfer, in ihm ist nicht mehr die ursprüngliche Tätigkeit, er lebt nicht sein eigenes Leben, sondern lebt noch das Leben eines andern, welches in jenem andern wahrhaft lebendiges Leben ist.

Ängstliche Wiederholung gewisser Anordnungen in der Architektur, die in einer gewissen Zeit üblich waren, können nie ein besonderes Verdienst neuer Architekturwerke sein.

Karl Friedrich Schinkel (1781–1841)

Uhrenvergleich

Sie wundern sich, daß alle Männer hier plötzlich stehenbleiben, mit der Hand in die Hosentasche greifen und in die Höhe schauen? Mein Lieber, wir stehen just vor der Akademieuhr, die am richtigsten geht von allen Uhren Berlins, und jeder Vorübergehende verfehlt nicht, die seinige darnach zu richten. Es ist ein possierlicher Anblick, wenn man nicht weiß, daß dort eine Uhr steht. In diesem Gebäude ist auch die Singakademie. Ein Billett kann ich ihnen nicht verschaffen; der Vorsteher derselben, Professor Zelter, soll bei solchen Gelegenheiten nicht sonderlich zuvorkommend sein. Doch betrachten Sie die kleine Brünette, die Ihnen so vielverheißend zulächelt (...) Wie sie allerliebst das Lockenköpfchen schüttelt, mit den kleinen Füßchen trippelt und wieder lächelnd die weißen Zähnchen zeigt. Sie muß es Ihnen angemerkt haben, daß Sie ein Fremder sind. Welch eine Menge besternter Herren! Welch eine Unzahl Orden! Wo man hinsieht, nichts als Orden! Wenn man sich einen Rock anmessen läßt, fragt der Schneider: «Mit oder ohne Einschnitt (für den Orden)?» Aber halt! Sehen Sie das Gebäude an der Ecke der Charlottenstraße? Das ist das «Café Royal»! Bitte, laßt uns hier einkehren, ich kann nicht gut vorbeigehen, ohne einen Augenblick hineinzusehen. Sie wollen nicht? Doch beim Umkehren müssen Sie mit hinein. Hier schrägüber sehen Sie das «Hôtel de Rôme» und hier wieder links das «Hôtel de Pétersbourg», die zwei angesehensten Gasthöfe. Nahebei ist die Konditorei von Teichmann. Die gefüllten Bonbons sind hier die besten Berlins; aber in den Kuchen ist zuviel Butter. Wenn Sie für acht Groschen schlecht zu Mittag essen wollen, so gehen Sie in die Restauration neben Teichmann auf die erste Etage.

Heinrich Heine, 1822

Die Matthäus-Passion

[Felix Mendelssohns Schwester an Freunde in London]
Berlin, 22. März 1829

Felix schicken wir Ihnen nun bald, er hat sich ein schönes Gedächtnis hier gestiftet durch zweimalige überfüllte Aufführung der Matthäus-Passion, zum Besten der Armen. Was wir uns alle so im Hintergrunde der Zeiten als Möglichkeit geträumt haben, ist jetzt wahr und wirklich, die Passion ist ins öffentliche Leben getreten und Eigentum der Gemüter geworden. (...) Felix und Devrient sprachen schon lange von der Möglichkeit einer Aufführung, aber der Plan hatte nicht Form noch Gestalt, an einem Abend bei uns gewann er beides, und den Tag darauf wanderten die zwei in neugekauften gelben Handschuhen (worauf sie sehr viel Gewicht legten) zu den Vorstehern der Akademie. Sie traten leise auf und fragten bescheidentlich, ob man ihnen zu einem wohltätigen Zweck wohl den Saal überlassen würde? Sie wollten alsdann, da die Musik wahrscheinlich sehr gefallen würde, eine zweite Aufführung zugunsten der Akademie veranstalten.

Aber die Herren bedankten sich höflich und zogen vor, fünfzig Taler zu nehmen und den Konzertgebern die Verfügung über die Einnahmen anheimzustellen. Zelter hatte nichts einzuwenden, und so begannen die Proben. Felix ging die ganze Partitur durch, machte einige wenige Abkürzungen und instrumentierte das einzige Rezitativ: «Der Vorhang im Tempel zerriß in zwei Stücke», sonst ward alles unberührt gelassen. Die Leute staunten, gafften, bewunderten, und als nach einigen Wochen die Proben auf der Akademie selbst begannen, da zogen sie die längsten Gesichter vor Staunen, daß solch ein Werk existiere, wovon sie, die Berliner Akademisten, nichts wußten. Als das begriffen war, fingen sie mit wahrem und warmem Interesse an zu studieren...

Zelter, der in den ersten Proben mitgewirkt hatte, zog sich nach und nach zurück und nahm in den Aufführungen mit musterhafter Resignation seinen Sitz unter den Hörern. Mittwoch, den 10. März, war die erste Aufführung. Der überfüllte Saal gab einen Anblick wie eine Kirche, die tiefste Stille, die feierlichste Andacht herrschte, man hörte nur einzelne unwillkürliche Äußerungen des tieferregten Gefühls. (...) Noch vor der Aufführung war durch die vielen, die unberücksichtigt bleiben mußten, das laute Geschrei um eine Wiederholung ertönt. (...) Allein diesmal war Spontini [italienischer Opernkomponist, Generalmusikdirektor von Berlin] erwacht und bemühte sich mit der größten Freundlichkeit, die zweite Aufführung zu hintertreiben, Felix und Devrient schlugen dagegen den geradesten Weg ein und verschafften sich Befehle vom Kronprinzen, der sich von Anfang an sehr für das Werk interessiert hatte, und so ward es Sonnabend, den 21. März, an Bachs Geburtstag, wiederholt: dasselbe Gedränge, noch größere Fülle, denn der Vorsaal sogar war eingerichtet und alle Plätze ausverkauft.

Fanny Mendelssohn

Der Brand des Opernhauses

Am 18. August 1843 war unsere ganze Familie im Opernhaus gewesen; denn Theodor Döring beendete sein erstes, durch Engagement gekröntes Gastspiel in Berlin. Er hatte auf vieles Begehren den Elias Krumm in Kotzebues «Der gerade Weg ist der beste» und den Bankier Müller im

«Liebesprotokoll» gespielt. Den Schluß hatte das einaktige
Ballett «Der Schweizer Soldat» gebildet. Wie damals fast
immer an Wochentagen, war das Haus kaum halb gefüllt
gewesen.

Wir saßen, aus der Vorstellung heimgekehrt, noch beim
Abendessen. (...)

Plötzlich schallte von der Stadtmauer her die Riesen-
stimme meines ältesten Bruders:

«Va–ter!! Das O–pern-haus brennt!!»

Der Eindruck dieser «Donnerworte» ist in Kürze nicht
zu beschreiben! Vater stand tief erschüttert. Das Haus, in
dem er durch zweiundvierzig Jahre als Liebling seiner
Könige und des Publikums gewirkt hatte, ein Raub der
Flammen! – Wir alle waren wie gelähmt. Dann brachen
Mutter und Schwester in ein heftiges Weinen aus, und von
den vor ihren Türen stehenden Familien, fast ohne Ausnahme jüdische Opernenthusiasten wie heute vielleicht
nicht einer mehr zu finden ist, erschallte ein weithin-
tönendes Jammern und Wehklagen.

Aber nun war für meinen zweiten Bruder und mich kein
Halten mehr! In Hauskleidern, mit Hausschuhen, ohne
Kopfbedeckung quer durch den Tiergarten, durch das
Brandenburger Tor, die Linden hinauf! Schon vor der
Friedrichstraße war kaum mehr weiterzukommen. Aber
wir zwei junge Riesen brachen doch so weit durch, daß
wir, unter der Akademie-Uhr stehend, das imposante,
grandios-schöne Schauspiel vollständig übersehen konnten.
Weiter vorzudringen verhinderte, nachhaltiger als alle
Polizei, die furchtbar glühende, sengende Hitze. (...)

Mein ältester Bruder hatte sich durchgeschlagen und Instrumente und Musikalien retten helfen können; aber seine
Kleider und seine Haare waren versengt und Gesicht und
Hände gedörrt und von aufgesprungenen, blutenden Rissen
durchzogen.

Hugo Wauer

Neujahrstag 1905

Unter den Linden herrschte ein fröhliches Treiben. Der Hof gehört nicht zu den Langschläfern. Um acht Uhr früh hatten die Zweiten Gardedragoner auf der Galerie der Schloßkuppel das neue Jahr mit einem Choral begrüßt und im Innern des Schloßhofes die Kapellen des 4. Garderegiments ihr «Freut euch des Lebens» folgen lassen. Von der Friedrichstraße bis zum Lustgarten umrahmten Menschenmauern den Bürgersteig. Aha – die ersten Hofwagen. Gottesdienst in der Schloßkapelle, Gratulationscour im Weißen Saal und Paroleausgabe im Zeughaus sind die jährlich wiederkehrenden höfischen Dienststunden für den Neujahrsmorgen. Hochrufe: Kaiser und Kaiserin in geschlossenem Coupé, der Kronprinz mit Prinz Eitel Fritz und viele andere folgen. Dann die Generale, darunter Graf Häseler mit dem charakteristischen Moltkekopf, von Bock, Kessel, Hahnke. Ein blauer Husar: der Reichskanzler Bülow. Andere Diplomaten in goldgestickter Tenue. Eine rote Johanniteruniform leuchtet auf: Baron Cramm-Burgdorff, der braunschweigische Gesandte.

Die Parole lautet nach altpreußischer Tradition am Neujahrstage immer: «Königsberg–Berlin». Das Volk kann bei der Ausgabe seinen Herrscher aus nächster Nähe betrachten. Nach beendeter Cour schritt der Kaiser allein zu Fuß vom Schloß nach dem Zeughaus, in grauem Paletot, darüber das Band des höchsten Ordens, in der behandschuhten Hand den Marschallstab. Ein paar Schritt hinter ihm die Prinzen und die Suite.

Am Abend Galavorstellung im Opernhaus, *Théâtre paré*. Als rätselvolle Neuigkeit Aubers «Ehernes Pferd», von Humperdinck sozusagen frisch angestrichen. Der Geist des «klugen Hans» wohnt nicht in diesem eisernen Roß, das nach Ablauf des Neujahrsabends schleunigst wieder aus dem Repertoire herausgetrieben worden ist.

Fedor von Zobeltitz

Undeutsches Schrifttum auf dem Scheiterhaufen

Die deutsche Studentenschaft der Berliner Hochschulen hatte sich gestern zu einem Fackelzuge auf dem Hegelplatz versammelt und war geschlossen unter Mitführung von etwa 25 000 auf Lastwagen verladener Bücher und Schriften volkszersetzenden Inhalts zum Opernplatz marschiert, wo, als symbolische Handlung, dieses undeutsche Schrifttum auf einem Scheiterhaufen den Flammen übergeben wurde. Tausende und aber Tausende von Menschen wollten dem Schauspiel beiwohnen. Schon lange vor Beginn der Veranstaltung war der Opernplatz von Menschen dicht umsäumt. Als die studentischen Formationen und Verbindungen eintrafen, wurden sie von der Menge mit donnernden Heil- und Jubelrufen begrüßt. Die Verbindungen nahmen dann rings um den Scheiterhaufen Aufstellung und warfen Haufen von Büchern in die Flammen. Studenten traten vor, Bücherstöße auf dem Arm, und riefen die Flammensprüche: «Gegen Klassenkampf und Materialismus, für Volksgemeinschaft und idealistische Lebenshaltung!» «Gegen Dekadenz und moralischen Verfall, für Zucht und Sitte in Familie und Staat!» Die Schriften von Marx und Kautsky, Heinrich Mann, Gläser, Kästner, Emil Ludwig Cohn, Hegemann, Tucholsky, Kerr, Ossietzky und anderen Skribenten wurden den Flammen übergeben. Dann sprach Reichsminister Dr. Goebbels: «Das Zeitalter eines überspitzten jüdischen Intellektualismus ist zu Ende gegangen, und die deutsche Revolution hat dem deutschen Wesen wieder die Gasse freigemacht. Diese Revolution kam nicht von oben, sie ist von unten hervorgebrochen. Sie ist deshalb im besten Sinne des Wortes der Vollzug des Volkswillens. Hier steht Arbeiter neben Bürger, Student neben Soldat und Jungarbeiter, hier steht der Intellektuelle neben dem Proletarier. In den letzten vierzehn Jahren, in denen ihr, Kommilitonen, in schweigender Schmach die Demütigungen der Novemberrepublik über euch ergehen lassen mußtet, füllten sich die Bibliotheken mit Schund und Schmutz jüdischer Asphaltliteraten. Während die Wissenschaft sich allmählich vom Leben isolierte, hat das junge Deutschland längst schon einen neuen fertigen Rechts- und Normalzustand wiederhergestellt. Die Bewegung, die damals den Staat berannte, ist jetzt in den Staat hineinmarschiert, ja mehr noch, sie ist selbst Staat geworden. Damit hat der deutsche Geist eine ganz andere Wirkungsmöglichkeit bekommen. Revolutionäres Tempo, revolutionärer Elan und revolutionäre Durchschlagskraft, die die deutsche Jugend in den vergangenen Jahren erlebte, sind nun Tempo und Elan des ganzen Staates geworden. Revolutionen, die echt sind, machen nirgends halt. Es darf kein Gebiet unberührt bleiben. So wie sie die Menschen revolutioniert, so revolutioniert sie die Dinge. Deshalb tut ihr gut daran, in dieser mitternächtlichen Stunde den Ungeist der Vergangenheit den Flammen anzuvertrauen. Hier sinkt die geistige Grundlage der Novemberrepublik zu Boden. Aber aus den Trümmern wird sich siegreich erheben der Phönix eines neuen Geistes, den wir tragen, den wir fördern, und dem wir das entscheidende Gewicht geben. Ich glaube, niemals war wohl eine junge studentische Jugend so berechtigt wie diese, stolz auf das Leben, stolz auf die Aufgaben und stolz auf die Pflicht zu sein. Niemals hatten junge Männer so wie jetzt das Recht, mit Ulrich von Hutten auszurufen: «O Jahrhundert, o Wissenschaften, es ist eine Lust zu leben!» Barrieren, die uns trennten, sind niedergerissen. Volk hat wieder zu Volk gefunden. Und wenn die Alten das nicht verstehen, wir Jungen haben es schon durchgeführt. Das Alte liegt in den Flammen, das Neue wird aus der Flamme unseres eigenen Herzens wieder emporsteigen. Wo wir zusammenstehen und wo wir zusammengehen, da wollen wir uns dem Reich und seiner Zukunft verpflichten. Wie oft in den Zeiten, da wir noch in der Opposition kämpften, so auch jetzt, da wir die Macht und damit die Verantwortung in den Händen halten, schließen wir uns zusammen in dem Gelöbnis, das wir früher so oft in den abendlichen Himmel hinaufgeschickt haben:

«Umleuchtet von diesen Flammen soll es ein Schwur sein! Das Reich und die Nation und unser Führer Adolf Hitler Heil!»

Das Horst-Wessel-Lied braust auf, und immer noch prasseln die Flammen, in die Stöße um Stöße der eingesammelten jüdischen Zersetzungsschriften geworfen werden. Mit dieser Kundgebung ist symbolisch der Kampf wider den undeutschen Geist, der nun seinen Weg nimmt, eingeleitet worden. Dieser Kampf wird nicht aufhören, bevor alle Deutschen wieder deutschen Geistes sind.

Völkischer Beobachter, 12. Mai 1933

Phantastische Begegnung

Einige Monate waren vergangen, als ich an einem kalten regnichten Abende mich in einem entfernten Teile der Stadt verspätet hatte und nun nach meiner Wohnung in der Friedrichsstraße eilte. Ich mußte bei dem Theater vorbei; die rauschende Musik, Trompeten und Pauken erinnerten mich, daß gerade Glucks Armida gegeben wurde, und ich war im Begriff hineinzugehen, als ein sonderbares Selbstgespräch, dicht an den Fenstern, wo man fast jeden Ton des Orchesters hört, meine Aufmerksamkeit erregte.

Jetzt kömmt der König – sie spielen den Marsch – o paukt, paukt nur zu! – 's ist recht munter! ja ja, sie müssen ihn heute elfmal machen – der Zug hat sonst nicht Zug genug. – Ha ha – maestoso – schleppt euch, Kinderchen. – Sieh, da bleibt ein Figurant mit der Schuhschleife hängen. – Richtig, zum zwölftenmal! und immer auf die Dominante hinausgeschlagen. – O ihr ewigen Mächte, das endet nimmer! Jetzt macht er sein Kompliment – Armida dankt ergebenst. – Noch einmal? – Richtig, es fehlen noch zwei Soldaten! Jetzt wird ins Recitativ hineingepoltert. – Welcher böse Geist hat mich hier festgebannt?
Der Bann ist gelöst, rief ich. Kommen Sie!
Ich faßte meinen Sonderling aus dem Tiergarten – denn niemand anders war der Selbstredner – rasch beim Arm und zog ihn mit mir fort. Er schien überrascht und folgte mir schweigend. Schon waren wir in der Friedrichsstraße, als er plötzlich still stand.

Ich kenne Sie, – sagte er. Sie waren im Tiergarten – wir sprachen viel – ich habe Wein getrunken – habe mich erhitzt – nachher klang der Euphon zwei Tage hindurch – ich habe viel ausgestanden – es ist vorüber!

Ich freue mich, daß der Zufall Sie mir wieder zugeführt hat. Lassen Sie uns näher miteinander bekannt werden. Nicht weit von hier wohne ich; wie wär' es...

Ich kann und darf zu niemand gehen.

Nein, Sie entkommen mir nicht; ich gehe mit Ihnen.

So werden Sie noch ein paar hundert Schritte mit mir laufen müssen. Aber Sie wollten ja ins Theater?

Ich wollte Armida hören, aber nun –

Sie sollen *jetzt* Armida hören! kommen Sie! –

Schweigend gingen wir die Friedrichsstraße hinauf; rasch bog er in eine Querstraße ein, und kaum vermochte ich ihm zu folgen, so schnell lief er die Straße hinab, bis er endlich vor einem unansehnlichen Hause still stand. Ziemlich lange hatte er gepocht, als man endlich öffnete. Im Finstern tappend erreichten wir die Treppe und ein Zimmer im obern Stock, dessen Türe mein Führer sorgfältig verschloß. Ich hörte noch eine Türe öffnen; bald darauf trat er mit einem angezündeten Lichte hinein, und der Anblick des sonderbar ausstaffierten Zimmers überraschte mich nicht wenig. Altmodisch reichverzierte Stühle, eine Wanduhr mit vergoldetem Gehäuse, und ein breiter, schwerfälliger Spiegel gaben dem Ganzen das düstere Ansehen verjährter Pracht. In der Mitte stand ein kleines Klavier, auf demselben ein großes Tintenfaß von Porzellan, und daneben lagen einige Bogen rastriertes Papier. Ein schärferer Blick auf diese Vorrichtung zum Komponieren überzeugte mich jedoch, daß seit langer Zeit nichts geschrieben sein mußte; denn ganz vergelbt war das Papier, und dickes Spinnengewebe überzog das Tintenfaß. Der Mann trat vor einen Schrank in der Ecke des Zimmers, den ich noch nicht bemerkt hatte, und als er den Vorhang wegzog, wurde ich eine Reihe schöngebundener Bücher gewahr mit goldenen Aufschriften: Orfeo, Armida, Alceste, Iphigenia usw., kurz, Glucks Meisterwerke sah ich beisammen stehen.

Sie besitzen Glucks sämtliche Werke? rief ich.

Er antwortete nicht, aber zum krampfhaften Lächeln verzog sich der Mund, und das Muskelspiel in den eingefallenen Backen verzerrte im Augenblick das Gesicht zur schauerlichen Maske. Starr den düstern Blick auf mich gerichtet, ergriff er eins der Bücher – es war Armida – und schritt feierlich zum Klavier hin. Ich öffnete es schnell und stellte den zusammengelegten Pult auf; er schien das gern zu sehen. Er schlug das Buch auf, und – wer schildert mein Erstaunen! ich erblickte rastrierte Blätter, aber mit keiner Note beschrieben.

Er begann: Jetzt werde ich die Ouvertüre spielen! Wenden Sie die Blätter um, und zur rechten Zeit! – Ich versprach das, und nun spielte er herrlich und meisterhaft, mit vollgriffigen Akkorden, das majestätische Tempo di Marcia, womit die Ouvertüre anhebt, fast ganz dem Original getreu: aber das Allegro war nur mit Glucks Hauptgedanken durchflochten. Er brachte so viele neue geniale Wendungen hinein, daß mein Erstaunen immer wuchs. Vorzüglich waren seine Modulationen frappant, ohne grell zu werden, und er wußte den einfachen Hauptgedanken so viele melodiöse Melismen anzureihen, daß jene immer in neuer, verjüngter Gestalt wiederzukehren schienen. Sein Gesicht glühte; bald zogen sich die Augenbrauen zusammen, und ein lang verhaltener Zorn wollte gewaltsam losbrechen, bald schwamm das Auge in Tränen tiefer Wehmut. Zuweilen sang er, wenn beide Hände in künstlichen Melismen arbeiteten, das Thema mit einer angenehmen Tenorstimme; dann wußte er, auf ganz besondere Weise, mit der Stimme den dumpfen Ton der anschlagenden Pauke nachzuahmen. Ich wandte die Blätter fleißig um, indem ich seine Blicke verfolgte. Die Ouvertüre war geendet, und er fiel erschöpft mit geschlossenen Augen in den Lehnstuhl zurück. Bald raffte er sich aber wieder auf und indem er hastig mehrere leere Blätter des Buchs umschlug, sagte er mit dumpfer Stimme:

Alles dieses, mein Herr, habe ich geschrieben, als ich aus dem Reich der Träume kam. Aber ich verriet Unheiligen das Heilige, und eine eiskalte Hand faßte in dies glühende Herz! Es brach nicht; da wurde ich verdammt, zu wandeln unter den Unheiligen, wie ein abgeschiedener Geist – gestaltlos, damit mich niemand kenne, bis mich die Sonnenblume wieder emporhebt zu dem Ewigen. – Ha – jetzt lassen Sie uns Armidens Szene singen!

Nun sang er die Schlußszene der Armida mit einem Ausdruck, der mein Innerstes durchdrang. Auch hier wich er merklich von dem eigentlichen Originale ab; aber seine veränderte Musik war die Glucksche Szene gleichsam in höherer Potenz. Alles, was Haß, Liebe, Verzweiflung, Raserei in den stärksten Zügen ausdrücken kann, faßte er gewaltig in Töne zusammen. Seine Stimme schien die eines Jünglings, denn von tiefer Dumpfheit schwoll sie empor zur durchdringenden Stärke. Alle meine Fibern zitterten – ich war außer mir. Als er geendet hatte, warf ich mich ihm in die Arme und rief mit gepreßter Stimme: Was ist das? Wer sind Sie? –

E. T. A. Hoffmann, 1809

Die Idee der Unendlichkeit

Jetzt sehen Sie mal rechts und links. Das ist die große Friedrichstraße. Wenn man diese betrachtet, kann man sich die Idee der Unendlichkeit veranschaulichen. Laßt uns hier nicht zu lange stehenbleiben. Hier bekömmt man den Schnupfen. Es wehet ein fataler Zugwind zwischen dem Hallischen und dem Oranienburger Tore.

Heinrich Heine, 1822

Unsere Wohnung

Unsere Wohnung lag in der Großen Friedrichstraße Nr. 122, dicht an dem hübschen Oranienburger Tor. Die Oranienburger Straße und die Linienstraße vereinigten sich uns gegenüber in einem kleinen Platze, und wir sahen die ganze Oranienburgerstraße herunter. Als meine Eltern, die vorher in der Heiligen-Geist-Straße und in der Spandauer Straße gewohnt hatten, 1847 dorthin zogen, war in der Familie ein allgemeines Entsetzen; sie zogen ja so weit heraus, daß eigentlich niemand mehr zu ihnen kommen konnte. Am Tor und an der Stadtmauer hörte eben wirklich damals die eigentliche Stadt auf; draußen lagen die großen Eisengießereien, die Kirchhöfe und das Arbeiterviertel.

Unser Haus hatte den großen Vorzug, nach hinten einen Garten zu haben, der sich an andere, noch weit größere anschloß, besonders an den des französischen Waisenhauses und an den Park der Tierarzneischule. So war da hinter den Häusern der geräuschvollen Friedrichstraße eine große Oase mit Bäumen und Vögeln. Auch als wir 1874 in die Michaelkirchstraße zogen, hatten wir wieder das Glück, einen großen Garten zu haben, so daß ich das Leben ohne Garten nie kennengelernt habe, denn auch später ist dies mir und den Meinen immer erspart geblieben. Unser Haus gehörte einem alten erblindeten Eisenhändler, Herrn Hoffelt, dessen einzige Freude sein Garten war, den er trotz seiner völligen Blindheit wundervoll pflegte. Wir hatten aber, zum Glück, einen eigenen kleinen Teil darin, wo wir Kinder uns frei bewegen konnten, zwei Beete mit Blumen und Buchsbaumeinfassung, eine Laube mit wildem Wein, einen alten hohen Fliederbusch, in dem man sogar sitzen konnte, und einen Platz zum Graben und Spielen. An dem hatten wir dann noch ein kleines Kinderbeet, wo wir hauptsächlich junge Bäume zogen, die wir uns aus dem Tiergarten mitbrachten.

Auf diesem Platz neben der Laube machten wir Kinder, was wir wollten und was immer man mit schwarzer Erde und Wasser machen kann: Burgen, Wasserfälle, und vor allen Dingen «Poddax», einen schwarzen Brei, der uns aber wegen zu großer Schmutzerei nur am Sonnabendnachmittag erlaubt wurde.

Wilhelm Adolf Erman (1850–1932)

Die Langsame Vergiftung

Wenn es der Zufall wollte, daß wir außer dem Appetit auch Geld hatten, so aßen wir in der «Langsamen Vergiftung». Dies war ein kleines Restaurant an der Ecke der Französischen und Friedrichstraße. Den Titel hatte es sich in studentischen Kreisen durch seine Kunst zugezogen, mit seinen Speisen die Gäste so langsam zu vergiften, daß diese es kaum spürten und reichlich Muße hatten, sich zeitig zurückzuziehen. Es war ein kleines, niedriges und mangelhaft ventiliertes Lokal, in welchen in den Mittagsstunden kein Platz zu haben war. Hinter dem Stuhl des Speisenden stand stets ein neuer Hungriger, welcher den leerwerdenden Platz einnehmen wollte und es nicht duldete, daß derselbe eine Minute länger als nötig besetzt blieb. Das Tischtuch gewährte am Sonnabend mit deutlichen Spuren einen erschöpfenden Überblick über die Leistungen der Küche in der laufenden Woche, weshalb der Sonntag ein besonders beliebter Speisetag war, weil Tischtücher und Servietten erneuert wurden. Der Preis des Couverts war 6½ Silbergroschen, die man mit einer blauen Karte bezahlte, welche 5 Silbergroschen kostete, wenn man sechs solcher Karten für einen Taler gekauft hatte. Ein Taler sprach sich aber leichter aus, als er sich für einen Engros-Einkauf von sechs Karten auftreiben ließ. Der Taler war in unserem Kreis keine alltägliche Münze, und gewöhnlich bedurfte es unter uns eines schwierigen Börsenmanövers, um die Summe flüssig zu machen, welche nötig war, sechs der Unsrigen mit Karten zu versehen und ihnen die Vorteile zu sichern, welche die «Langsame Vergiftung» den Inhabern gewährte. Wie schwierig es ist, aus den Beiträgen von sechs Menschen, die wenig oder nichts besitzen, einen Taler zusammenzubringen, das ist wohl allgemein bekannt. Wer es nicht wissen sollte, der versuche es nur einmal. Bei uns wurde diese Finanzoperation dadurch erschwert, daß jeder bare sechs Dreier zurückhielt, welche für einen Seidel unumgänglich nötig waren. Es kam auch vor, daß auf unerklärliche Weise Gerüchte von unter uns vorhandenen größeren Barbeträgen verbreitet waren. Die Folge war, daß wir uns mit verhängnisvoller Zuversicht an einem Tisch gruppierten, ohne vorher den Speisetaler zusammengetröpfelt zu haben. Wenn dann bei der Suppe, gewöhnlich einer blinden Bouillon, die Frage laut wurde, wer von uns die sechs Karten kaufen werde, so stellte sich in vielen Fällen eine totale Silber-Ebbe heraus, und es ist dann vorgekommen, daß wir schon nach der Suppe das Diner beenden mußten, wenn der Kellner nicht bei Laune war und uns nicht den nötigen Kredit bis zum nächsten Mittag eröffnete.

Julius Stettenheim, (1831–1916)

Blumenjungen

Einen Übergang zu dem regeren öffentlichen Verkehr bildet die Friedrichstadt mit ihrer furchtbaren, eine halbe deutsche Meile langen Friedrichstraße, in der gegen 12 Uhr mittags auf keiner Seite Schatten ist, in der man um diese Zeit an der Koch- und Zimmerstraße vor Schuljungen kaum treten kann und endlich keuchend in der Mitte, bei den Linden angekommen, fürchten muß, gerädert zu werden. Da sind wir wieder in dem Gewühle der Menschen, und der kleine Blumenhandel, der hier haust, zeigt, daß es viel der Menschen sind, die Geld fortzuwerfen haben – die wenigstens der unverschämten, zudringlichen Race der Blumenjungen nachgeben können. Wie die Bremsen umschwärmen sie das auserkorene Opfer, um wie diese nur noch hartnäckiger zu werden, je mehr man sich ihrer erwehren will.

Die Frechheit dieser kleinen Bande hat sich durch eine ihnen angehörende Familie, deren hübsche Kinder sich durch den die Berliner Schlingel charakterisierenden Witz besonders auszeichnen, bis ins Unglaubliche gesteigert. Der älteste der kleinen Blutsauger, ein ungefähr acht Jahre alter Bursche, verfolgte eines Tages einen meiner Freunde, der mit einer Dame promenierte, auf das entsetzlichste und bot ihm mit den gewöhnlichen Redensarten: «Ach! Herr Graf, koofen Sie mir doch ein Bouquet ab!» seine verwelkte Ware an. Als er sich endlich in seinen Erwartungen getäuscht sieht, bleibt er etwas zurück und ruft ihm, wie der Rachegott, die entsetzlichen Worte nach: «Ach sehen Sie wohl, wenn Sie mit Ihre *andere* Frau Jemahlin jehen, denn koofen Sie mir immer was ab.» – Ist das nicht decontenancierend!

Den jüngeren drei- oder vierjährigen Bruder frage ich eines Tages: «Was macht denn dein großer Bruder, der sitzt wohl wieder?» (ich meine auf der Polizei.) – «Ja woll», antwortet die Range, «det Morjens bei't Kaffedrinken.» Oder, als er von einem Berliner gefoppt und gefragt wird: «Junge, hast du keine Dreierschrippen?» im Moment antwortet: «Ne! die nich – aber wenn Se alte Salzkuchen haben wollen, die kann ick Ihnen besorjen.» Übrigens soll es gerade dieser Bettelfamilie so gut gehen, daß man sogar von Ausfahren und Landpartien spricht.

Gibt es für diese kleinen lästigen Hausierer keine Blumen, so wird das Geschäft auf einen anderen Gegenstand des Luxus geworfen, z.B. auf «Bierkringel», womit wir sie dann, statt unter den Linden, in den oben erwähnten Bierlokalen wiederfinden und dort allerdings oft in Streit, selbst im Kampf, mit den privilegierten Kuchenfrauen.

Ludwig Löffler, 1856

Der kleine Zigarrenladen

Im Gebäude des Stadtbahnhofs Friedrichstraße ist nach dem Ausgange zur Georgenstraße hin auf halber Treppe ein kleiner Zigarrenladen eingebaut. Darin sitzt ein junger Mann, den ich, so oft ich dort hinabsteige, immer mit einigem Bedauern betrachte. Er sieht das Tageslicht nicht, Sommer und Winter sitzt er da bei Gaslicht. Er hat es freilich nicht ganz so schlecht wie die armen Pferde in den Kohlenbergwerken, die, wenn sie einmal in die dunkeln Tiefen hinabgelassen sind, nie wieder das Licht der Sonne erblicken. Er erblickt es doch am Morgen, in der besseren Jahreszeit wenigstens, und an Sonn- und Feiertagen, an denen er frei hat. Es fehlt ihm auch nicht an aller Unterhaltung. Er bekommt, so oft oben ein Zug angekommen ist, Menschen zu sehen, allerdings nur solche, die herunterkommen; für die Aufsteigenden ist ja ein anderer Zugang da. Er kann auch in den Pausen, die ihm das Geschäft läßt, einen leichten Roman lesen, den ihm vielleicht der Zeitungsverkäufer von oben borgt, oder auch Verse machen. Immerhin erscheint es mir als kein beneidenswertes Los, einen Tag wie den andern vom Morgen bis zum Abend bei künstlichem Lichte sitzen zu müssen. Pflanzen hielten das gar nicht aus. Da hat es doch ein gut Teil besser der Blumenhändler, der unten am Ausgang nach der Georgenstraße, noch innerhalb des Gebäudes, seine kleinen Sträuße und einzelnen Blumen auslegt. Er empfängt doch Tageslicht genug, um dabei sehen zu können, wenn es auch etwas gedämpft ist. In vollem Tageslicht aber arbeitet draußen der Obsthändler, der seinen Kram, wie eine Schwalbe ihr Nest, an den Stadtbahnbau angeklebt hat. Solcher Obsthandlungen unter freiem Himmel gibt es noch eine ganze Anzahl in Berlin, wenn auch nicht mehr so viele wie früher.

Johannes Trojan, 1903

Über die Uraufführung der Dreigroschenoper

Nun, Brecht hat eine Moriballade, vom tiefgesunkenen (aber netten) Verbrecher mit mehreren Bräuten, reizvoll durch Gesänge belebt. Sein glücklicheres Element.

Weill hat es lieblich vertont, ja, sehr fein in der Grobheit, mit Jazz und Kitsch und Orgelharmonium und Leierkasten. (War ein Musikkritiker, zufällig mein Freund, im Parkett? Ich verstumme dann; armer Laie.)

Sicherlich schien der Beaumarchais-Spruch «Ce qui est trop bête pour être dit, on le chante» (was als gesprochenes Wort nicht hinreichend gut ist, das kann man immer noch singen) hier nicht begründet.

Brecht, mit jener Moriballade, die jemand 1728 schrieb, fährt in seinen modernen Bestrebungen (so im «Baal», gleichfalls einer Moriballade der älteren Zeit) fort auf der Gegenwartslinie.

Brecht hat schon Marlowe, der vor Mister Shakespeare starb, für die neue Gegenwart bereitgestellt; hernach ein älteres Lieblingswerk, die «Kameliendame», betreut; und jetzt ein Erfolgsstück von 1728. Wenn es nicht dynamisch ist, müßt' ich irren.

In diesem Gegenwartsdrama kommen aber seine lyrisch-gesanglichen Eignungen mit Vorteil hinzu. Von den zwei Linien (erstens Büchner-Linie, zweitens Tauchnitz-Linie, Rimbaud fortgelassen) schafft es neuerdings bei ihm der Angelsachs. Und man hat, ohne viel zu rechten, einen prachtvollen Abend.

Alfred Kerr, Berliner Tageblatt 1. 9. 1928

Weitergehen!

Da geht er hin, der Mann Pinneberg, er ist jetzt in der Friedrichstraße, aber auch Wut und Zorn werden etwas Altes. So ist ihm geschehen, man kann darüber wüten, aber es hat im Grunde keinen Sinn, darüber zu wüten. Es ist so!

Pinneberg ist früher viel in der Friedrichstraße spazieren gegangen, er ist gewissermaßen zu Haus hier, darum merkt er auch, wie viel mehr Mädchen jetzt hier stehen als früher. Es sind natürlich längst nicht alles Mädchen, viel unlauterer Wettbewerb ist dazwischen, schon vor anderthalb Jahren haben sie im Geschäft erzählt, daß viele Frauen von Erwerbslosen auf den Strich gehen, um ein paar Mark zu verdienen.

Das ist wahr, man sieht das, viele sind so völlig aussichtslos, reizlos, oder wenn sie hübsch sind, mit solch gierigem Gesicht, geldgierigem Gesicht.

Pinneberg denkt an Lämmchen und an den Murkel. «Wir haben es doch noch nicht schlecht», sagt Lämmchen immer. Sicher hat sie auch damit recht.

Die Polizei scheint noch immer nicht ganz zur Ruhe gekommen zu sein, alle Posten stehen doppelt und auf dem Bürgersteig sind auch alle Naselang ein paar unterwegs. Pinneberg hat an sich nichts gegen die Schupos, die müssen sein, natürlich, namentlich die vom Verkehr, aber er findet doch, sie sehen herausfordernd gut genährt und gut gekleidet aus und sie benehmen sich auch etwas herausfordernd. Eigentlich gehen sie zwischen dem Publikum wie die Lehrer früher in der Pause zwischen den Schülern: benehmt euch anständig oder –!

Na laß sie.

Pinneberg rennt nun schon zum vierten Mal das Stück Friedrichstraße zwischen der Leipziger und den Linden auf und ab. Er kann noch nicht nach Haus, er kann einfach nicht. Wenn er zu Haus ist, ist wieder alles zu Ende, das Leben glimmt und schwelt hoffnungslos weiter, hier kann doch etwas geschehen! Zwar, die Mädchen sehen ihn nicht an, für die hier kommt er keinesfalls in Frage, mit dem verschossenen Mantel, den schmutzigen Hosen und ohne Kragen. Wenn er von Mädchen was will, muß er in die Gegend vom Schlesischen, denen ist es egal, wie er aussieht, wenn er nur Geld hat –, aber will er denn was von Mädchen?

Vielleicht ja, er weiß es nicht, er denkt auch nicht darüber nach.

Nur, er möchte einmal einem Menschen erzählen können, wie es früher war und was er für nette Anzüge gehabt hat und wie herrlich der Murkel doch ist...

Der Murkel!

Nun hat er wahrhaftig die Butter und die Bananen für den vergessen und es ist schon neun, er kommt in keinen Laden mehr. Pinneberg ist wütend auf sich und noch trauriger, so kann er doch nicht nach Haus, was soll denn Lämmchen von ihm denken? Vielleicht kommt er hinten rum in irgend ein Geschäft? Da ist eine große Delikatessenhandlung, strahlend erleuchtet. Pinneberg drückt sich die Nase platt an der Scheibe, vielleicht ist hinten jemand im Verkaufsraum, dem er klopfen könnte. Er muß seine Butter und seine Bananen haben!

Eine Stimme sagt halblaut neben ihm: «Gehen Sie weiter!» Pinnebergh fährt zusammen, er hat richtig einen Schreck bekommen, er sieht sich um. Ein Schupo steht neben ihm.

Hat er ihn gemeint?

«Sie sollen weitergehen, Sie, hören Sie!» sagt der Schupo laut.

Es stehen noch mehr Leute am Schaufenster, gutgekleidete Herrschaften, aber denen gilt die Anrede des Polizisten nicht, es ist kein Zweifel, er meint allein von allen Pinneberg.

Der ist völlig verwirrt. «Wie? Wie? Aber warum ? Darf ich denn nicht –?»

Er stammelt, er kapiert es einfach nicht.

«Machen Sie jetzt?» fragt der Schupo. «Oder soll ich –»

Über dem Handgelenk hat er den Halteriemen vom Gummiknüppel, er hebt den Knüppel ein wenig an.

Alle Leute starren auf Pinneberg. Es sind schon mehr stehen geblieben, es ist ein richtiger beginnender Auflauf. Die Leute sehen abwartend aus, sie nehmen weder für noch wider Partei, gestern sind hier in der Friedrich und in der Leipziger Schaufenster eingeworfen.

Der Schupo hat dunkle Augenbrauen, blanke gerade Augen, eine feste Nase, rote Bäckchen, ein schwarzes Schnurrbärtchen unter der Nase...

«Wirds was?» sagt der Schupo ruhig.

Pinneberg möchte sprechen, Pinneberg sieht den Schupo an, seine Lippen zittern, Pinneberg sieht die Leute an. Bis an das Schaufenster stehen die Leute, gutgekleidete Leute, ordentliche Leute, verdienende Leute.

Aber in der spiegelnden Scheibe des Fensters steht noch einer, ein blasser Schemen, ohne Kragen, mit schäbigem Ulster, mit teerbeschmierter Hose.

Und plötzlich begreift Pinneberg alles, angesichts dieses Schupo, dieser ordentlichen Leute, dieser blanken Scheibe begreift er, daß er draußen ist, daß er hier nicht mehr hergehört, daß man ihn zu recht wegjagt: ausgerutscht, versunken, erledigt. Ordnung und Sauberkeit: es war einmal. Arbeit und sicheres Brot: es war einmal. Vorwärtskommen und Hoffen: es war einmal. Armut ist nicht nur Elend, Armut ist auch strafwürdig, Armut ist Makel, Armut heißt Verdacht.

«Soll ich dir Beine machen?» sagt der Schupo.

Pinneberg gibt sofort klein bei, er ist wie besinnungslos, er will auf dem Bürgersteig weiter rasch zum Bahnhof Friedrichstraße, er will seinen Zug erreichen, er will zu Lämmchen...

Pinneberg bekommt einen Stoß gegen die Schulter, es ist kein derber Stoß, aber er ist immerhin so, daß Pinneberg nun auf der Fahrbahn steht.

«Hau ab, Mensch!» sagt der Schupo. «Mach ein bißchen dalli!»

Und Pinneberg setzt sich in Bewegung, er trabt an der Kante des Bürgersteiges auf dem Fahrdamm entlang, er denkt an furchtbar viel, an Anzünden, an Bomben, an Totschießen, er denkt daran, daß es nun eigentlich auch mit Lämmchen alle ist und mit dem Murkel, daß nichts mehr weiter geht... aber eigentlich denkt er an gar nichts.

Hans Fallada, 1932

Treffpunkt

Die untere Friedrichstraße ist eine merkwürdige Gegend. Film, Film, schlechte Läden, billige Seidenwäsche mit noch billigeren Spitzen dran, die Kombination 7,50 Mark, Blusen und grelle Seidenkleider. Drüben, Ecke Schützen, der gute Schneider. Vielleicht wäre es doch richtig, dort arbeiten zu lassen. Man trägt blau, schöne Schaufenster machen sie. An der Leipziger Straße stehen Zeitungshändler, werden Primeln verkauft, sagt ein kleines Mädchen: «Sieh mal, Mutti, die Kleider werden länger.» Es ist 1 Uhr. Die Frauen haben schöne schlanke Beine. Schön ist die Berlinerin geworden, tüchtig und rasch. Sie sprechen von Schuhen, von Hüten, von Mänteln. «Blau oder beige», sagt eine neben ihm. Sie haben helle, leichte Frühlingssorgen. An der Leipziger Straßenecke kreuzt das Bürgertum die Gegend der Unsicherheit. An der Ecke die beiden Cafés, Treffpunkt der dunkelsten Welt, Treffpunkt lieber Bürgerinnen. Hier wird die Gelegenheit ausbaldowert. Hier wird die Sore verscheuert. Hier sitzt der Neuangekommene und trinkt einen billigen Kaffee. Hier ruhen die Damen von ihren Einkäufen aus.

Gabriele Tergit, 1931

Eselsbrücke

Von der Friedrichstraße als Hauptstraße prägte man sich die gern gelernten Namen der Nebenstraßen ein:

> *Unter den Linden* ... da tanzen die
> *Behren* (Bären) ... sie sprechen
> *Französisch* ... und setzen dem
> *Mohren* ... die
> *Krone* ... auf.
> Darüber wurde der
> *Leipziger*
> *Kraus* ... und jagte den
> *Jäger* ... samt
> *Schützen* ... und
> *Tauben* ... zum ... (Halleschen)
> *Tore* ... hinaus!

Erna Saenger (1876–?)

Die Kaisergalerie, Ende der Zwanziger

So viel Schaufenster ringsum und so wenig Menschen. Man fühlt die Bierhaus-Renaissance dieser hohen Wölbungen mit den bräunlichen Konturen immer mehr veralten; die Gläser dieser Galerie verdüstert der Staub der Zeiten, der nicht wegzuwischen ist. Die Auslagen sind noch ziemlich dieselben wie vor zwanzig Jahren. Nippes, Reiseandenken, Perlen, Täschchen, Thermometer, Gummiwaren, Marken, Stempel. Neu hinzugekommen ist nur das Telefunkenhaus mit der überzeugenden Aufschrift: «Ein Griff – und Europa spielt für Sie.» Beim Optiker kann man den ganzen Fabrikations-Werdegang einer Brille wie den von der Raupe zum Schmetterling in Etappen auf belehrendem Blatt studieren. «Des Menschen Entwicklung» winkt herüber aus dem anatomischen Museum. Aber vor dem graut mir noch zu sehr. Ich verweile bei «Mignon, dem Entzücken aller Welt», einer Taschenlampe, in deren Licht ein junges Paar sein Glück spiegelt, bei den Menschettenknöpfen Knipp-Knapp, die sicher die besten sind, bei den Diana-Luftflinten, die gewiß der Jagdgöttin Ehre machen. Ich erschrecke vor Totenköpfen, die als grimmige Likörgläser eines weißbeinernen Services grinsen. Auf der Toilettenrolle «mit Musik» ruht das clownige Jockeigesicht des handgemachten Holznußknakkers. Milchflaschen warten auf die Mitglieder des «Vereins ehemaliger Säuglinge» voll Likör! Wenn diese schon rauchen sollten, finden sie «Gesundheitsspitzen» in verwirrender Nähe der Gummipuppen, die neben hygienischen Schlupfern über der Inschrift: «Bedienung diskret und ungeniert» thronen. Ich will noch bei den tröstlich gelben Bernsteinspitzen des *first and oldest amber-store in Germany»* verweilen, aber immer wieder schielt die anatomische Schöne des Museums herüber. Unter ihrem nackten Fleisch scheint das Skelett durch wie ein Marterkorsett. Im Leeren schwimmend umgeben sie ihre gemalten Organe, Herz, Leber, Lunge... Von ihr wende ich mich zu dem weißbekutteten Arzt, der sich über die Bauchhöhle einer schlummernden oder schon ausgenommenen Blondine beugt. Schnell fort, ehe ich den Ersatz der Nase aus der Armhaut erleben muß. Dann schon lieber den Buch- und Papierladen mit den Heften über Sinnlichkeit und Seele und die Liebesrechte des Weibes, dem kleinen Salonmagier und dem vollendeten Kartenkünstler, von dem Dinge zu lernen sind, mit denen man sich in jeder Gesellschaft beliebt macht.

Die Galerie biegt in weitem Winkel, Stühle, Tische und Palmenkübel eines Restaurants erscheinen, das sich als *strictly kosher* bezeichnet. Im Gegensatz dazu scheint *strictly treife* das Kabinett des Porträtmalers zu sein, zu dem ein teppichbelegter Eingang führt. Und hinten kann man ihn selbst sehen, ihn selbst im Vollbart, wie er den Reichspräsidenten abmalt. Hindenburg sitzt im Salon, ihm zu Füßen liegt sein Hund, und zwischen ihm und dem Maler ist das Bild, auf dem er noch einmal abgemalt ist, allerdings ohne Hund; und wie er sitzt und wie der Maler steht, sind sie – es ist verwirrend – auch nur gemalt, nicht anders als die Vergrößerungen nach Photographien rings umher. Hier kann man nämlich aus jeder Photographie ein Bild machen lassen. Von hundert Mark an, in Lebensgröße! Verstorbene werden nach den verblichensten Photographien porträtiert. Keine zeitraubenden Sitzungen. Viele Atteste hochstehender Persönlichkeiten. In einem gedruckten Schreiben wendet sich der Hofmaler an uns Passanten und erklärt, er habe sich im Gegensatz zu den modernen Porträtmalern, die eine solche Verwirrung des Geschmacks gefördert haben, Goethes (!) Auffassung «Kunst und Natur sei eines nur» zur Richtschnur gemacht. Ein junges Mädchen und eine Matrone aus der Provinz bleiben vor seinen vielen Schönen mit Hund und Wintergarten, seinen Ordensbrüsten und Würdenbärten stehen. Um ihre Bewunderung nicht zu stören, wende ich mich ein paar Fenster weiter zur Konkurrenz, den «Originalgemälden akademisch gebildeter Künstler zu konkurrenzlosen Preisen». Von Originalherbsten und -frühlingen wandert das Auge über Rothenburgs Mauern zu der bekannten Blinden im Kornfeld und der beliebten verkauften Sklavin. Dabei hat man mich aber beobachtet. «Das könn' Se bei uns direkt haben», sagt's neben mir, und ich sehe in das Gesicht eines kleinen Alten mit schütterem Bart. Er zwinkert ins Nebenfenster, wo sich originalradierte unvollständig bekleidete Mädchen mit ihren Strumpf- und Achselbändern beschäftigen. Meine Kenntnisse zu erweitern, hätte ich mich mit ihm in ein Gespräch einlassen sollen. Aber mir graut's zu sehr hier unter falsch spiegelnden Lichtern und streifenden Schatten. Ich lasse ihn hinüberschleichen zu den verdächtigen Burschen mit den süßen Schlipsen, denen er Tricks mit einem Taschenspiegel zeigt.

Leer ist die ganze Mitte der Galerie. Rasch eile ich dem

Ausgang zu und spüre gespenstisch gedrängte Menschenmassen vergangener Tage, die alle Wände entlang mit lüsternen Blicken am Similischmuck, Wäsche, Photos und lockender Lektüre früherer Basare hängen. Bei den Fenstern des großen Reisebüros am Ausgang atme ich auf: Straße, Freiheit, Gegenwart!

Franz Hessel, 1929

17. Juni, die Plebejer proben den Aufstand

ERWIN *kommt mit Verbandszeug.* Sie riegeln die Friedrichstraße ab!

KOSANKES STIMME *im Lautsprecher, entfernt.* Genossen, zu euch spricht der Nationalpreisträger Kosanke. Maurer, Eisenbahner, fortschrittliche Werktätige! *Lauter.* Westagenten, Provokateure, Putschisten!

Während Kosankes Rede entfernt Arbeiterchöre:

«Alle Ampeln stehn auf Grün,
wenn die aus Henningsdorf durch den Regen ziehn.»

«Die blaue Vopo ist verbittert,
weil uns der Regen nicht erschüttert.»

«Nicht Grotewohl und Adenauer,
Gesamtdeutsch nur mit Ollenhauer.»

ERWIN. Die Regierung läßt Wasserwerfer und Lautsprecherwagen auffahren!

Gibt das Verbandszeug der Friseuse. Sie beginnt, den Maurer zu verbinden.

KOSANKES STIMME. Aufwiegler, Revanchisten, Faschisten!

ZIMMERMANN. Dem haben wir doch vorhin schon die Fresse gestopft.

WIEBE. Laß ihn doch brüllen! Solidarisch mit uns: Rostock, Magdeburg, Görlitz. Wir fordern die sofortige Auflösung…

KOSANKES STIMME. Entlarvt die Westagenten...

WIEBE. Rücktritt der sogenannten...

KOSANKES STIMME. Auf der letzten Parteiaktivtagung...

WIEBE. Bildung einer neuen...

KOSANKES STIMME. Doch wir an der Seite der ruhmreichen...

WIEBE. ...gesamtdeutschen...

KOSANKES STIMME. Aber die Klassenfeinde von drüben...

WIEBE. Und fordern die Zulassung sämtlicher...

KOSANKES STIMME. Denn die Sowjetmacht...

DAMASCHKE. Freie, geheime und direkte...

WIEBE. Wahlen, wir fordern Wahlen!

KOSANKES STIMME. Wenn auch Fehler, so hat sich doch niemand aus den Reihen der Fortschrittlichen...

WIEBE. Fordern ferner die sofortige Abschaffung und Freilassung aller, die sich...

DAMASCHKE. Alle Gefangenen!

KOSANKES STIMME. Wer sich aber zum Werkzeug der Kapitalisten...

DAMASCHKE. Niemand aus religiösen und politischen Gründen darf...

KOSANKES STIMME. Den Provokateuren und Putschisten aber...

WIEBE. Und fordern Freiheit!

KOSANKES STIMME. Wird die gerechte Strafe...

WIEBE. Freiheit!

FRISEUSE. Genossen, still! *Pause. Ferne Panzergeräusche.* Das kommt von weit. Und macht die Pflastersteine weich. Die Panzer kommen.

Günter Grass (geb. 1927)

Auf dem Richtplatz

Als er auf dem Richtplatz ankam, fand er den Kurfürsten von
Brandenburg mit seinem Gefolge, worunter sich auch der
Erzkanzler, Herr Heinrich von Geusau, befand, unter einer
unermeßlichen Menschenmenge daselbst zu Pferde halten:
ihm zur Rechten der kaiserliche Anwalt Franz Müller, eine
Abschrift des Todesurteils in der Hand; ihm zur Linken, mit
dem Konklusum des Dresdner Hofgerichts, sein eigener
Anwalt, der Rechtsgelehrte Anton Zäuner; ein Herold in
der Mitte des halboffenen Kreises, den das Volk schloß,
mit einem Bündel Sachen und den beiden von Wohlsein glänzenden, die Erde mit ihren Hufen stampfenden Rappen.
Denn der Erzkanzler, Herr Heinrich, hatte die Klage, die
er im Namen seines Herrn in Dresden anhängig gemacht,
Punkt für Punkt und ohne die mindeste Einschränkung
gegen den Junker Wenzel von Tronka durchgesetzt; der-
gestalt, daß die Pferde, nachdem man sie durch Schwingung
einer Fahne über ihre Häupter ehrlich gemacht und aus den
Händen des Abdeckers, der sie ernährte, zurückgezogen
hatte, von den Leuten des Junkers dickgefüttert und in
Gegenwart einer eigens dazu niedergesetzten Kommission
dem Anwalt auf dem Markt zu Dresden übergeben worden
waren. Demnach sprach der Kurfürst, als Kohlhaas, von der
Wache begleitet, auf den Hügel zu ihm heranschritt: «Nun,
Kohlhaas, heut ist der Tag, an dem dir dein Recht geschieht!
Schau her, hier liefere ich dir alles, was du auf der Tronken-

burg gewaltsamer Weise eingebüßt und was ich, als dein
Landesherr, dir wieder zu verschaffen schuldig war, zurück: Rappen, Halstuch, Reichsgulden, Wäsche, bis auf
die Kurkosten sogar für deinen bei Mühlberg gefallenen
Knecht Herse. Bist du mit mir zufrieden?» – Kohlhaas,
während er das ihm auf den Wink des Erzkanzlers einge-
händigte Konklusum mit großen, funkelnden Augen über-
las, setzte die beiden Kinder, die er auf dem Arm trug,
neben sich auf den Boden nieder; und da er auch einen
Artikel darin fand, in welchem der Junker Wenzel zu zwei-
jähriger Gefängnisstrafe verurteilt ward, so ließ er sich, aus
der Ferne, ganz überwältigt von Gefühlen, mit kreuzweis
auf die Brust gelegten Händen vor dem Kurfürsten nieder.
Er versicherte freudig dem Erzkanzler, indem er aufstand
und die Hand auf seinen Schoß legte, daß sein höchster
Wunsch auf Erden erfüllt sei; trat an die Pferde heran,
musterte sie und klopfte ihren feisten Hals; und erklärte
dem Kanzler, indem er wieder zu ihm zurückkam, heiter,
daß er sie seinen beiden Söhnen Heinrich und Leopold
schenke. Der Kanzler, Herr Heinrich von Geusau, vom
Pferde herab mild zu ihm gewandt, versprach ihm in des
Kurfürsten Namen, daß sein letzter Wille heilig gehalten
werden solle, und forderte ihn auf, auch über die übrigen
im Bündel befindlichen Sachen nach seinem Gutdünken
zu schalten. Hierauf rief Kohlhaas die alte Mutter Hersens,
die er auf dem Platz wahrgenommen hatte, aus dem Haufen
des Volks hervor, und indem er ihr die Sachen übergab,
sprach er: «Da, Mütterchen; das gehört dir!» – die Summe, die, als Schadenersatz für ihn, bei dem im Bündel
liegenden Gelde befindlich war, als ein Geschenk noch zur
Pflege und Erquickung ihrer alten Tage hinzufügend. – –
Der Kurfürst rief: «Nun, Kohlhaas, der Roßhändler, du,
dem solchergestalt Genugtuung geworden, mache dich bereit, kaiserlicher Majestät, deren Anwalt hier steht, wegen
des Bruchs ihres Landfriedens deinerseits Genugtuung
zu geben!» Kohlhaas, indem er seinen Hut abnahm und auf

die Erde warf, sagte, daß er bereit dazu wäre, übergab die Kinder, nachdem er sie noch einmal vom Boden erhoben und an seine Brust gedrückt hatte, dem Amtmann von Kohlhaasenbrück und trat, während dieser sie unter stillen Tränen vom Platz hinwegführte, an den Block.

Heinrich von Kleist

Der Soldatenkönig

Man muß gestehen, daß im Vergleich mit dem von Friedrich Wilhelm ausgeübten Despotismus die Türkei eine Republik ist. Auf diese Weise brachte er es fertig, in den achtundzwanzig Jahren seiner Regierung in den Kellern seines Schlosses in Berlin ungefähr zwanzig Millionen Taler anzuhäufen, die in großen Tonnen mit Eisenreifen aufbewahrt wurden. Er machte sich das Vergnügen, den großen Saal des Schlosses mit mächtigen Gegenständen aus massivem Silber einzurichten, bei denen das Material wertvoller war als die Kunst; dafür gab er seiner Gemahlin auch ein Zimmer, dessen Möbel aus Gold waren bis zu den Knöpfen, der Lichtschere und den Kaffeetassen.

Der König verließ diesen Palast in einem schlechten Anzug aus blauem Tuch mit Kupferknöpfen, der ihm bis zur Mitte der Schenkel reichte, zu Fuß; kaufte er einen neuen Anzug, so benutzte er die alten Knöpfe. In diesem Aufzug nahm Seine Majestät jeden Morgen, mit einem großen Stock bewaffnet, die Parade über sein Riesenregiment ab. Dieses Regiment war sein Hauptvergnügen und seine Hauptaufgabe. Die erste Reihe seiner Kompagnie bestand aus Leuten, deren kleinster sieben Fuß maß: er ließ sie an allen Enden Europas und Asiens kaufen. Ich habe noch einige nach seinem Tode gesehn. Der König, sein Sohn, der die schönen und nicht die großen Menschen liebte, hatte sie seiner Gemahlin als Haiducken zur Verfügung gestellt. Ich erinnere mich daran, daß sie eine alte Paradekutsche begleiteten, die man dem Marquis de Beauveau entgegensandte, der im November 1740 dem neuen König seine Aufwartung machen wollte. Der verstorbene König Friedrich Wilhelm, der die herrlichen Möbel seines Vaters alle verkauft hatte, hatte diese gewaltige, vergoldete Karosse nicht los werden können. Die Haiducken, die am Schlage standen, konnten sich über das Verdeck hin die Hand reichen.

Hatte Friedrich Wilhelm seine Parade abgenommen, so ging er durch die Stadt spazieren; alles floh, so rasch wie möglich; begegnete er einer Frau, so fragte er sie, warum sie ihre Zeit auf der Straße verliere: «Geh nach Hause, Närrin; eine anständige Frau gehört in ihren Haushalt.» Und er unterstrich diese Zurechtweisung mit einer kräftigen Ohrfeige, mit einem Fußtritt in den Bauch oder einigen Stockschlägen. So behandelte er auch die Geistlichen, falls sie es sich einfallen ließen, der Parade beizuwohnen.

Man kann sich leicht vorstellen, wie erstaunt und empört dieser Vandale darüber gewesen sein muß, einen geistvollen, anmutigen und höflichen Sohn zu besitzen, der gefallen und sich bilden wollte und Musik und Verse machte. Sah er ein Buch in den Händen des Kronprinzen, so warf er es ins Feuer; spielte der Prinz Flöte, so zerbrach der Vater die Flöte, und manchmal behandelte er die Königliche Hoheit wie er die Damen oder die Prediger bei der Parade behandelte.

Voltaire (1694–1778)

Im Gasthof «König von Spanien»

VON TELLHEIM. Mein Fräulein, ich bin nicht gewohnt zu klagen.

DAS FRÄULEIN. Sehr wohl. Ich wüßte auch nicht, was mir an einem Soldaten, nach dem Prahlen, weniger gefiele als das Klagen. Aber es gibt eine gewisse kalte, nachlässige

Art, von seiner Tapferkeit und von seinem Unglücke zu sprechen –

VON TELLHEIM. Die im Grunde doch auch geprahlt oder geklagt ist.

DAS FRÄULEIN. O mein Rechthaber, so hätten Sie sich auch gar nicht unglücklich nennen sollen. – Ganz geschwiegen, oder ganz mit der Sprache heraus. – Eine Vernunft, eine Notwendigkeit, die Ihnen mich zu vergessen befiehlt? – Ich bin eine große Liebhaberin von Vernunft, ich habe sehr viel Ehrerbietung für die Notwendigkeit. – Aber lassen Sie doch hören, wie vernünftig diese Vernunft, wie notwendig diese Notwendigkeit ist.

VON TELLHEIM. Wohl denn; so hören Sie, mein Fräulein. – Sie nennen mich Tellheim; der Name trifft ein. – Aber Sie meinen, ich sei der Tellheim, den Sie in Ihrem Vaterlande gekannt haben, der blühende Mann, voller Ansprüche, voller Ruhmbegierde; der seines ganzen Körpers, seiner ganzen Seele mächtig war; vor dem die Schranken der Ehre und des Glücks eröffnet standen; der Ihres Herzens und Ihrer Hand, wenn er schon Ihrer noch nicht würdig war, täglich würdiger zu werden hoffen durfte. – Dieser Tellheim bin ich ebensowenig, – als ich mein Vater bin. Beide sind gewesen. – Ich bin Tellheim, der verabschiedete, der an seiner Ehre gekränkte, der Krüppel, der Bettler. – Jenem, mein Fräulein versprachen Sie sich: wollen Sie diesem Wort halten?

DAS FRÄULEIN. Das klingt sehr tragisch! – Doch, mein Herr, bis ich jenen wiederfinde, – in die Tellheims bin ich nun einmal vernarrt, – dieser wird mir schon aus der Not helfen müssen. – Deine Hand, lieber Bettler! *indem sie ihn bei der Hand ergreift.*

VON TELLHEIM *der die andere Hand mit dem Hute vor das Gesicht schlägt und sich von ihr abwendet.* Das ist zuviel! – Wo bin ich? – Lassen Sie mich, Fräulein! – Ihre Güte foltert mich. – Lassen Sie mich!

DAS FRÄULEIN. Was ist Ihnen? Wo wollen Sie hin?

VON TELLHEIM. Von Ihnen! –

DAS FRÄULEIN. Von mir? *Indem sie seine Hand an ihre Brust zieht.* Träumer!

VON TELLHEIM. Die Verzweiflung wird mich tot zu Ihren Füßen werfen.

DAS FRÄULEIN. Von mir?

VON TELLHEIM. Von Ihnen! – Sie nie, nie wiederzusehen! – Oder doch so entschlossen, so fest entschlossen, – keine Niederträchtigkeit zu begehen, – Sie keine Unbesonnenheit begehen zu lassen. – Lassen Sie mich, Minna! *Reißt sich los, und ab.*

DAS FRÄULEIN *ihm nach.* Minna Sie lassen? Tellheim! Tellheim!

Gotthold Ephraim Lessing (1729–1781)

Raucher-Revolution, 1848

Die Straßen Berlins wurden ununterbrochen von erregten Menschen durchflutet, die sich gegenseitig die übertriebensten Gerüchte über den Fortschritt der Bewegung in Deutschland mitteilten und überall improvisierten Volksrednern zuhörten, welche sie verbreiteten und zu gleichen Taten anfeuerten. Die Polizei schien aus der Stadt verschwunden zu sein, und das Militär, welches durchweg treu seine Pflicht erfüllte, machte sich kaum ernstlich bemerkbar. Da kam die überwältigende Nachricht von dem Siege der Revolution in Dresden und Wien, kurz darauf die Erschießung des Postens vor dem Bankgebäude und schließlich das Mißverständnis auf dem Schloßplatze. Dies trieb auch die ruhigen Bürger, die sich zu einer vermittelnden Bürgerwache zusammengeschart hatten, auf die revolutionäre Seite. Ich sah von meinen Fenstern aus, wie eine Abteilung dieser Bürgerwache in großer Erregung vom Schloßplatze herkam und auf dem Platze vor dem Anhaltischen Tore Schärpen und Stäbe zusammenwarf mit dem Rufe «Verrat! Das

Militär hat auf uns geschossen!» In wenigen Stunden bedeckten sich die Straßen mit Barrikaden, die Wachen wurden angegriffen und zum Teil überwältigt, und der Kampf mit der Garnison, die sich meist auf die Verteidigung beschränkte und ohne jede Ausnahme der Fahne treu blieb, verbreitete sich schnell über einen großen Teil der Stadt.

Ich selbst war damals durch mein Kommando zu einer Spezialkommission außer Verbindung mit einem militärischen Truppenteile und wartete klopfenden Herzens auf das Ende des unseligen Kampfes. Da erschien mit Beginn des folgenden Tages die königliche Proklamation, die den Frieden herstellte.

Um dem Könige für diese Proklamation zu danken, zogen am Vormittage des 19. März die Bürger auf den Schloßplatz. Es duldete mich nicht länger im Hause, und so schloß ich mich ihnen in Zivilkleidung an. Ich fand den ganzen Platz mit einer großen Menschenmenge bedeckt, die ihrer Freude über die Friedensproklamation allseitig lebhaften Ausdruck gab. Doch bald änderte sich die Szene. Es kamen lange Züge an, welche die Gefallenen auf den Schloßplatz brachten, damit, wie man sagte, der König sich selbst überzeugen könnte, welches Unheil seine Soldaten angerichtet hätten. Es ereignete sich die schreckliche Szene auf dem Balkon des Schlosses, auf dem die Königin in Ohnmacht niedersank, als ihr Auge auf die blutige Menge der Toten fiel, die man zu ihren Füßen aufgehäuft hatte. Dann kamen immer neue Züge mit Toten, und als der König dem Geschrei nach seinem Erscheinen nicht wieder Folge leistete, bereitete sich die begleitende, aufgeregte Menge vor, das Schloßtor zu erbrechen, um dem Könige auch diese Toten zu zeigen.

Es war dies ein kritischer Moment, denn unfehlbar wäre es im Schloßhofe, wo ein Bataillon zurückgehalten war, zu erneutem Kampfe gekommen, dessen Ausgang zweifelhaft erscheinen mußte, da das übrige Militär die Stadt auf königlichen Befehl verlassen hatte. Da kam ein Retter in der Not in der Person des jungen Fürsten Lichnowsky. Von einem in der Mitte des Schloßplatzes aufgestellten Tische aus redete er die Menge mit lauter, vernehmlicher Stimme an. Er sagte, Se. Majestät der König habe in seiner großen Güte und Gnade dem Kampfe ein Ende gemacht, indem er alles Militär zurückgezogen und sich ganz dem Schutze der Bürger anvertraut habe. Alle Forderungen seien bewilligt, und man möge nun ruhig nach Hause gehen! Die Rede machte offenbar Eindruck. Auf die Frage aus dem Volke, ob auch wirklich Alles bewilligt sei, antwortete er «Ja, Alles, meine Herren!» «Ooch det Roochen?» – erscholl eine andere Stimme. «Ja, auch das Rauchen», war die Antwort. «Ooch im Dierjarten?» – wurde weiter gefragt. «Ja, auch im Tiergarten darf geraucht werden, meine Herren.» Das war durchschlagend. «Na, denn können wir ja zu Hause jehn», hieß es überall, und in kurzer Zeit räumte die heiter gestimmte Menge den Platz. Die Geistesgegenwart, mit welcher der junge Fürst – wahrscheinlich auf eigene Verantwortung hin – die Konzession des freien Rauchens auf den Straßen der Stadt und im Tiergarten erteilte, hat vielleicht weiteres schweres Unheil verhütet.

Auf mich machte diese Szene auf dem Schloßplatz einen unauslöschlichen Eindruck. Sie zeigte so recht anschaulich den gefährlichen Wankelmut einer erregten Volksmenge und die Unberechenbarkeit ihrer Handlungen. Andererseits lehrte sie auch, daß es in der Regel nicht die großen, gewichtigen Fragen sind, durch die Volksmassen in Bewegung gesetzt werden, sondern kleine, von jedermann lange als drückend empfundene Beschwerden. Das Rauchverbot für die Straßen der Stadt und namentlich den Tiergarten mit dem steten kleinen Krieg gegen Gendarmen und Wachen, der damit verbunden war, bildete in der Tat wohl die einzige Beschwerde, die von der großen Masse der Berliner Bevölkerung wirklich verstanden wurde, und für die sie in Wahrheit kämpfte.

Werner von Siemens

Kaisertag

Ich höre, daß Ihr Euch eine Beschreibung des Kaisertags wünscht. Da will ich nun etwas von dem herrlichen Fest erzählen, wenngleich ich nur einen kleinen Teil selbst gesehen. Mama soll Euch den Bericht vorlesen. Was schon in den Zeitungen gestanden, schreib ich nicht. Also: Am Tag vorher hatten die Studenten ihren großen Fackelzug, bei dem der Kaiser ein paar in das Schloß gerufen! Sie waren so schwarz wie Schornsteinfeger vom Dampf, das wißt Ihr vom Kochen am Teich, wo Feuer, da Rauch! Eine Dame, bei der sich ein paar Söhne und Neffen gewaschen, ehe sie zum Kommers (ihr großes Fest) gingen, sagt, es wäre sehr viel Seife verbraucht worden und doch noch schwarze Ringe um die Augen geblieben. Das schadete aber alles nichts, die helle Freude guckte doch aus den Augen heraus. Es waren Deputationen von 21 Universitäten. Alle in Wichs, nämlich in köstlichen Kleidern mit funkelnden Schärpen und Mützen, 4000 in einem mächtigen Saal an langen Tischen. Zu diesem Fest hatte mich Herr von Wildenbruch mitgenommen, der das schöne Kaisergedicht für den Tag gemacht und es begeistert sprach. Wie schön die Viertausend sangen: «Deutschland, Deutschland über alles», «Heil Dir im Siegerkranz». Und das Kreuzen der blanken Rapiere, wie Blitze die Reihen hinunter, dann der Salamander. Da reiben sie die Gläser auf dem Tisch und stoßen damit auf, es gibt einen herrlichen Klang. Genug, ich kam ganz begeistert um 2 Uhr in der Nacht nach Haus. Und da fing erst die Fidelitas an. Hans weiß wohl, was das heißt. Morgens fuhren sie mit wehenden Fahnen zum Kaiser. Mama und ich begegneten einem ganzen Teil.

Die Stadt war lustig an allen Ecken, das flatterte von Fahnen, glänzte von Lichtern, wogte von Menschen. Die wackligsten Leute, ganz kleine Kinder, alles wollte sich mitfreuen. Wagen voll Kinder mit Fahnen kamen vorüber, ja sogar die Lastwagenpferde trugen Grün und Fahnen. Ich ging und sah mir die Illuminationsvorbereitungen an. Da waren Riesenkaiser in Gold, einer sogar, als wenn er lebte, aus Wachs; ein Puppenladen hatte das ganze Schaufenster voll weißgekleideter Puppen mit Kornblumen um den Kaiser gestellt. Hübsch waren Riesenkränze mit bunten Lampen als Früchte.

Wir hatten übrigens auch sehr schön erleuchtet. Mit großen Armleuchtern und Lichtern hinter bunten Fenstern. Der Kaiser hat sich über das kleinste Fensterchen gefreut, es war auch alles illuminiert, sogar einige Hinterhäuser. Leider hat er sich doch etwas erkältet. Die Palastdame, Gräfin Oriola, sagt, er hätte ein schlimmes Auge und gestern zu Bett gelegen. Es waren neunzig gekrönte Häupter hier. Uns hat auch eine Prinzeß besucht. Die Herzogin von Sachsen-Weimar. Sie hatte einen kleinen Chinesen zum Anmelden.

Marie von Olfers, 1887

Das historische Eckfenster, um 1885

Der Höhepunkt in Berlin war allemal das «Historische Eckfenster». Punkt 12 Uhr zog «Unter den Linden» vorm Schloß die Wache auf. «Schon ½12 –?» Nun aber hoppla – vielmehr: dalli, dalli! (Wie wir in deutsch-polnischer Gewöhnung sagten). Diese phantastische «Wach-Ablösung» vorm Zeughaus mit ihrem schneidigen Drill durfte man einfach nicht verpassen! Eine erwartungsvolle Menschenmenge starrte zum Schloß. Es war prickelnd wie vor der Weihnachtsbescherung.

Da – da: Am Eckfenster – ja, die Gardine bewegt sich. Das greise Gesicht Kaiser Wilhelms I. mit weißem Backenbart erscheint, und er grüßt in die begeistert losjubelnde Menge! Wir Landkinder erlebten ein Stück Geschichte! Und wie erlebten wir sie!

Erna Saenger

Im Palast und im Lustgarten

In den vielen rühmenden Berichten über unseren Palast der Republik ist sein Postamt weder genug erwähnt noch gewürdigt worden. Dem Postamt im Palast, so klein es ist, gehört meine Zuneigung. Wenn ich das in einem Satz zusammenfassen darf: Hinter seinen Schaltern sitzen intelligente junge Leute in sauberen Uniformen.

Dort im Palast, an der Marx-Engels-Platz-Fensterseite, stehen hellbraune Ledersessel, gesprächsbereit für Vierergruppen. Aber auch der vereinzelte Mensch kann dort ruhig sitzen, sich räkeln, umherschauen, die Linden entlang oder nach innen. Wer weich sitzt, blickt ganz anders in seine Zeit.

Es gibt im Palast eine Menge Münzfernsprecher. Und sie funktionieren. Einer sogar zu gut. Er nahm kein Geld, will heißen, man konnte mit diesem Apparat umsonst telefonieren. Die Münze kam zurück. Wer das erlebte, hielt es für eine der Annehmlichkeiten im Hause des Volkes. (...) Der Palast-Apparat galt als Wohltäter, von dem jeder nach seinen Bedürfnissen bekam. (...)

Der ungebührliche Apparat ist inzwischen der Öffentlichkeit entzogen worden. Er war seiner Epoche vorausgeeilt wie die Sehnsucht eines Parteiveteranen.

Im Lustgarten stehen schöne Bänke. Und da sie bewegt werden können und bewegt worden sind, wird es solche mit und ohne Sonne und welche im Halbschatten geben. Da könnte doch ein etwas altertümlich gekleideter Herr des Weges kommen und Platz nehmen. Er hat vorn an seinem Jackett, wo sonst die Orden befestigt werden, ein Papierchen mit einer Klammer befestigt. So ein weithin sichtbarer Ausweis, aber ohne Lichtbild.

Siehe da, es handelt sich um Ludwig Rellstab, 1799 bis 1860, der hier e.t.a.hoffmannesk erscheint. Berufskollege. Schriftsteller und Redakteur gewesen, Theaterkritiker der

«Vossischen Zeitung». War mal eingesperrt, weil er eine bei Hofe beliebte Sängerin kritisiert hatte. Was wollen die alten Leute, wenn sie sich neben uns auf die Bank setzen? Von früher erzählen. Also los.

Die Brücke dort, die von Schinkel, mit den Delphinen und Tritonen, und neuerdings wieder mit den alten Figuren versehen, also die ist zwischen 1822 und 1824 erbaut worden. Mittendrin aber, Ende November 1823, mußte sie fertig sein, ohne fertig zu sein. Ein Datum war einzuhalten. Königliche Hochzeit.

Der Kronprinz, aus dem später Friedrich Wilhelm IV. wurde, bekam eine bayerische Prinzessin zur Frau. Elisabeth Ludovika, die wegen Preußen zum protestantischen Glauben übertrat. Wer ihr so nahe kam, um ihr in die Augen zu schauen, erzählte, wie schön sie seien. Was schadet es, wenn die Braut hübsch ist.

Aber die Brücke, die eine Notbrücke war mit hölzernem Geländer. Rellstab holt seine Zeitung heraus. Lang und breit über den feierlichen Einzug, die Pracht, der Jubel, das Gedränge. Die Menschen sind wie losgelassen, wenn eine Prinzessin heiratet.

Im Lustgarten sind die Studenten mit Fackeln aufmarschiert. Dann aber, alle wollen auf einmal nach Hause, blockiert ein Radbruch die Spreebrücke am Zeughaus. Jeder schiebt nach Kräften, drängt nach vorn. Da bricht das Geländer. In der Panik sollen siebzig Menschen zermalmt worden oder ertrunken sein. Rellstab ist dabei fast selber umgekommen, hat aber noch ein Kind gerettet. Aber beweisen kann er's nicht. In keiner Zeitung steht etwas. Es hat kein Unglück gegeben. Erst in Rellstabs Lebenserinnerungen Jahrzehnte später liest man davon.

War das nicht schwierig, so lange nichts zu sagen?

Schwieriger, antwortet Rellstab, war, das nasse Kind zu überzeugen, daß es nicht in die Spree gefallen war.

Heinz Knobloch, 1981 und 1986

Das ist wieder die Ironie

Wir können durch das Schloß gehen und sind augenblicklich im Lustgarten. «Wo ist aber der Garten?» fragen Sie. Ach Gott! merken Sie denn nicht, das ist wieder die Ironie. Es ist ein viereckiger Platz, der von einer Doppelreihe Pappeln eingeschlossen ist. Wir stoßen hier auf eine Marmorstatue, wobei eine Schildwache steht. Das ist der Alte Dessauer. Er steht ganz in altpreußischer Uniform, durchaus nicht idealisiert wie die Helden auf dem Wilhelmsplatze. Diese will ich Ihnen nächstens zeigen, es sind Keith, Ziethen, Seydlitz, Schwerin und Winterfeldt, beide letztere in römischem Kostüm mit einer Allongeperücke. Hier stehen wir just vor der Domkirche, die ganz kürzlich von außen neu verziert wurde und auf beiden Seiten des großen Turms zwei neue Türmchen erhielt. Der große, oben geründete Turm ist nicht übel. Aber die beiden jungen Türmchen machen eine höchst lächerliche Figur. Sehen aus wie Vogelkörbe. Man erzählt auch, der große Philolog W. sei vorigen Sommer mit dem hier durchreisenden Orientalisten H. spazierengegangen, und als letzterer, nach dem Dome zeigend, fragte: «Was bedeuten denn die beiden Vogelkörbe da oben?», habe der gelehrte Witzbold geantwortet: «Hier werden Dompfaffen abgerichtet.» In zwei Nischen des Doms sollen die Statuen von Luther und Melanchthon aufgestellt werden. – Wollen wir in den Dom hineingehen, um dort das wunderschöne Bild von Begasse zu bewundern? Sie können sich dort auch erbauen an dem Prediger Theremin. Doch laßt uns drauß bleiben, es wird auf die Paulusianer gestichelt. Das macht mir keinen Spaß. Betrachten Sie lieber gleich rechts, neben dem Dom, die vielbewegte Menschenmasse, die sich in einem viereckigen, eisenumgitterten Platz herumtreibt. Das ist die Börse. Dort schachern die Bekenner des Alten und des Neuen Testaments. Wir wollen ihnen nicht zu nahe kommen. O Gott, welche Gesichter! Habsucht in jeder Muskel. Wenn sie die Mäuler öffnen, glaub ich mich angeschrien: «Gib mir all dein Geld!» Mögen schon viel zusammengescharrt haben. Die Reichsten sind gewiß die, auf deren fahlen Gesichtern die Unzufriedenheit und der Mißmut am tiefsten eingeprägt liegt. Wieviel glücklicher ist doch mancher arme Teufel, der nicht weiß, ob ein Louisdor rund oder eckig ist. Mit Recht ist hier der Kaufmann wenig geachtet. Desto mehr sind es die Herren dort mit den großen Federhüten und den rot ausgeschlagenen Röcken. Denn der Lustgarten ist auch der Platz, wo täglich die Parole ausgegeben und die Wachtparade gemustert wird. Ich bin zwar kein sonderlicher Freund vom Militärwesen, doch muß ich gestehen, es ist mir immer ein freudiger Anblick, wenn ich im Lustgarten die preußischen Offiziere zusammenstehen sehe. Schöne, kräftige, rüstige, lebenslustige Menschen. Zwar hier und da sieht man ein aufgeblasenes, dummstolzes Aristokratengesicht aus der Menge hervorglotzen. Doch findet man beim größern Teile der hiesigen Offiziere, besonders bei den jüngern, eine Bescheidenheit und Anspruchslosigkeit, die man um so mehr bewundern muß, da, wie gesagt, der Militärstand der angesehenste in Berlin ist. Freilich, der ehemalige schroffe Kastengeist desselben wurde schon dadurch sehr gemildert, daß jeder Preuße wenigstens ein Jahr Soldat sein muß und, vom Sohn des Königs bis zum Sohn des Schuhflickers, keiner davon verschont bleibt. Letzteres ist gewiß sehr lästig und drückend, doch in mancher Hinsicht auch sehr heilsam. Unsere Jugend ist dadurch geschützt vor der Gefahr der Verweichlichung. In manchen Staaten hört man weniger klagen über das Drückende des Militärdienstes, weil man dort alle Last desselben auf den armen Landmann wirft, während der Adlige, der Gelehrte, der Reiche und, wie z. B. in Holstein der Fall ist, sogar jeder Bewohner einer Stadt von allem Militärdienste befreit ist. Wie würden alle Klagen über letztern bei uns verstummen, wenn unsere lautmauligen Spießbürger, unsere politisierenden Ladenschwengel, unsere genialen Auskultatoren, Büroschreiber, Poeten und Pflastertreter vom Dienste befreit wären. Sehen Sie dort, wie der Bauer exerziert? Er schultert, präsentiert und – schweigt.

Heinrich Heine, 1822

Der Christmarkt

Um Weihnachten herum erstand auf dem Schloßplatz ein freundlich buntes Bild, nicht viel anders, als es schon unter Friedrich Wilhelm I. sich dargeboten haben mag, zunächst auf dem Mühlendamm, in der Stralauer und Breiten Straße, dann auch auf dem Schloßplatz. Dort «divertierten sich auch die Königlichen Herrschaften», und war einmal das Gedränge zu arg, so kam gelegentlich Prinz Ludwig, zur Zeit des zweiten Friedrich Wilhelm, auf den sinnigen Einfall, mit versprühtem Duftwasser den Herrschaften eine Gasse zu bahnen. Zu Beginn der siebziger Jahre dehnte sich der Christmarkt bis in den Lustgarten hinein aus. Für unsere Anspruchslosigkeit, unsern Frohsinn bedeutete er ungemein viel. Die flimmernde Budenstadt barg eine eigne Poesie. Zwischen ihren Zeltreihen konnte man sich leicht verirren, man mußte dicht beieinander bleiben. Die Öllampen in den Auslagen verbreiteten nur ein schummriges Licht, aber das störte nicht. Wir schoben uns durch das Gewirr und den Lärm vorwärts, genossen das Quäken der Schäflein, das Brummen der Waldteufel, das Gebrüll der Verkäufer wie eine Sensation. Für gewisse Näschereien hatten bestimmte Städte ihr besonderes Vorrecht, und das war eine Geographie, in der ich genau Bescheid wußte. An der Kurfürstenbrücke hatte der Braunschweiger Pfefferkuchen seine weithin leuchtende Bude, vor der sich auch Hausfrauen zum Christeinkauf drängten. Die Stadt Salzwedel lernte ich zuerst nennen durch einen Mann, der an der Ecke der Breiten Straße «Salzwedler Waffeln» buk. Die berühmten, aus siedendem Fett gefischten Spritzkuchen waren in Eberswalde beheimatet, und die Würstchen mußten natürlich aus Frankfurt sein. Alles wurde angeboten, und bei jedem Angebot sprach ein kräftiger Humor mit, der seinerseits direkt aus Berlin stammte. Am Schluß gab es neben mit Vergißmeinnicht gestickten und der Inschrift «Vergiß mir nicht» versehenen Hosenträgern Taschenuhren für fünf gute Groschen. «Wenn de jehst, denn jeht se, un wenn de stehst, denn steht se!» versprach der Verkäufer, und das letztere stimmte denn auch.

Fedor von Zobeltitz (1857–1934)

Monster-Raritätenschau

Am schönsten war es, wenn so Anfang Dezember auf dem Lustgarten die Weihnachtsmarktleute ihre Buden aufrichteten. Wir strichen dann auf den Gängen herum und sahen nach, ob wir nicht einen alten Bekannten träfen. Wir kannten eine Menge Schausteller und Budenbesitzer, die meisten noch von Vaters Rummelzeit her, er hatte damals in einem Raritätenkabinett als Präparator gearbeitet.

Diesmal jedoch – es war der achtundzwanziger Winter und so grauenhaft kalt, daß man dauernd ins Pergamonmuseum gehen und sich aufwärmen mußte –, diesmal jedoch war niemand unserer alten Bekannten zu sehen. Vielleicht kamen sie noch, vielleicht war es ihnen aber eben auch einfach zu kalt, denn viele hatten nur einen Einmannbetrieb, und da war natürlich an einen Ofen oder gar an eine Heizung nicht zu denken.

Wir machten uns aber auch noch aus einem anderen Grund zwischen den Buden zu schaffen. Wenn man mal irgendwo mit Hand anlegte, konnte man hoffen, Dauerfreikarten zu bekommen oder auch sogar mal ein paar Mark zu verdienen.

Vor allem an einer Monster-Raritätenschau war uns ganz außerordentlich gelegen. Schon als die mächtigen zusammenhängenden Bretterwände abgeladen und die Grundrißbalken des Respekt einflößend großen Baues zusammengefügt wurden, griffen wir so verbissen und konzentriert mit zu, daß wir beim Befehlsempfang für den nächsten Tag schon ganz selbstverständlich mit einbezogen wurden.

Der Bau hatte über dem mit wundervollen Plakaten und bunten Transparenten geschmückten Eingang einen hohen, glöckchenverzierten Pagodenaufsatz. Sein Besitzer hatte diese Verzierung gewählt, weil die Fettpolster unter seinen Augen diesen einen leicht asiatischen Zuschnitt verliehen. Und auch in seiner Kleidung versuchte Pagoden-Ede sich so chinesisch oder japanisch wie möglich zu geben. Er stammte aber bloß aus Neukölln und war auch viel zu groß und zu schwer, als daß einem seine Verkleidung auch glaubhaft erschienen wäre; einzig sein kahler Kopf wirkte einigermaßen überzeugend.

Als sein Monster-Unternehmen stand, ging Vater zu ihm hin, wünschte ein gutes Weihnachtsgeschäft und deutete an, wobei wir geholfen hätten.

Pagoden-Ede bot Vater eine Zigarette an, tippte mit dem narbigen Zeigefinger an seinen Melonenrand und drehte sich um.

Da wußten wir, daß es diesen Dezember auf dem Weihnachtsmarkt einen Feind für uns geben würde.

Wolfdietrich Schnurre (geb. 1920)

Bildwechsel

Die Domkuppel über dem Gebirge steinerner Geschmacklosigkeit ist grün wie die Lustgartenbäume, unter denen papageienbuntes Militär paradiert, die säulenprächtige

Börse ist rot, die Spree blau wie die Walzerdonau, die
Schleppkähne haben bunte Wimpel geflaggt, die Damen
unter den Kolonnaden der Nationalgalerie tragen Blumen-
und Federhüte, eine gelbe Sonne steht über dem Schloß:
die Kaiserstadt bei Kaiserwetter, in vergoldete Blumen-
ketten gerahmt, groß, schwer, Anita hatte sich abgemüht,
im ersten und dritten Stock haltgemacht, dann das Bild
auf den Tisch gestellt und sich in einen Sessel fallen lassen.
«Schönen Gruß von Vadda und schönet Fest, und den
Schinken schenkt er Ihnen, echt Öl, stand immer bei uns
uff'm Boden 'rum. Schön ham Sie't hier, und so ville
Bücher, nur 'n bißchen kleen; für det Jemälde mein' ick.»
Die Größe war wirklich erschreckend, nicht weniger die
Buntheit; da hatte einer viel teure Farbe verbraucht, ein
Dilettant, ein schlechter Maler, aber wohl kein dummer,
falls er gewußt hat, wie aufschlußreich das war: Schloß,
Militär, Dom und Börse dicht beieinander.

Jetzt sah das alles anders aus: keine Börse mehr (welch
Glück), kein Schloß mehr (ein bißchen schade), kein Militär (die Neue Wache sah man nicht), keine Kuppel mehr auf
dem Dom (welch Unglück, daß alles andere noch stand),
keine Sonne, keine Menschen, die Lustgartenbäume kahl
und schwarz, die Spree grau, die Straßen und die Museums-
dächer weiß, denn es schneite seit Stunden, wie es sich für
Heiligabend gehört.

Günter de Bruyn, 1968

Berliner Bedürfnisse

Am Lustgarten steht die berühmte Granitschale, die schon
Goethe zu einer Bemerkung aus Weimarer Ferne veranlaßt
hat.

Es handelt sich um einen für Berliner Bedürfnisse blank
geschliffenen Findling aus der näheren Umgebung. Von
Fürstenwalde auf einem eigens gebauten Kahn nach Berlin

geschwemmt. Das war kostensparend und vaterländisch gedacht. Verzicht auf Importware.

Eine Riesenschale, fast sieben Meter im Durchmesser, die mehrfach beschriebene und gemalte Sehenswürdigkeit mitten im Lustgarten, wo sie vor der Freitreppe des Alten Museums stand, bis sie die Aufmärsche der Nazipartei behinderte, so daß sie 1934, genau ein Jahrhundert nach ihrer Einweihung, weggeräumt wurde ins Abseits am Spreeufer.

Zu ihrer Zeit, als sie neu war, feierte man die Schale als Weltwunder und biedermeierlichen Höhepunkt. Nirgendwo gab es eine ähnlich kolossale Schüssel anzusehen, das war wohl die Hauptsache.

Es scheint, daß diese Stadt immer wieder mit etwas ähnlichem aufwarten und verblüffen möchte. Davon bin nun auch ich angesteckt worden als Kind meiner Tage.

Als ich las, daß 1834 zur Einweihung der Granitschale 42 Personen zu einem Frühstück auf ihrem Rand gesessen haben, bekam ich Appetit.

Selbstvesständlich kann jemand mit belegten Broten und einer Thermosflasche dort Platz nehmen, solange es der Volkspolizei gefällt, ein Festmahl aber wird erst daraus, wenn man dazu einladen kann. Und wen? Daher möchte ich, vorerst in Gedanken, in dieser Schale, die kaum zu etwas anderem taugt, mit 41 angenehmen Menschen an einem sonnigen Vormittag ein gewaltiges Frühstück veranstalten.

Es wird bei dem Wunsch bleiben.

Heinz Knobloch, 1981

Kunst-Betrachtung, 1818

Am vorigen Freitag hatte sich eine Partie zwischen Savignys, Helvig, Gneisenau und der Voß nach Monbijou zu den Antiken veranstaltet. Wie wir hinkamen, befand sich Gneisenau mit der Helvig schon im Paradies unter den nackten Engeln, wo das Schöne der Gestalten schon Geist geworden war. Er ging wie ein blinder Hesse gähnend und schüchtern umher, endlich wagte er die Frage, ob der Mars aus Dresden, (dessen Du Dich mit seinen kurzen gedrängten Muskeln wohl deutlich erinnern wirst) von oben gepanzert wär; der Leib ist nämlich mit den Weichen von den Beinen und Hüften durch Überhang sehr abgeschnitten. Die Helvig erklärte, wie dies in der Natur dieser Proportionen läge. «Dies kommt mir doch gar zu unnatürlich vor», sagte Gneisenau, «zum wenigsten versichere ich Sie, daß es bei mir ganz anders ist.» Diese Naivetät war rein unschuldig – allein der Helvig starker Geist bog zusammen, ein heftiges Erröten wurde von ihren flüchtigen Beinen im Gebüsch von Monbijou verborgen. Ich blieb gelassen und unbefangen allein bei ihm zurück und sagte ihm, wie weder Künstler noch Liebhaber Geschmack an dieser Figur fänden, obschon ihre Verhältnisse nicht unnatürlich sein sollten. Wir tranken den Tee bei Savigny. Gneisenau war zum ersten Mal ganz ohne allen Rückhalt und lustig, er rief mehrmals aus: «So muß ein Tee sein, bei dem mirs behaglich sein soll; nur nicht mehr Leute, sonst bin ich ganz verzagt.»

Bettina von Arnim

Im Scheunenviertel

Diese Unterwelt, die wir hier betraten, erregte unser lebhaftes Staunen, von diesem Berlin hatten wir noch nichts gesehen. Das ganze Leben seiner Bewohner schien sich auf der Straße abzuspielen, alles stand dort herum, in den unglaublichsten Aufzügen, schnatterte, stritt miteinander … Jüdische Händler im Kaftan mit langen, schmierigen, gedrehten Löckchen, Kleider über dem Arm, strichen durch die Menge und flüsterten bald hier, bald dort Anpreisungen. Vor einem Kellereingang saß ein dickes, schmieriges Weib, hatte den Kopf eines jaulenden Pudels zwischen die Beine geklemmt und schor ihm mit einer Art Rasenschere den Hinterteil.

Und überall gab es Händler. Händler mit heißen Würstchen, mit «Boletten» aus prima kernfettem Roßfleisch, das Stück 'nen Sechser, mit Schlipsen (der janze Adel trägt meine Binder!), mit Seife und Parfüms. An einer Ecke prügelten sich ein paar Kerle, umringt von einem Kreis von Zuschauern, die, trotzdem schon Blut floß, weiter höchst amüsiert blieben. Mir, dem Juristensohn, fiel zuerst das völlige Fehlen von «Blauen» auf, von Schutzleuten also.

In diesen engen Gassen schien ein aller Ordnung und Gesetzmäßigkeit entzogenes Leben zu herrschen. Bisher hatte ich fest daran geglaubt, daß, was in der Luitpoldstraße galt, mit geringen, durch die Stufen reich und arm bedingten Abweichungen überall galt. Hier sah ich nun, wie der eine Kerl sich über den zu Boden gestürzten Gegner warf, der kaum noch bei Besinnung war, und ihm unter dem johlenden Beifallsgeschrei der Zuschauer immer wieder den blutigen Kopf gegen das Pflaster schlug.

Es wurde uns unheimlich, wir machten, daß wir davonkamen. Aber an der nächsten Straßenecke hielt uns ein Kaftanjude an, flüsternd, in einem kaum verständlichen Deutsch schlug er uns vor, ihm unsere Wintermäntel zu verkaufen. «Zwei Mork das Stück! Und eurer Momme seggt ihr, ihr hebbt se verloren...»

Dabei fing er schon an, mir meinen Mantel aufzuknöpfen.

Mit Mühe riß ich mich los, Fötsch und ich fingen an zu laufen. Aber das war nicht richtig. Denn nun fing die Jugend an, auf uns aufmerksam zu werden. Ein großer Junge, den ich angerannt hatte, rief: «Du bist wohl von jestern übrig jeblieben –?!» und gab damit das Signal zu einer Jagd auf uns.

Wir rannten, was wir konnten, durch ein Gewirr von Gassen und Sträßchen, ratlos, wann und wo dies einmal ein Ende nehmen würde. Eine ganze Horde stürzte schreiend, lachend, hetzend hinter uns her. Ein großer Kerl, durch den Lärm aufmerksam geworden, schlug nach Hans Fötsch. Aber der lief weiter, nur seine Mütze fiel verloren auf das Pflaster. Bei meinem Annähern zog eine Frau, die vor ihrer Tür an einem Strumpf strickte, sachte die Nadel aus der Strickerei und stach damit nach mir, mit der gleichgültigsten Miene von der Welt. Nur ein Sprung rettete mich...

Ich lief, was ich laufen konnte, wie ich noch nie gelaufen war. Ich wußte, hier galten weder Beruf noch Ansehen meines Vaters etwas, das doch in der Luitpoldstraße alle respektierten, hier galt es auch nichts, daß ich ein Gymnasiast war... Hier galten jetzt nur meine Beine. Ich! Ich selbst!

Und ich ließ die Beine laufen, immer einen halben Schritt hinter Hans Fötsch lief ich, mit keuchender Brust, mit Stichen in Herz und Brust, rannte immer weiter... Und so wirklich auch die Schmerzen waren, so wirklich die Verfolger uns auch immer näher rückten, so unwirklich kam mir doch alles vor. Es war wie ein Schreckenstraum, es war doch unmöglich, daß ich, der Sohn eines Kammergerichtsrates, hier in der Kaiserstadt Berlin um meine heilen Glieder, meine Kleider lief. Ich brauchte nur anzuhalten, die Verfolger heranzulassen, und alles würde sich mit einem Lächeln aufklären. Gefahr gab es nur in den Büchern, bei Karl May, Cooper und Marryat, nicht hier in Berlin, nicht für uns...

Gottlob lief ich trotz all dieser Unwirklichkeitsgefühle ganz wirklich weiter, und schließlich fand denn auch Hans Fötsch durch Zufall einen Ausgang aus dem Gewirre des Scheunenviertels. Aufatmend hielten wir auf einer breiten Straße an, in der jetzt schon die Gaslaternen brannten.

Wir lehnten uns in einen Hauseingang und spürten mit Zufriedenheit das langsamere Schlagen des Herzens, das ruhigere Atmen der Brust. Nach einer langen Zeit sagte schließlich Hans Fötsch mit einem tiefen Seufzer: «Na, weißt du –!»

Ich stimmte ihm bei. «Ich hätte nie gedacht, daß es so etwas geben könnte! Und noch dazu in Berlin!»

«Das war das Scheunenviertel», erklärte Fötsch. «Vater hat mir davon erzählt. Da trauen sich Große nicht mal bei Tage rein. Dadrin leben bloß Verbrecher.»

Dies mußte ich als Juristensohn besser wissen als der Arztsprößling.

«Das ist ausgeschlossen, Fötsch!» sagte ich. «Alle Verbrecher kommen immer gleich ins Gefängnis oder Zuchthaus. Ich will meinen Vater mal fragen, ob es so etwas überhaupt geben darf.»

«Deinem Vater sag lieber nicht, daß wir da drin gewesen sind. Sonst macht er Klamauk, und mit unserm Spazierengehen ist es alle!»

Hans Fallada (1893–1947)

Wo alles zusammenläuft

Wind gibt es massenhaft am Alex, an der Ecke von Tietz zieht es lausig. Es gibt Wind, der pustet zwischen die Häuser rein und auf die Baugruben. Man möchte sich in die Kneipen verstecken, aber wer kann das, das bläst durch die Hosentaschen, da merkst du, es geht was vor, es wird nicht gefackelt, man muß lustig sein bei dem Wetter. Frühmorgens kommen die Arbeiter angegondelt, von Reinickendorf, Neukölln, Weißensee. Kalt oder nicht kalt, Wind oder nicht Wind, Kaffeekanne her, pack die Stullen ein, wir müssen schuften, oben sitzen die Drohnen, die schlafen in ihren Federbetten und saugen uns aus.

Aschinger hat ein großes Café und Restaurant. Wer keinen Bauch hat, kann einen kriegen, wer einen hat, kann ihn beliebig vergrößern. Die Natur läßt sich nicht betrügen! Wer glaubt, aus entwertetem Weißmehl hergestellte Brote und Backwaren durch künstliche Zusätze verbessern zu können, der täuscht sich und die Verbraucher. Die Natur hat ihre Lebensgesetze und rächt jeden Mißbrauch. Der erschütterte Gesundheitszustand fast aller Kulturvölker der Gegenwart hat seine Ursache im Genuß entwerteter und künstlich verfeinerter Nahrung. Feine Wurstwaren auch außer dem Haus, Leberwurst und Blutwurst billig.

Das hochinteressante «Magazin» statt eine Mark bloß 20 Pfennig, die «Ehe» hochinteressant und pikant bloß 20 Pfennig. Der Ausrufer pafft Zigaretten, hat eine Schiffermütze auf, ich schlage alles.

Von Osten her, Weißensee, Lichtenberg, Friedrichshain, Frankfurter Allee, türmen die gelben Elektrischen auf den Platz durch die Landsberger Straße. Die 65 kommt vom Zentralviehhof, der Große Ring Weddingplatz, Luisenplatz, die 76 Hundekehle über Hubertusallee. An der Ecke Landsberger Straße haben sie Friedrich Hahn, ehemals Kaufhaus, ausverkauft, leergemacht und werden es zu den Vätern versammeln. Da halten die Elektrischen und der Autobus 19 Turmstraße. Wo Jürgens war, das Papiergeschäft, haben sie das Haus abgerissen und dafür einen Bauzaun hingesetzt. Da sitzt ein alter Mann mit einer Arztwaage: Kontrollieren Sie Ihr Gewicht, 5 Pfennig. O liebe Brüder und Schwestern, die ihr über den Alex wimmelt, gönnt euch diesen

Augenblick, seht durch die Lücke neben der Arztwaage auf diesen Schuttplatz, wo einmal Jürgens florierte, und da steht noch das Kaufhaus Hahn, leergemacht, ausgeräumt und ausgeweidet, daß nur die roten Fetzen noch an den Schaufenstern kleben. Ein Müllhaufen liegt vor uns. Von Erde bist du gekommen, zu Erde sollst du wieder werden, wir haben gebauet ein herrliches Haus, nun geht hier kein Mensch weder rein noch raus. So ist kaputt Rom, Babylon, Ninive, Hannibal, Cäsar, alles kaputt, oh, denkt daran. Erstens habe ich dazu zu bemerken, daß man diese Städte jetzt wieder ausgräbt, wie die Abbildungen in der letzten Sonntagsausgabe zeigen, und zweitens haben diese Städte ihren Zweck erfüllt, und man kann nun wieder neue Städte bauen. Du jammerst doch nicht über deine alten Hosen, wenn sie morsch und kaputt sind, du kaufst neue, davon lebt die Welt.

Die Schupo beherrscht gewaltig den Platz. Sie steht in mehreren Exemplaren auf dem Platz. Jedes Exemplar wirft Kennerblicke nach zwei Seiten und weiß die Verkehrsregeln auswendig. Es hat Wickelgamaschen an den Beinen, ein Gummiknüppel hängt ihm an der rechten Seite, die Arme schwenkt es horizontal von Westen nach Osten, da kann Norden, Süden nicht weiter, und der Osten ergießt sich nach Westen, der Westen nach Osten. Dann schaltet sich das Exemplar selbsttätig um: Der Norden ergießt sich nach Süden, der Süden nach Norden. Scharf ist der Schupo auf Taille gearbeitet. Auf seinen erfolgten Ruck laufen über den Platz in Richtung Königstraße etwa 30 private Personen, sie halten zum Teil auf der Schutzinsel, ein Teil erreicht glatt die Gegenseite und wandert auf Holz weiter. Ebenso viele haben sich nach Osten aufgemacht, sie sind den andern entgegengeschwommen, es ist ihnen ebenso gegangen, aber keinem ist was passiert.

Alfred Döblin, 1929

Mit Schirmmütze und erhobener Faust

Um das Geld für die Straßenbahn zu sparen, gingen wir zu
Fuß durch die ganze Innenstadt bis zum Alexanderplatz. Um
den Alex herum läge das wirkliche Berlin, sagte er, echter
als das am Kudamm und Tauentzien. An der Rückseite
der Markthalle, wo die Aufkäufer hielten, in den Gassen
aus gestapelten Kisten, von wo aus die leicht verderbliche
Ware auf Karren zu den Verkaufsständen gefahren wurde,
war er gut bekannt. Wer hier sein Brot verdiente, «jing
uff Arbeet». Bei den Markthelfern, mit denen mein Vetter
einige Vormittagsstunden lang schwitzte und fluchte und
zum Schluß eine Zweieinhalb-Pfennig-Zigarette rauchte,
waren andere Gespräche auf der Tagesordnung als jene,
denen der Lokalanzeiger seine Schlagzeilen widmete. Daß
der Ozeandampfer «Bremen» bei der Wettfahrt über den
Atlantik das «Blaue Band» geholt, Dr. Eckener im Luft-
schiff «Graf Zeppelin» nach Amerika geflogen, Berlin auf
dem Tempelhofer Feld einen Flughafen bekommen hatte
und die Stadtbahn elektrifiziert worden war –, diese
Ruhmesblätter deutschen Erfindergeistes wurden am Alex
nur am Rande vermerkt, gewürzt mit Berliner Witz. Ernst
ging es zu beim Streit um Namen, die ich noch nie gehört
hatte. Zeitungen, in denen man Männer mit Schirmmützen
und erhobener Faust sehen konnte, gingen von Hand zu
Hand. Jene Herren dagegen mit Stehkragen, Weste und
goldenem Kneifer, die im Lokalanzeiger die ersten Seiten
einnahmen, Diplomaten begrüßend und Ausstellungen
eröffnend, bekamen verächtliche Beinamen. «... Zörgiebel
hats gezeigt, was ein Reichsbanner wert ist ... geht mir
weg mit Severing ... eines Tages haut uns Jupp Hinkebein
alle in die Pfanne ...»
Das alles klang drohend und schien mir der gewittrige
Hintergrund zu sein für den oft gehörten Stoßseufzer meines Vetters: «Man krebst und krebst und kommt doch
nicht vom Fleck.» (...) Es ist meinem Vetter damals nicht ge-

lungen, mir, der knapp Zehnjährigen, die vielfältig auf mich einwirkenden Widersprüche zu deuten. – Außer Betrieb setzen! Abstellen den teuflischen Mechanismus! – Diese Erklärung, hätte ich sie damals bekommen, wäre vielleicht die Tür gewesen, durch die ich Zugang gefunden hätte zum wirklichen Berlin.

Ruth Kraft (geb. 1920)

Injektionen am Alexanderplatz

Übersehen kann man ihn in ganz Berlin nicht. Er steht wie eine gewaltige, in der Kanüle etwas zu lang geratene Injektionsspritze, die aus Beton ist, 360 Meter hoch, und den Bürgern der Republik Fernsehbilder injiziert. Darunter der Alexanderplatz. Wißt ihr, was das einmal war – früher? Der Alexanderplatz war ein bunter, wirrer Jahrmarkt des Kapitalismus: Textilgeschäfte, Warenhäuser, Kneipen, Kaufleute, Börsenjobber; es war eine ziemlich anrüchige Gegend: Zuhälter und Nutten, Strichjungens und Ringvereine waren hier zu Hause. Das ist nun vorbei. Das war nur Vorgeschichte: Ausbeutung. Am Alexanderplatz entsteht ein großes, vorbildliches Verkehrszentrum sozialistischen Typs. Es ist eine Art Musterstadt in der Stadt: so schön, so modern, so rational soll einmal die ganze Stadt werden. Es wird hier am Traum vom neuen, sozialistischen Großberlin gebaut: Berlin 2000 heißt die Devise. Hochhäuser, gewaltige Wohnblocks, Autoschnellstraßen, Straßen unter der Erde und schlanke Brückenzüge. Sie bauen und buddeln, sie hämmern und schweißen, sie fahren mit Kränen Stahlträger, Rohre, große Fertigbauteile an. Eine Großbaustelle, wie überall auf der Welt. Die Moskauer Verspätungen sind hier überwunden. Am Alexanderplatz baut man im Weltniveau, vielleicht etwas weniger hektisch.

Horst Krüger (geb. 1919)

Mulackstraße

Der Kohlenträger hat bis in den Hals gelbes Haar, das
  vom Kohlendreck schwarz war.
Der Kohlenträger ist mit einem Tafelwagen gekommen, er
  hat niemand andern zum Ziehen mitgenommen.
Er hat ein Lederkoller umgebunden, das ist an Rücken
  und Schultern abgeschunden.
Er hat in Holzkiepen, halb so hoch wie er und doppelt so
  breit, Briketts geschichtet, achtzig ungefähr.
Der Kohlenträger hat auf den Wagen etwa dreißig Kiepen
  gestellt und so aneinandergelehnt, daß keine herunter-
  fällt.
Der Wagen mit den Kiepen mit den Kohlen fährt vor das
  Haus; der Kohlenträger klingelt. Ein Mann sieht zum
  Fenster raus,
dieser Mann ist der Kohlenbesteller, er kommt herunter
  und zeigt dem Kohlenträger den Keller.
Jetzt hat der Kohlenträger eine Kiepe gedreht, daß er mit
  seinem Rücken genau vor ihr steht.
Er hakt in die Kiepe ein Lederband, legt es über die
  Schulter und wickelt es um die Hand.
Der Kohlenträger beginnt sein Kreuz gegen die Kiepe zu
  drücken, dann bückt er sich, dann steigt sie auf seinen
  Rücken.
Die Kiepe schiebt den Kohlenträger ins Haus; der Keller
  hat elf Stufen hinein und elf heraus.
Der Kohlenträger kommt wieder ans Tageslicht, er hat
  eine schwarze Maske vor dem Gesicht.
Er setzt die Kiepen auf den Wagen, steht noch zwei
  Minuten hier und trinkt eine Flasche Bier.

Richard Leising (geb. 1934)

STADTMITTE

Erster Brief

Ich fange also mit der Stadt an und denke mir, ich sei wieder soeben an der Post auf der Königstraße abgestiegen und lasse mir den leichten Koffer nach dem «Schwarzen Adler» auf der Poststraße tragen. Ich sehe Sie schon fragen: «Warum ist denn die Post nicht auf der Poststraße und der ‹Schwarze Adler› auf der Königstraße?» Ein andermal beantworte ich diese Frage; aber jetzt will ich durch die Stadt laufen, und ich bitte Sie, mir Gesellschaft zu leisten. Folgen Sie mir nur ein paar Schritte, und wir sind schon auf einem sehr interessanten Platze. Wir stehen auf der Langen Brücke. Sie wundern sich: «Die ist aber nicht sehr lang?» Es ist Ironie, mein Lieber. Laßt uns hier einen Augenblick stehenbleiben und die große Statue des Großen Kurfürsten betrachten. Er sitzt stolz zu Pferde, und gefesselte Sklaven umgeben das Fußgestell. Es ist ein herrlicher Metallguß und unstreitig das größte Kunstwerk Berlins. Und ist ganz umsonst zu sehen, weil es mitten auf der Brücke steht. Es hat die meiste Ähnlichkeit mit der Statue des Kurfürsten Johann Wilhelm auf dem Markte zu Düsseldorf, nur daß hier in Berlin der Schwanz des Pferdes nicht so bedeutend dick ist. Aber ich sehe, Sie werden von allen Seiten gestoßen. Auf dieser Brücke ist ein ewiges Menschengedränge. Sehen Sie sich mal um. Welche große, herrliche Straße! Das ist eben die Königstraße.

Heinrich Heine, 1822

Alt-Köln

Hier herrscht zu jeder Stunde des Tages und Abends das geschäftigste Treiben und Drängen. Die Läden dieses Stadtteils zeigen weniger Pracht und äußern Schimmer als die in der Friedrichstadt, stehen aber jenen nicht an Wareninhalt nach. In dem verworrenen Treiben des Straßenlebens stand ruhevoll, wie ein Fels im Wogengebrause, das altersgraue Rathaus mit seinen aktenstaubigen Hallen. Als Sammelplatz der börsebeherrschenden Intelligenz gilt Courtin's Conditorei. Alt-Köln enthält den Schloßplatz mit der Stechbahn und den ganzen Stadtteil, welcher sich von hier bis nach dem Kölnischen Fischmarkt und Petriplatz erstreckt. Den anziehendsten Punkt bildet das alte Königsschloß, dessen Erker und Giebel noch aus der Kurfürstenzeit herrühren; die prächtigen Portale erbaute Schlüter, den Triumphbogen Eosander, und die gedrungene Kuppel der Kapelle ist neuesten Ursprungs. Auf der Nordseite wird es vom Lustgarten, der mit Rasengrün, Akazien und einer Fontäne geschmückt ist, begrenzt. Im Hintergrunde erblickt man die köstliche Fronte des Museums, durch dessen griechische Säulenhalle Freskogemälde hervorstrahlen. Auf der Seite der Treppe sitzt auf dem Roß der anatolischen Steppe Kiß' Amazone, den Speer gegen den Tiger schleudernd. Hier spielt die heranwachsende Generation Berlins unter der Aufsicht der Kindermädchen. Um die Domkirche ziehen sich bereits die Grundmauern zu dem riesigen Neubau. Auf der Südseite grenzt das Schloß an den geräumigen Schloßplatz, auf welchem früher die kurfürstlichen Turniere und Ringelrennen abgehalten wurden. Jetzt marschieren hier die königlichen Garden, und die Karossen, mit vier und sechs Pferden bespannt, rasseln über den Platz zu den Banketten des Hofes. An dieser Stätte erscheinen auch zu gewissen Zeiten die Budenreihen der Jahrmärkte und des Weihnachtsmarkts. Die schönsten Straßen dieses alten Stadtteils sind die Breite- und die

Brüderstraße. Der Petriplatz, vormals ein beliebter Tummelplatz der Berliner Straßenjugend, ist jetzt mit der neu
erbauten Petrikirche besetzt. Die Waisenbrücke verbindet
Berlin mit Neu-Köln. Dieser Stadtteil bildet den Übergang
zu dem glänzenden Verkehr der Friedrichsstadt.

Robert Springer, 1861

Der Molkenmarkt

Der Molkenmarkt liegt in tiefem Schatten, und Sonne ist
nur an den grauen Mauern jenes Hauses, in welches – glaub'
ich – die Sonne niemals hineinscheint. Oder ist eine von
den vergitterten Zellen, in diesen eng umbauten Höfen, in
welche von oben her zuweilen eine Botschaft des Lichtes
dringt? Die Haupteinfahrt ist geschlossen, als ob auch das
Verbrechen noch einen Rest von Scheu vor dem Sonntage
hätte; durch einen halbgeöffneten Seiteneingang sieht man
den Posten im Hofe schildern, und lässig auf der Treppe
steht einer von den «Blauen», wie die Schutzleute in der
Sprache derjenigen heißen, die in beständigem Krieg mit
ihnen leben. Sonntagnachmittag in einem Gefängnis –
Sonntagnachmittag auf dem Molkenmarkt... laß uns weiter
wandern, lieber Leser.

Julius Rodenberg, 1885

Die Sperlingsgasse

Die Sperlingsgasse ist ein kurzer, enger Durchgang, welcher
die Kronenstraße mit einem Ufer des Flusses verknüpft,
der in vielen Armen und Kanälen die große Stadt durch-
windet. Sie ist bevölkert und lebendig genug, einen mit
nervösem Kopfweh Behafteten wahnsinnig zu machen und
ihn im Irrenhause enden zu lassen; mir aber ist sie seit

vielen Jahren eine unschätzbare Bühne des Weltlebens, wo Krieg und Friede, Elend und Glück, Hunger und Überfluß, alle Antinomien des Daseins sich widerspiegeln.

«In der Natur liegt alles ins Unendliche auseinander, im Geist konzentriert sich das Universum in einem Punkt», dozierte einst mein alter Professor der Logik. Ich schrieb das damals zwar gewissenhaft nach in meinem Heft, bekümmerte mich aber nicht viel um die Wahrheit dieses Satzes. Damals war ich jung, und Marie, die niedliche kleine Putzmacherin, wohnte mir gegenüber und nähte gewöhnlich am Fenster, während ich, Kants Kritik der reinen Vernunft vor der Nase, die Augen – nur bei ihr hatte. Sehr kurzsichtig und zu arm, mir für diese Fensterstudien eine Brille, ein Fernglas oder einen Operngucker zuzulegen, war ich in Verzweiflung. Ich begriff, was es heißt: Alles liegt ins Unendliche auseinander.

Da stand ich eines schönen Nachmittags wie gewöhnlich am Fenster, die Nase gegen die Scheibe drückend, und drüben unter Blumen, in einem lustigen, hellen Sonnenstrahl saß meine in Wahrheit ombra adorata. Was hätte ich darum gegeben, zu wissen, ob sie herüberlächele!

Auf einmal fiel mein Blick auf eines jener kleinen Bläschen, die sich oft in den Glasscheiben finden. Zufällig schaute ich hindurch nach meiner kleinen Putzmacherin, und – ich begriff, daß das Universum sich in einem Punkt konzentrieren könne.

So ist es auch mit diesem Traum- und Bilderbuch der Sperlingsgasse. Die Bühne ist klein, der darauf Erscheinenden sind wenig, und doch können sie eine Welt von Interesse in sich begreifen für den Schreiber und eine Welt von Langeweile für den Fremden, den Unberufenen, dem einmal diese Blätter in die Hände fallen sollten.

Wilhelm Raabe, 1864

Die Nicolaikirche

Wir stehen hier vor der ältesten Kirche Berlins. Sie ist bereits im Jahre 1223 erbaut. Vermutungen sprechen dafür (doch Beweise sind nicht vorhanden), daß sie schon früher gestanden habe; eine an der innern Mauer des Gebäudes, links von der Orgel befindliche Inschrift enthält nämlich die Zahl 1223 unter der Überschrift Renovatum, was allerdings darauf hindeutet, daß das Gebäude schon früher gestanden habe. Irgend eine nähere Kunde darüber liegt aber nicht vor. Im Lauf der Jahrhunderte hat die Kirche mehrere Veränderungen und Umbauten erfahren. Bei einer großen Feuersbrunst, welche im Jahre 1380 die Stadt traf, wurde auch sie, nebst der ebenfalls sehr alten Marienkirche, von den Flammen zerstört, doch sogleich wieder erbaut. Indes muß der Bau nicht sehr dauerhaft ausgeführt gewesen sein, da schon 1460 ein durchgreifender Umbau vorgenommen wurde, durch welchen wahrscheinlich das Gebäude im Wesentlichen seine jetzige Gestalt erhalten hat. Man kann die Kirche nicht eine schöne nennen, denn die Architektur derselben hat, wenn wir andere großartige Bauwerke im Auge behalten, nichts Hervortretendes; allein der ganze Charakter des Gebäudes ist ein würdiger. Sie ist aus Backsteinen erbaut und entbehrt mithin jener feineren architektonischen Gestaltungen und Verzierungen, welche der Sandstein, vollends der Marmor, in der gotischen Baukunst zuläßt. Die Länge des Schiffes beträgt 179 Fuß, dessen Breite 73, die Höhe 49. Das Schiff teilt sich wie üblich in drei Längenteile, das Haupt- und die beiden Seitenschiffe. Achtzehn sandsteinerne gotische Pfeiler tragen das Gewölbe und bezeichnen die Einteilung. Der Turm ist dem Bau nicht regelmäßig angefügt; überhaupt scheint der Bau im Laufe der Ausführung oder durch spätere Zusätze einige Änderungen erfahren zu haben.

Ludwig Rellstab, 1852

«Zur Stadt Paris»

Ich stieg im Gasthof «Zur Stadt Paris» ab und fand dort alles,
was ich mir für meine Bequemlichkeit und meine schmale
Börse wünschen konnte. Die Wirtin hieß Rufin, war eine
Französin und verstand ihr Geschäft so gut, daß sie ihrem
Haus einen ausgezeichneten Ruf verschafft hatte. Eine halbe
Stunde nach meiner Ankunft kam sie in mein Zimmer, um
mich zu fragen, ob ich zufrieden sei, und um mit mir alles
zu vereinbaren. Man speiste bei ihr an der gemeinsamen
Tafel; wer in seinem Zimmer essen wollte, bezahlte das
Doppelte. Ich erklärte ihr, ich wolle nicht am allgemeinen
Tisch essen, sondern in meinem Zimmer, doch wolle ich
nicht mehr bezahlen und stelle ihr frei, mir ensprechend
weniger zu bringen; sie willigte unter der Bedingung ein,
daß ich abends mit ihr an einem kleinen Tisch esse, wo es
mich nichts kosten und ich nur ihre Freunde antreffen würde. Um ihr an Höflichkeit nicht nachzustehen, nahm ich
diese Bedingung mit freundlichen Worten an.

Da ich von der Reise ermüdet war, erschien ich erst am
nächsten Tag bei ihr zum Souper. Sie hatte einen Mann, der
die Küche besorgte und nie zu Tisch kam, und einen Sohn,
der ebenfalls nie erschien. Unter meinen Tischgenossen war
ein älterer, sehr kluger und umgänglicher Herr, der in
einem Zimmer neben dem meinen wohnte und sich Baron
Treyden nannte; seine Schwester war die Gemahlin des
Herzogs Johann Ernst Biron von Kurland. Dieser liebens-
würdige Mann wurde mein Freund und blieb es während
der ganzen zwei Monate, die ich in Berlin verbrachte. Auch
war ein Kaufmann aus Hamburg namens Greve mit seiner
Frau da, die er gerade geheiratet und nach Berlin geführt
hatte, um ihr die Wunder am Hof eines kriegerischen Königs zu zeigen. Die Frau war ebenso freundlich wie ihr
Gatte. Ich machte ihr in allen Ehren beharrlich den Hof.
Ein sehr heiterer Tischgenosse nannte sich Noël; er war
der einzige und hochgeschätzte Koch des Königs von

Preußen. Er kam nur selten zum Souper zu seiner guten Freundin Madame Rufin, weil er fast nie dazu Zeit fand. Noël hatte nur einen Küchenjungen, und der König von Preußen hatte nie einen anderen Koch als ihn.

Giacomo Casanova (1725–1798)

Gendarmenmarkt

Mir gerade gegenüber auf der weitgestreckten Fläche lag eine Kirche, welche vermutlich ein Meisterstück des architektonischen Geschmacks Friedrichs des Zweiten ist, aber trotzdem aussieht, als ob sie vom Zuckerbäcker gebaut worden wäre. Ich ging hinab, um sie näher zu besehen, und bemerkte nunmehr, daß sie auf der anderen Seite des Marktes ein ganz gleiches ebenfalls frei stehendes Gegenstück hatte und daß genau in der Mitte zwischen beiden, auf der Langseite des rechteckigen Platzes, ein großes Haus, welches das neue Schauspielhaus genannt wird, sozusagen das weltliche Hauptgebäude dieser beiden geistlichen Flügel bildet. Es ist dieses in einem schönen Stile erbaut; aber ich habe sagen hören, daß es trotz aller daran gewandten Schätze doch nur seinem Zwecke unvollkommen entspricht, weil seine akustischen Verhältnisse schlecht berechnet sind. Die Türme der Kirchen sollen allein 350000 preußische Taler kosten. Ich lasse es dahingestellt, ob man auf sie nicht Ehrensvärds bekannten Ausruf über Berlin und Potsdam anwenden kann: «Säulen, was tut ihr hier?» und ob man wirklich eine Kirche, einen christlichen Tempel damit aufführt, indem man kleine, bedachende Säulengänge in mehreren Absätzen übereinandertürmt und das Ganze dann auf jeder Seite des basierenden Vierecks mit einem Stückchen Pantheonfassade ausschmückt.

E. T. A. Hoffmann, um 1800

Bei Lutter und Wegner

Aus welchem Grunde schmeckt wohl modernen Großstadt-
menschen, die doch sonst weite und helle Räume bevorzugen, ein Gläschen Wein ganz besonders gut, wenn es nicht
über, sondern unter der Erde, in einem engen, niedrigen
Kellergewölbe, genossen wird? Vielleicht ist die Ursache
die, daß im Keller, wo überall auf Erden der Wein aufbewahrt zu werden pflegt, man sozusagen an der Quelle sitzt,
ein Verdunsten also nicht zu befürchten braucht und
außerdem, da man dem geschäftigen Treiben der Oberwelt
entrückt ist, durch nichts von dem beschaulichen Versenken
in die Gedanken, die der Wein weckt, abgelenkt wird.

Als uns der Zufall nach langer Zeit wieder einmal vor-
überführte an dem historischen Keller von Lutter – jetzt
Lutter und Wegner – am Gendarmenmarkt, war es, als ob
eine unsichtbare Macht uns sanft am Arm ergriffe und uns
unwiderstehlich die Stufen hinableitete zu der von Sagen
und Legenden umwobenen, romantischen Stätte, an der
wir früher, in stürmischeren Jugendtagen, so mancher
Flasche den Hals brachen. Und es erforderte dann gar keine
übermäßige Mühe, um uns vorzustellen, jene Jugendtage
lägen eben erst hinter uns, – nein, wären überhaupt noch
nicht verrauscht, verklungen.

Es gibt eine richtige Literatur über die klassische Epoche
in der Geschichte von Lutter und Wegner, die eng verbunden ist mit den Namen E. Th. A. Hoffmann und Ludwig
Devrient, den Namen eines unsterblichen Dichters und
eines unsterblichen Mimen, eines schaffenden und eines
nachschaffenden Künstlers. In seinen «Vertrauten Briefen
über Preußens Hauptstadt», die 1837 in Stuttgart erschienen, spricht Beurmann geradezu von einem «Zeitalter
Lutter und Wegner», charakterisiert es als «halb Materialismus, halb Spiritualismus» und bezeichnet Hoffmann und
Devrient als Repräsentanten dieses Zeitalters: «Um sie ver-
sammelte sich eine Sozietät des Champagners und der

Phantasie. Die beiden mephistophelischen Gestalten mit
den langen, hageren Gesichtern waren der Wendepunkt
einer neuen Berliner Aera. Hoffmann mußte seine Phantasie durch Champagner steigern, Devrient mußte im Champagner die Außenwelt abspülen. Als aber Hoffmann endlich
seiner Phantasie erlag und Devrient verlassen und allein
bei Lutter und Wegner saß, da zog es ihn häufig hinaus zu
dem Grabe des Freundes und er trank daselbst mit dem
Schatten Hoffmann Champagner, wie einst mit dem leib-
haftigen, und die frühere Zeit umrauschte ihn; er hörte nicht
auf, zu trinken, bis er aller ihrer Phantasien habhaft wurde und in seliger Erinnerung versank. Dann nahm sich
der Totengräber seiner an und ließ ihn in seinem Hause den
Rausch ausschlafen.»

«Noch heute ist Lutter und Wegner», heißt es in einem
kurz vor dem Kriege erschienenen Führer durch Berlin,
«das Stammlokal der Berliner Hofschauspieler und Schriftsteller.» Ihre Bilder hängen, im eigentlichen Restaurationslokal über der Erde, rings an den Wänden, und mit Fug
und Recht hat das Bild Adalbert Matkowskys darunter den
Ehrenplatz. In den Jahren um die Jahrhundertwende war
Matkowsky, auf der Höhe seines Ruhmes stehend und
scheinbar strotzend vor Kraft und Gesundheit, die ragende
Säule einer Korona, die sich bei Lutter und Wegner vereinigte, um die Traditionen Devrients und Hoffmanns fort-
zusetzen.

Ad. von Wilke, 1930

Hoftheater

Der große graue Schinkel-Bau am Gendarmenmarkt war
nicht ehrfurchterregend, aber ehrfurchtgebietend. Er befahl
gleichsam die Ehrfurcht. Das Haus war groß. Man konnte
sich in dem weitläufigen Gebäude verirren. Einer, der sich
mehrfach verlief, fragte schließlich verzweifelt: «Wo ist

denn nun eigentlich das Theater?» Dabei standen überall galonierte Diener herum. Sie trugen dazu bei, das Theater zu einem Hoftheater zu machen. Sie waren eine Kreuzung zwischen Lakaien und Bütteln. Sie waren Diener des Publikums, solange es sich anständig und im gewohnten Rahmen betrug. Sie wurden zu Respektpersonen, wenn einer mehr verlangte als das gute Recht, das er sich durch den Erwerb der Eintrittskarte erkauft hatte. Das war preußisch. Das war «Ordnung».

Aber sonst verliehen sie dem Ganzen ein feierliches Gepräge. Sie machten jeden Abend zu einem Festabend. So wie die vielen Offiziere, welche die Logen, Parkett und Ränge füllten, das ganze Bild im Zuschauerraum ungemein herausputzten. Diese Offiziere hatten wenig Beziehung zum Theater. Sie kamen ja auch nicht freiwillig, sondern, zum größten Teil, befohlen. Hier verdient eine Anekdote Beachtung, die eine Zeitlang im Umlauf war: Ein Offizier, der im Parkett saß, Gardekavallerist, besuchte während der Pause einige Kameraden, die an diesem Abend in einer Proszeniumsloge anzutreten hatten. Man gab «Macbeth» von Shakespeare. Der Kavallerist trat in die Proszeniumsloge und näselte seinen Kameraden zu: «Dolle Sache. Verdammt viele Leichen hier.» Darauf antwortete einer: «Kommt noch doller.» Fragte der andere: «Woher wissen Sie?» Und der sagte: «Prittwitz hat's heute mittag im Kasino erzählt.»

Wir begeben uns, bevor wir uns eine Vorstellung ansehen, zum Bühneneingang. Heute ist ein Abend wie alle Abende. Auch das Bild vor dem Bühneneingang ist das übliche. Mechaniker, Bühnenarbeiter, Beleuchter in blauen Jacken gehen aus und ein. Das ist für die, welche am Bühneneingang warten, immerhin schon spannend und interessant genug. Damals trugen die meisten Herren Bärte. Nur Schauspieler und Lakaien nicht. Ein Mann ohne Bart geriet bereits in den Verdacht, Schauspieler zu sein. Diese Fülle von Hilfsbeamten, die am Gendarmenmarkt dem Bühneneingang zustrebten, gab es an anderen Bühnen nicht.

Solchen Luxus konnte sich nur ein von Seiner Majestät unterhaltenes Theater erlauben. Was lief da alles herum: Obergarderobiere, Untergarderobiere, Oberbeleuchter, Mittelbeleuchter, Unterbeleuchter, Beamte der Generalintendanz, Oberfriseure, Unterfriseure, Friseurgehilfen, Gehilfen der Friseurgehilfen und Gehilfen von Gehilfen der Friseure.

Heinz Ullstein (geb. 1893)

Heroische Programmusik?

An Goethe   Berlin, 8. Mai 1816.

... Beethoven hat eine Schlachtsinfonie gemacht, wovon man so taub werden kann, als er selbst. Nun wissen die Weiber auf ein Haar, wie es in einer Schlacht hergeht, wenn auch schon lange niemand mehr begreift, was Musik ist...

Montag, den 9. Mai 1816. Ich muß nur noch beilegen, um etwas von dem zurückzunehmen, was mir gestern aus der Feder gelaufen ist. Gestern abend wurde die Beethovensche Schlachtsinfonie auf dem Theater gegeben, und ich hörte sie aus der weitesten Ferne am Ende des Parterre, wo sie ohne alle betäubende Wirkung ist und mich dennoch ergriffen, ja erschüttert hat. Das Stück ist wirklich ein Ganzes und teilt sich verständlich auf und zu. Die Engländer rücken aus der Ferne mit Trommeln an, wie sie sich nähern, erkennt man sie an dem Rule Britannia. Ebenso rückt die Gegenarmee vor, die am Marlborough s'en va-t-en guerre usw. sogleich erkannt wird. Kanonenschläge und Kleingewehrfeuer sondern sich von beiden Seiten erkennbar ab, das Orchester arbeitet wie ein Schlachtgewühl und Getümmel, das wirklich aus musikalischen, aneinanderhängenden Gedanken besteht und das Ohr interessant beschäftigt. Die Armeen scheinen handgemein zu werden; Sturmlaufen auf Karrees und dergleichen wachsen bis zum höchsten Punkte. Eine Armee weicht, die andere folgt, erst hitzig und nahe, dann entfernt. Zuletzt wird es still. Wie aus dem Boden, dumpf und geheimnisvoll, tönt traurig das Air de Marlborough in Moll, und dazwischen tönen hinsterbende Akzente der Klage und Jammerns. Darauf Viktoria der Sieger, welche an dem God save the king zu erkennen sind, und zuletzt ein komplettes lebhaftes Siegesstück.

Dies alles hängt nun wirklich gar gut aneinander, läßt sich aber selbst vom guten Ohre nicht gleich erfassen, denn gestern hat es mir ungemeinen Spaß gemacht; auch war die Aufführung prächtig, wiewohl noch zwanzig Violinen mehr nicht zuviel gewesen wären. Vivat genius und hol' der Teufel alle Kritik!...

Du hast mal ein Wort gesagt, das ich nicht vergessen habe (wenn einem in dem Weltgetümmel nur alles immer gegenwärtig wäre!): Man ist nur insofern zu achten, als man achtet. Unser Urteil liegt in der Selbstgefälligkeit, und diese in dem Vermögen zu erkennen, zu enträtseln, zu verstehen und auszudeuten. Eine unparteiische Kritik ist nur möglich, wenn man liebt, und wenn man liebt, ist man parteiisch.

Lebe recht wohl, mein Holdester, Guter, Bester, Einziger! Fühltest Du den Schmerz, womit ich Dich liebe, Du würdest daran verbrennen. – Da trommeln sie schon wieder, addio!

An Zelter   21. Mai 1816.

Von Beethovens Schlacht hörte ich Dich sehr gerne erzählen. Das sind Vorteile der großen Stadt, die wir entbehren.

Karl Friedrich Zelter / Johann Wolfgang Goethe

Enorm billig

Jägerstraße zeichnet sich durch ihre Breite, wie durch den Reichtum ihrer Magazine vorteilhaft aus; sie führt uns zu dem mit Recht berühmten Gerson'schen Bazar, dem größten Manufaktur-Warengeschäft Berlins. Jedem, er mag kaufen oder nicht, ist der Eintritt gestattet, der dem ersteren nicht durch übermäßige Preise, letzterem nicht durch das beliebte Angaffen und Umkreisen der Commis verleidet wird. Man durchwandert das geschmackvoll eingerichtete, weitläufige Gebäude und verläßt es (wenn man nicht gerade die Kaufmiene angenommen, die von dem erfahrenen Commis-Physiognomisten sofort verstanden wird) ungehindert, wie man eingetreten.

Gerson machte den Anfang mit einem Geschäft, in dem man ebenso gut eine halbe Elle Flanell wie einen türkischen Shawl verlangen kann, – andere folgen ihm nach. Kleine Geschäfte erhalten entweder durch dergleichen Monstremagazine neue Nahrung – sie verkaufen die dort zurückgesetzten, nicht ganz modernen Waren zu einem zivileren Preis – oder sie werden aufgefressen. Wie oft sieht man in einem Schaufenster, das noch vor wenigen Tagen reich dekoriert strahlte, zwischen wenigen zusammengesuchten Sachen den verführerischen Zettel: «Gänzlicher Ausverkauf.» «Unter dem Kostenpreise.» Man glaubt, da man den Worten traut, durch Kaufen zu dem Ruin des Geschäfts beizutragen und wird selbst geprellt. Hier zeigt sich wieder der Schwindel, der Berlin annähernd eine große Stadt sein läßt. Billige Redensarten und billige Preise sind nur annonziert, um Käufer herbeizulocken. Die Spekulation ist richtig; denn hat man nur erst die bis dahin zaghaft vermiedene Schwelle hinter sich, ist man eingetreten, so ist man verfallen.

Das Schaufenster preist eine fertige Weste für 1 Taler an. Enorm billig! – Ich bin im Laden.

«Bitte – die billigen Westen.»

Der geschmeidige orientalische Jüngling legt mir ein Dutzend vor – sie schillern in allen Farben, aber eine einfache silbergraue zieht mich durch ihre bescheidene Eleganz besonders an.

«Was kostet diese?»

«Drei und einen halben Taler.»

«Und jene violette?»

«Vier Taler.»

«Aber wo sind denn die billigen Westen, die ich eigentlich gefordert habe?»

«Hier ist eine derselben» – und der lächelnde Commis zeigt auf ein Stück Lappen, das auf der Brust eines Harlekin Aufsehen erregen würde.

«Das kann man ja aber nicht tragen – das ist nicht möglich – haben Sie denn nicht andere Farben?»

«Nein – das ist alles zurückgesetzte leichte Ware – für einen Taler können Sie wirklich nicht mehr verlangen. Aber wenn Sie diese nehmen – und der Schurke holt die von mir caressierte silbergraue hervor und läßt die Farbe im schmeichelndsten Lichte spielen – wenn Sie diese nehmen, dafür kann ich garantieren.»

Und ich kaufe die silbergraue und bin für 3½ Taler im Besitz einer Gesellschaftsweste, deren ich genug liegen habe und die mir mein Schneider für 3 Taler gemacht hätte – statt einer Weste für die bevorstehende Fußreise.

Ludwig Löffler, 1856

Kunst und Handwerk

An J. J. Weber   Berlin, den 14. März 1839

Geehrtester Herr!

Für Ihre freundliche Zusendung des schon fertigen Holzschnittes voraus meinen Dank. Sie werden mir gütigst gestatten, ihnen mein näheres Urteil darüber und meine sich daran anknüpfenden Ansichten über das Allgemeine der Holzschnittangelegenheit auszusprechen.

Den Effekt im Ganzen anlangend, so ist er mir ganz recht, hingegen in der Durcharbeitung erkenne ich an mehreren Stellen, im Schlafrocke des jüngeren wie des älteren Mannes, im sichtbaren Stück der Lehne des Großstuhls, im

Kopf des auf den Tisch gestiegenen Knaben, im Leuchter, namentlich im Fuß desselben, in den Fingern des Alten u. a. m. nicht sowohl meine Striche als vielmehr, wie mir scheint, eine Manier des Herrn Kretschmar. Es ist eine öfter vorkommende (wenn ich mich so ausdrücken darf) Geisteskrankheit mancher Holzschneider und Kupferstecher, den Zeichner ergänzen zu wollen, warum ich zum Beispiel in die Finger des Alten keine Nägel, in das Gesicht des einen Knaben keine Punkte und in die Lichtflamme keine Striche zeichnete, dazu hatte ich wohl meinen guten Grund, auf welchen indeß Herr Kretschmar, wie der Augenschein zeigt, nicht eingegangen ist. (Herrn Kretschmar bitte ich ausdrücklich die erwähnten Striche noch aus der Lichtflamme entfernen zu wollen). Diese Ausstellungen sind nun hierbei noch von keinem besonderen Nachteil, allein künftig dürfte dergleichen nie wieder vorfallen. Herr Kretschmar wünschte den Hintergrund und Nebensachen bloß getuscht, allein dies möchte ich bei keinem deutschen Holzschneider wagen, vielleicht selbst nicht bei Unzelmann, welchen ich, soweit meine Erfahrung hierin geht, unter allen, wie sie jetzt einmal sind, für den Befähigsten halte, denn es gehört hiezu außer natürlichem Geschick ein Quantum künstlerischer Bildung, welche die wenigsten besitzen. (...)

Ob ich, wie Sie wünschen, gewillt sein möchte, mit Ende künftigen Jahres auch mit meiner Arbeit zu Ende zu kommen, ist wohl im Interesse der Sache keine Frage, ob ichs aber imstande sein würde? Was irgend in meinen Kräften steht, werde ich nicht unterlassen, aber gewiß verpflichten kann ich mich nicht. Es will alles gehörig studiert und gearbeitet sein! Eine Konkurrenz des Unternehmens kann ich zwar nicht verhindern, aber ich werde alle Kräfte anstrengen, eine Konkurrenz des Wertes möglichst zu ver eiteln; ich habe mir die Wege geöffnet, meine Studien des Kostüms jener Zeit und jener Soldateska nach den Originalmontierungsstücken Waffen und Gerätschaften, welche hier noch höhern Orts und im Zeughause aufbewahrt werden, machen zu können, womit ich gegenwärtig eifrig beschäftigt bin, um der Sache auch von dieser Seite die größtmöglichste Nachhaltigkeit zu geben, ich sage dies vorläufig nur zu Ihnen. Nur bitte ich um baldigst gefällige Sendung der Klötze zum Anfang.

Mit Versicherung aller Hochachtung empfiehlt sich ergebenst

Adolph Menzel

Besuch vom Lande

Sie stehen verstört am Potsdamer Platz.
Und finden Berlin zu laut.
Die Nacht glüht auf in Kilowatts.
Ein Fräulein sagt heiser: «Komm mit, mein Schatz!»
Und zeigt entsetzlich viel Haut.

Sie wissen vor Staunen nicht aus und nicht ein.
Sie stehen und wundern sich bloß.
Die Bahnen rasseln. Die Autos schrein.
Sie möchten am liebsten zu Hause sein.
Und finden Berlin zu groß.

Es klingt, als ob die Großstadt stöhnt,
weil irgendwer sie schilt.
Die Häuser funkeln. Die U-Bahn dröhnt.
Sie sind das alles so gar nicht gewöhnt.
Und finden Berlin zu wild.

Sie machen vor Angst die Beine krumm.
Und machen alles verkehrt.
Sie lächeln bestürzt. Und sie warten dumm.
Und stehn auf dem Potsdamer Platz herum,
bis man sie überfährt.

Erich Kästner (1899–1974)

Deutsche Depression

In den ersten Nachkriegsjahren hatte der Potsdamer Platz einen deprimierenden, doch nicht hoffnungslosen Anblick geboten: eine bizarre Trümmerlandschaft, aber Verkehrsknotenpunkt wie eh und je. Zwischen den ausgebrannten Ruinen der Vergnügungspaläste strömte der Verkehr – nicht mehr dirigiert vom Verkehrsturm, sondern im *Roundabout,* nach amerikanischen Spielregeln. Der russische, britische und amerikanische Sektor Berlins stießen hier zusammen. Rund um das *Dreiländereck* blühte reges Geschäftsleben. Straßenhändler boten Lichtschalter, Lockenwickler, Füllfederhalter und ähnliche nützliche Kleinigkeiten feil. «Müßiges Verharren am Bordstein», so notierte 1947 ein Journalist der *Berliner Zeitung,* «lockt unfehlbar harmlos aus den Seitenstraßen kommende Herren an, die höchste Preise für Brillanten und Edelmetalle versprechen. Leider haben wir weder Gold noch Altsilber. Nur das Bruchgold der Erinnerungen, das sich in keiner Währung realisieren läßt.» Schon zu diesen Schwarzmarktzeiten, in denen die *Amis* – amerikanische Zigaretten – als allgemeines Äquivalent dienten, war der Potsdamer Platz eine anregende Kulisse für deutsche Depression.

Nach der Währungsreform tobte sich der *Kalte Krieg* auf zwei in geringem Abstand gegenüberliegenden Stahlgerüsten aus, die große Leuchtschriften trugen. Auf dem westlichen wurden die aktuellen Nachrichten der Freien Berliner Presse in den russischen Sektor gestrahlt, und von dort leuchtete es *Der kluge West-Berliner kauft bei der HO* zurück. Die HO hatte ihre Verkaufsräume in den ersten beiden Stockwerken des im Krieg ausgebrannten und notdürftig instandgesetzten Columbus-Hochhauses.

Die Volkspolizisten, die darüber ein Revier bezogen hatten, konnten ihre Haut am 17. Juni 1953 nur dadurch retten, daß sie ihre Uniformen aus dem Fenster warfen und in Zivil desertierten. Der Platz war vom frühen Morgen an voll von Aufständischen und Schaulustigen – viele von ihnen waren aus den Westsektoren gekommen. Sie belagerten das Haus der Ministerien in der Leipziger Straße, wo sich bis auf einen Mutigen die DDR-Minister und Ulbricht unter dem Dach versteckt hatten. Schließlich kam brüderliche Hilfe von den russischen Genossen in Gestalt von T34-Panzern, denen es zusammen mit scharf schießenden VoPos gelang, den Platz zu räumen. Nicht ohne daß die damaligen Chaoten das *Columbushaus* noch angezündet hätten. Es brannte zum zweitenmal völlig aus und wurde daraufhin abgetragen. Auch das *Haus Vaterland* brannte in den Abendstunden des 17. Juni, aber seine Ruine wurde erst Anfang der 70er Jahre abgetragen, nachdem West-Berlin sie zusammen mit dem Gebiet des ehemaligen Potsdamer Bahnhofs für 31 Millionen DM der DDR abgekauft hatte.

Heute haust auf dem sandigen Brachland die Belegschaft des alternativen Showunternehmens *Tempodrom*. Rund um das große grüne Zelt stehen malerische Wohnwagen, zwischen denen Kinder und allerlei Getier herumlaufen. Ein nomadenhaftes Dorf, dessen Stimmen, Musik und Hammerschläge der kühle Abendwind bis auf die Plattform trägt.

Benny Härlin / Michael Sontheimer, 1983

Porzellan

Ich war eben im dichtesten Schneegestöber mit Mama im Tiergarten, der ist jetzt wie ein Kristallfeenpalast. Dazu gestern goldene Sonne. Ich sah nie etwas Schöneres. Große Hallen, aus denen Diamantstaub tropfte. Es war nämlich Schnee, der in Massen die Bäume überwölbte. In der Stadt wird er zur Kalamität. Eben komme ich aus der Leipziger und Potsdamer Straße, überall hoffnungslose Wagenknäuel, dazwischen gestürzte Pferde, Geschrei, Jammer.

Gestern war ich unter den Jammernden. Ich stand drei-
viertel Stunden im Schnee an der Siegesallee und sah volle
Pferdebahnen vorüberkriechen, in den erstarrten Händen
hielt ich all meine schwer transportable Majolika. Ich
wollte nach Charlottenburg, zum Glück kam eine Droschke I. Klasse und war auch so gut, zu fahren. Ich kam aber
leider, als der Ofen eben geschlossen, nun dauert es wieder über acht Tage. Der gute Professor Seeger fragte noch
nach, ob es möglich wäre. Aber wir wissen am besten, daß
zu – zu ist!

Ich bin nun sehr aufgeregt, was aus dem Metgether Sachen
wird. Mein Porzellan, fand Seeger, hätte ihm noch ein zu
zartes Aussehen. Ich hatte auch keine Courage, denn für
Porzellan fürchte ich plumpe Farben. Ton ist etwas ganz
anderes. Die malenden Leute sind alle für unsere Metgether
Versuche. Gott schenke uns wieder solch fröhlichen fleißi-
gen Sommer.

Marie von Olfers, 1886

Die Polizei – dein Freund und Helfer

Ein Berliner Schutzmann gewährt stets einen erfreulichen
Anblick. Wenn er zu Pferde an einer Straßenkreuzung hält,
hat er etwas geradezu Imponierendes, aber auch zu Fuß
nimmt er sich immer gut aus; mag er nun beobachtend
dastehen, ruhig und beruhigend zugleich, mag er einen
Irrenden belehren, einem Gefallenen aufhelfen, einen
Übertreter zurechtweisen oder einen Übeltäter beim Schla-
fittchen fassen, in jedem Falle sieht man ihn gern, voraus-
gesetzt, daß man selbst ein gutes Gewissen hat.

Am hübschesten aber macht er sich doch, wenn er ein
kleines Mädchen über den Fahrdamm der Leipziger Straße
führt. Es gibt in der Leipziger Straße böse Stellen, an denen selbst ein Mann eine Zeitlang stille steht, ehe er den Übergang wagt, ein kleines Mädchen aber ganz ratlos ist. Da

ist der Schutzmann, der nickt ihm zu, und vertrauensvoll reicht es ihm die Hand, um hinübergeführt zu werden. Eine ältere Dame könnte sich ja auch von dem Schutzmann hinüberleiten lassen, tut es aber wahrscheinlich nicht gern, weil sie nicht Mangel an Mut zeigen möchte. Auch eine jüngere Dame könnte es gewiß tun, bei dieser aber liegen wieder Bedenken anderer Art vor, sie fürchtet, es könnte so aussehen, als wäre sie festgenommen. Solcherlei Besorgnisse liegen dem kleinen Mädchen fern, und ruhig vertraut es sich dem Schutzmann an und geht mit ihm. Nun mögen von rechts und links die Straßenbahnwagen und andere Gefährte angesaust kommen, die Kleine bleibt ruhig, sie weiß, der Schutzmann darf nicht überfahren werden, und darum droht ihr auch keine Gefahr. So geht er langsam und ruhig, als ginge er auf dem Lande zwischen Roggen- oder Kartoffelfeldern hin, mit ihr über den Straßendamm. Das letzte Endchen bis zum Bürgersteig läuft sie, nachdem sie seine Hand losgelassen hat. Sie sieht sich nicht mehr nach ihm um, er aber begehrt keinen Dank, und ruhig und bedächtig zwischen den heransausenden Straßenbahnwagen schreitend, kehrt er auf die Seite der Straße zurück, von der er gekommen ist.

Johannes Trojan, 1903

Herr B. W. Smith besichtigt die Leipziger Straße

Häuser, Geschäfte, Einrichtungen, soweit sie vom Autobus
  wahrzunehmen waren,
schienen Herrn Smith, wenn auch zweckmäßig erneuert,
  schon mindestens dreißig Jahre in der Welt.
Er sah verblüfft selbst noch elektrische Schienenbahnen
  störend mitten durch den Verkehr fahren.
Nichts war auch nur einigermaßen auf Höchstleistung
  gestellt.

Wolken mußten, wenn sie von diesen Häusern gekratzt
  werden wollten, sich sehr niedrig halten.
Herr Smith hörte erstaunt, daß der gleiche Mann, der den
  frühesten Lift bediente, noch immer amtiere.
Überall noch funktionierten historische Institutionen und
  Gestalten.
In dem großen Speisehaus drehte der Portier des Eröffnungs-
  tages noch immer die Drehtüre.

Gottes eigenes Land hatte von einer solchen Hauptstraße
  keinesfalls Konkurrenz zu besorgen.
Herr Smith betrachtete zunehmend freundlicher Häuser,
  Gesichter, Autos, Schaufenster, Leute.
Er konstatierte als guter Onkel, London sei eine Mischung
  von gestern und morgen,
Paris sei von gestern, New York von morgen, Berlin sei
  von heute.

Diese C-Berliner hatten es noch viel zu grünhornhaft-
  wichtig,
nahmen es nicht lächelnd genug; ihre Reklame war absolut
  uninteressant.
Immerhin hatten sie Pep, insofern waren sie richtig.
Für den verkommenden Erdteil ist das schon allerhand.

Alles in allem war sie für Herrn B. W. Smith kein Erlebnis,
  diese Leipziger Straße der deutschen Reichshauptstadt
  Berlin.
Er kam abschließend zu folgendem Ergebnis:
Ich sage nicht «erstklassig». Ich sage wohlwollend:
  «immerhin».

Lion Feuchtwanger (1884–1958)

Bismarcks Gesuch um Entlassung

Der Herr Ministerpräsident hatte das Staatsministerium zu einer vertraulichen Besprechung nach seiner Amtswohnung eingeladen und teilte demselben mit, daß er an Se. Majestät den Kaiser und König heute ein Gesuch um Entlassung aus seinen Ämtern gerichtet habe, dessen Genehmigung wahrscheinlich sei. Er müsse bezweifeln, daß er die ihm verfassungsmäßig obliegende Verantwortlichkeit für die Politik Sr. Majestät noch tragen könne, da ihm von Allerhöchster Stelle die hierfür unerläßliche Mitwirkung nicht eingeräumt werde.

Überraschend sei ihm schon gewesen, wie Se. Majestät über die sogenannte Arbeiterschutzgesetzgebung ohne vorheriges Benehmen mit ihm und dem Staatsministerium definitive Entschließungen gefaßt habe. Er habe alsbald seine Befürchtung ausgesprochen, daß dieses Vorgehen in der Wahlzeit Aufregung im Lande erzeugen, unerfüllbare Erwartungen wachrufen, auf die Wahlen und schließlich, bei der Unerfüllbarkeit der erregten Hoffnungen, auf das Ansehn der Krone nachteilig wirken werde. Er habe gehofft, daß einhellige Gegenvorstellungen des Staatsministeriums Se. Majestät zum Verzicht auf die gehegten Absichten bewegen könnten, habe jedoch diese Einmütigkeit im Staatsministerium nicht gefunden, sondern sich überzeugen müssen, daß mehrseitig das Eingehen auf die Anregung Sr. Majestät für ratsam erachtet worden sei.

Protokoll der Ministersitzung vom 17. März 1890

Das Regierungsviertel

Die Wilhelmstraße ist das «Regierungsviertel» Berlins. Die deutsche Downingstreet, der deutsche Quai d'Orsay, der Berliner Ballhausplatz. Hier sind die wichtigsten Ministerien

untergebracht, hier wohnen Reichspräsident und Reichskanzler, hier werden die Gesetzentwürfe ausgearbeitet, hier
wird der Etat geboren. Das Reichsfinanzministerium befindet sich allerdings an der anderen Ecke des Wilhelm-
platzes, die noch nicht vor Lastkraftwagen geschützt ist.
Offenbar glaubt die Verkehrspolizei, daß das Finanz-
ministerium eben mehr vertragen kann als die anderen Ministerien. Dem Fremden soll es aber gesagt werden – es ist das
Haus Wilhelmstraße 61, wo der Herr Reichsfinanzminister
als oberster Kriegsherr aller Steuererklärungen thront, während an der gegenüberliegenden Ecke sich das Haus der
Reichsbahngesellschaft erhebt. Das Hotel Kaiserhof ist
nun doch Hotel geblieben, obwohl die Geheimräte im
Reichsfinanzministerium mit ihren geistigen Augen schon
die Seufzerbrücke gesehen haben, die sie aus dem alten
Haus des Ministeriums zum Hotel bauen wollten. Sonst
steht von Nichtregierungsgebäuden nur noch eine Bank
und das Palais der amerikanischen Botschaft auf diesem
Platz. Das übrige gehört dem Reich und Preußen.

Im ehemaligen Palais Friedrich Leopold an der Ecke der
Wilhelmstraße haust die Presseabteilung der Reichsregierung. Hier versammeln sich jeden Mittag die politischen
Redakteure der deutschen Presse, um die Ereignisse der
Tagespolitik mit den Vertretern der Reichsregierung zu besprechen. Diese Versammlung ist eine Art Vizeparlament.
Auch hier kann man erregte Debatten erleben, auch hier
werden manchmal unangenehme Fragen an die Regierungs-
vertreter gestellt, und auch hier kann man Ministerreden
hören, denn es gibt Minister, die es sich nicht nehmen lassen,
die Presse selbst zu informieren. Der wesentlichste Unterschied zwischen der Pressekonferenz und dem Reichstag
soll darin bestehen, daß es in der Pressekonferenz kein Restaurant gibt und auch keine Diäten. Aber das kann ja noch
einmal nachgeholt werden.

Gegenüber diesem Palais, Nr. 77, wohnt der Reichskanzler
in einem schönen Hause, dessen Garten sich bis zur Fried-

rich-Ebert-Straße erstreckt. Hier hat schon Bismarck gewohnt, die Räume sind groß, geräumig, luftig, die weißen Türen mit Gold verziert, und die Diener tragen stets weiße Handschuhe.

Daneben wird in drei Häusern die auswärtige Politik des Reiches gemacht, und hier wohnt auch der Außenminister Dr. Stresemann, aber nicht in einem der Palais, sondern in einer Villa, die sich mitten im großen Garten des Ministeriums befindet. Findet bei ihm ein Empfang statt, so fahren die Gäste in der Friedrich-Ebert-Straße vor, wo eine hohe rote Mauer darüber wacht, daß gewöhnliche Sterbliche keinen Einblick in diesen Garten Eden der diplomatischen Genüsse bekommen.

Im Hause Nr. 73 wohnt der Reichspräsident. Vor dem Gartentor stehen zwei Schupoleute, während am inneren Eingang des Palais zwei Soldaten Wache halten. Hier sind auch die Bureaus des Reichspräsidenten, die sein treuer Adlatus, Staatssekretär Meißner, verwaltet.

In den gegenüberliegenden Häusern sind verschiedene Reichsbehörden untergebracht, an der Ecke Unter den Linden steht das Haus des Preußischen Ministeriums für Kultur und Unterricht, während einige Schritte weiter, in einem Palais von gelber Farbe der Botschafter Seiner britischen Majestät zu Hause ist. Der Reichsminister des Innern haust mit seinem Beamtenstab in dem großen roten Gebäudekomplex des ehemaligen Großen Generalstabes am Platze der Republik, das Reichswehrministerium in der Bendlerstraße, das Postministerium in der Leipziger Straße, die preußische Landwirtschaft und Handel werden ebenfalls aus der Leipziger Straße regiert, während sich das Reichsjustizministerium in der Voßstraße befindet. Trotzdem die meisten Ministerien nicht in der Wilhelmstraße liegen, schlägt aber das politische Herz Deutschlands doch hier. Hier werden die Entscheidungen getroffen.

Eugen Szatmari, 1927

131

Herrn Hitler übersehen, 1938

Die Menschen sehen heute anders aus als gewöhnlich. Es riecht in der Luft nach Sensationen. Ich biege mit Karla Simson in die Leipziger Straße ein. Jeder, der an uns vorbeiläuft, scheint angestrengt über etwas nachzudenken. Über etwas sehr Unerfreuliches offenbar. «Herrn Goebbels Land des Lächelns präsentiert sich wieder mal von der vorteilhaftesten Seite», stellt meine Freundin fest. «Sieh dir bloß diese belämmerten Gesichter an! Was hältst du von einem Schnaps?» Ich halte immer etwas von Schnaps. Besonders, nach achtstündiger Redaktionsarbeit. Karla hakt mich ein. «Also los – zum Kaiserhof!»

Wir kreuzen die Mauerstraße. Es beginnt dämmerig zu werden. Wie graue Schatten huschen kurz hintereinander ein paar Wehrmachtsautos um die Ecke und entfernen sich schnell nach der Wilhelmstraße zu. «Es liegt in der Luft eine Sachlichkeit. Es liegt in der Luft eine Stachligkeit. Es liegt in der Luft, es liegt in der Luft, und es geht nicht mehr raus aus der Luft», summe ich gedankenlos. Komisch, was man so, ohne an etwas zu denken, vor sich hinsummt, trifft fast immer den Nagel auf den Kopf. «Ahnst du eigentlich, was hier gespielt wird?» erkundige ich mich. Karla zuckt die Achseln. «Bestimmt nichts Gutes – woher auch!»

Dann sind wir am Kaiserhof. Auf dem Platz vor der Reichskanzlei stehen etwa zweihundert Menschen. Nicht mit den strahlenden Gesichtern der Provinzler, die dort tagaus, tagein das Pflaster treten, um aus Berlin als schönste Erinnerung einen «Blick auf den Führer» heimzutragen. Was sich hier zusammengefunden hat, scheint wenig geneigt, seiner Begeisterung in Siegheilrufen Luft zu machen. Stumm, die Hände in den Taschen, die Schultern wie fröstelnd ein wenig hochgezogen, steht die Menge und wartet. Auf was? Auf wen?

Die Bar vom Kaiserhof ist um diese Zeit ziemlich leer. Wir setzen uns in eine Ecke und bestellen zwei Martini.

Dann noch mal zwei und wieder zwei. «Du», meint Karla schließlich und fischt nachdenklich die letzte Olive aus ihrem Glas, «ich glaube, wir sind hier fehl am Platz. Die Weltgeschichte spielt sich draußen ab.» Schon seit etlichen Minuten tönt von der Straße her ein dumpfes Poltern, als rollte eine unaufhörliche Kette schwerer Lastwagen über das Pflaster.

Es ist inzwischen fast dunkel geworden. Auf dem Zietenplatz steht noch immer dasselbe Häuflein Menschen. Dicht aneinandergedrängt, starren sie mit angespannten Gesichtern auf den endlosen Zug, der, von den Linden kommend, am historischen Balkon vorüberfährt. Kanonen, Gepäckwagen, Pferde, Panzer, Soldaten, Soldaten ohne Ende. Den Stahlhelm in die Stirn gedrückt, die Blicke stumpf geradeaus gerichtet, sitzen sie in ihren Sätteln, hocken auf Kutschböcken und stampfen klirrend über den Asphalt.

Oben öffnet sich die Balkontür. Hitler tritt heraus. Barhäuptig, die Hände in den Taschen seines Uniformrockes, geht er rasch bis zur Brüstung. In respektvollem Abstand folgen ein paar Offiziere. Ich erkenne Raeder, sehe im Dämmerlicht die Goldstickereien mehrerer Generaluniformen. Verstohlen beobachte ich die Gesichter der Umstehenden. Verkniffene Lippen, gerunzelte Stirnen. Sie stehen wie geprügelte Hunde. Nirgends hebt sich eine Hand. Ja, warum brüllen sie nicht? Hinter mir zupft mich Karla am Mantel. «Bestellt und nicht abgeholt», tuschelt sie. Doch niemand kümmert sich um uns. Die Panzer rollen, die Menschen schweigen, und unbejubelt verschwindet der «Führer» vom Balkon. Weißbehandschuhte SS-Leute schließen die Tür.

Mir ist nicht wohl zumute. Wenn ich hier bloß schon heraus wäre, denke ich, nicht eingezwängt in diese stumme, hilflose Abwehr! Neben mir schnaubt sich ein junger Arbeiter geräuschvoll die Nase. «Wenn det nich Krieg heißt, freß ik'n Besen», knurrt er zwischen den Zähnen. Sein Nachbar, ein etwa fünfzigjähriger Briefträger mit Dienstmütze und Tasche blickt sich vorsichtig um, ehe er ein zustimmendes Nicken wagt. «Und wir sind die Dummen», flüstert er – und erschrickt selbst über soviel Bekennermut. Als er merkt, daß ich ihn beobachte, schweigt er verstört. Ich lächle, so nett ich nur kann, trete ihm sogar ein bißchen auf den Fuß, bloß um freundlich «Pardon» sagen zu können und ihm durch dieses «Pardon» meine Gesinnungsverbundenheit anzudeuten. Dann dränge ich mich aus der Menge. Am nächsten Laternenpfahl erwartet mich Karla. «'s ist Krieg, 's ist Krieg, und ich begehre, nicht schuld daran zu sein», deklamiert sie. – «Ich auch nicht», seufze ich. «Aber was sollen wir machen.»

Kein Zweifel: Hitler will den Krieg. Was wir eben gesehen haben, war ein «Test». Eine Prüfung der Volksstimmung. Trägt das Eis? Oder trägt es noch nicht? Wir haben «Nein» gesagt – Gott, was rühme ich mich! – «Nein» *gedacht!* Wir meinen Nein. Und wir wollen nicht. Aber was bedeutet schon unser Wollen? Was bedeutet es im Naziregime, wenn zweihundert Menschen so tun, als ob sie eine unabhängige Meinung äußern! Und dabei doch nichts anderes zuwege bringen als den kläglichen Mut, Herrn Hitler auf seinem Balkon zu übersehen!

Ruth Andreas-Friedrich

MAUER UND BRANDENBURGER TOR

berliner mauer

einer lehnt dran ein andrer
übt kopfstand schlägt
seine sohlen dagegen
in dreiviertelhöhe zwei mädchen
werfen bälle über
die schultern & unter
den kniekehlen durch

lachen von putz über ziegeln
die ziegelschrift lautet
Ina liebt Horst (aber Hotte
ist doof & merkt nie was)

wer sich an
der teppichklopfstange hochzieht
kann über die mauer hinwegsehn
nach nebenan auf die nächste
gebt mir meine puppenlappen wieder
ich geh auf den andern hof spielen
die müllkästen sind da genauso
schön wie die hier bei euch

Yaak Karsunke, 1969

Die Mauer, The Wall, Le Mur

Die Mauer steht jetzt ein Dutzend Jahre, und sie hat der Berliner Souvenir-Branche einen neuen grünen Zweig beschert. Im Anfang gab es so sinnige Sachen wie Berliner Bären, die mit Stacheldraht umwickelt waren, inzwischen ist man da auch weltläufiger geworden. Ich kaufe: einen Fotosatz, dreisprachig: Die Mauer, The Wall, Le Mur. Ich finde, immer mit der Mauer im Hintergrund, die Aufnahme einer amerikanischen Patrouille, einer Vopo-Patrouille (auf dem Motorrad), ein Foto vom Checkpoint Charlie mit einem großen DDR-Schild «Herzlich willkommen» und einem preußisch-blauen Himmel, ich finde auch den Übergang Heinrich-Heine-Straße im Bild vor, ein alter Volkswagen mit offenem Schiebedach fährt gerade durch den engen Hohlweg zwischen den Betonsperren, weitere Barrieren leuchten rot-weiß im Hintergrund, ich finde ein Blatt «Todesstreifen», ich finde das «Denkmal für Peter Fechter» mit einem kargen Blumentopf, ich finde zweimal das Wahrzeichen Berlins, einmal mit der Aufschrift «Grenze Brandenburger Tor»; zum andern als «Die Mauer mit dem Brandenburger Tor». Das Ganze wunderhübsch fotografiert, gestochen scharf, so bunt wie das Leben, bleibende Erinnerung an ein bleibendes Ereignis.

Ich kehre zu meiner Gruppe zurück. Ein junges Mädchen ist im Wagen sitzen geblieben und liest in einer Illustrierten über «Mädchen, die nur Mädchen lieben». An der Plattform schon eine kleine Schlange. Auf dem Podest klickt es, der amerikanische Streifenwagen wird ebenso fotografiert wie der Wachtturm drüben, der in ein altes Haus eingebaut ist. Ein Grenzpolizist wird sichtbar; eine Frau aus meiner Gruppe winkt. Die verwunderten Blicke der anderen lassen ihr die Hand rasch wieder sinken. Die Damen aus dem Rheinland sind gar nicht erst die Treppe hoch; sie fotografieren statt dessen den Hotelneubau ganz in der Nähe, es ist «ihr Hotel».

Einmal habe ich auch gewinkt, Januar 1963, in den Berliner Zeitungen stand nachher ärgerlich, es sei sogar gewinkt worden, ein Skandal. Dabei war es das Selbstverständlichste von der Welt; wenn mir jemand zuwinkt, winke ich heute noch zurück. Winken hebt Mauern zwar nicht auf, aber es überbrückt sie. Das war damals, wenn man so will, ein historischer Moment, journalistische Glückssekunde, das einzige oder das erstemal, daß ein sowjetischer Führer sich die Angelegenheit besah. Chruschtschow, ganz überraschend, an der Mauer, jedenfalls an einem ihrer sieben Durchlässe. Im Hintergrund eine Schar von Begleitern, Beschützern, sehr zögernd Walter Ulbricht. Auf meiner Seite nur wenige Schaulustige, ein paar Polizisten, amerikanische Wachtposten. Und Chruschtschow, schon ganz vorn, dicht am weißen Markierungsstrich, fängt zu lachen an, ein breites, freundliches, spontanes Grinsen, und dann, angesichts der stummen, neugierigen Zuschauer, der West-Starre, hebt er die Hand, wie ein «Bitte recht freundlich», und ist mit dieser Geste allein, bis ich's nicht mehr aushalte und zurückgrüße, winkend; Sekunden später ist die Szene vorbei: «Wie konnten Sie nur so was tun.»

Jede Mauer hat zwei Seiten, besonders die in Berlin.
«Kuck mal, da drüben besichtigen sie auch», sagt einer in unserem Bus, als wir später am Brandenburger Tor vorbeikamen. In der Tat, da stehen ein paar Leute, auch etliche Kinder, und lassen sich die Situation erklären. Von der anderen Seite der Mauer sieht alles ganz anders aus: Wir haben es – dies ist eine geschichtliche Lektion – mit dem antifaschistischen Schutzwall zu tun, der im Jahre 1961 die DDR gesichert hat gegen einen unmittelbar geplanten Überfall der Bonner Ultras unter Führung des damaligen Kriegsministers Franz Josef Strauß. Mit dieser Maßnahme zur Sicherung des Friedens ist gleichzeitig den Menschenhändlern und Agenten der westlichen Spionageorganisationen das schmutzige Handwerk gelegt und das Komplott der wirtschaftlichen Auspowerung der Deut-

schen Demokratischen Republik zunichte gemacht worden. Denn bis zum August 1961 sind Hunderte von DDR-Bürgern unter fadenscheinigen Versprechungen und mit dunklen Methoden aus dem Arbeiter- und Bauern-Staat gelockt worden. Der Verlust für die Volkswirtschaft der Republik, der dadurch entstanden ist, geht in die Millionen. Das ist nicht ohne Plausibilität, die Schulkinder sind einverstanden: Laßt das Tor zu.

Dieter Hildebrandt, 1975

Aktion schöne Mauer

An einigen Stellen haben sie die Aktion «Moderne Grenze» ins Werk gesetzt. Es könnte auch heißen: Aktion schöne Mauer. Da haben sie gelbe Kunststofffolie über den rauhen Sandstein gezogen, damit es freundlicher aussieht zum Westen hin. An anderen, engbewohnten Stellen haben sie den Stacheldraht fortgeräumt und durch einen hohen, engmaschigen Zaun ersetzt, der in der Tat etwas weniger kriegerisch wirkt. Aber dahinter laufen Soldaten der Volksarmee mit Hunden. Es gibt noch sieben funktionierende Grenzübergänge in der Stadt, und an einigen dieser Eingänge haben sie tatsächlich auf die gelbverkleidete Mauer große Blumentöpfe gesetzt: rot-grün mit Geranienbewuchs, Balkonschmuck am Eingang zur DDR. Uralter Kleinbürgerkitsch: da steht er wieder am Schnittpunkt der deutschen Teilung.

Horst Krüger, 1967

Ein Grabmal

Das Seltsamste und Interessanteste war (...) eine hügelartige, im Unterteil grasbewachsene, oben wie geschotterte, hügelartige Erhebung an der Stelle der ehemaligen Reichskanzlei und des Führerbunkers, wo Hitler am 30. 4. 45 seinem verhängnisvollen Leben ein Ende setzte. Ich hatte gerade vor einigen Wochen das Buch «Die Katakombe» von James P. O'Donnell und Uwe Bahnsen durch Zufall im Ramschkasten einer Buchhandlung zum halben Preis erworben und mit zunehmender Erschütterung gelesen. Es beruht im Wesentlichen auf Aussagen noch lebender Zeugen, die im Jahre 1974, also rund 30 Jahre später, befragt wurden. Darunter war der Kampfkommandant und SS-General Mohnke, der Arzt Professor Schenck, der, obwohl Internist, bis zuletzt unter der Anleitung des lungenkranken Chirurgen Professor Haase, der körperlich nicht mehr dazu in der Lage war, im Lazarett unter der Reichskanzlei operierte, und der Cheftechniker Hentschel, der am 2. Mai als Letzter die Reichskanzlei verließ. Er blieb lange, wie die anderen, in russischer Gefangenschaft. – Hinzu kam ein zweiter Zufall. Drei Tage später besuchte ich in Dahlem eine Ausstellung «Neue archäologische Funde aus China». Sie stammten aus der Zeit 220 vor Christus. Unter anderem war dort ein Großfoto des bisher unberührten Grabhügels des ersten Kaisers von China und einige der 7000 überlebensgroßen Grabfiguren aus Ton, lauter Soldaten, zu sehen, auf die vor kurzem Bauern bei der Suche nach einer Wasserader gestoßen waren. – An diesem klaren und kühlen Tag in einer wieder mal frischen Berliner Luft, was sonst längst nicht mehr der Fall ist, mußte ich an eine gewisse Ähnlichkeit der Grabhügel denken, nur daß der chinesische größer war.

Horst Weiger, 1982

Das Brandenburger Tor

Auf dem Frontispiz steht eine Quadriga in antiker Form, darin die Siegesgöttin mit dem Zeichen des Siegs. Die vier Pferde sind 12 Fuß hoch. Die ganze Gruppe, 16 Fuß hoch, wurde von Schadow modelliert, von den Gebrüdern

Wohler in Potsdam in Holz gearbeitet und dann von dem Kupferschmied Jury in Potsdam von Kupfer ausgetrieben. Mit der Attika beträgt die Höhe des Tores 64 und mit der Gruppe 80 Fuß. Das Basrelief unter dem Triumphwagen an der vordern Attika, 26 Fuß lang und 5 Fuß hoch, wurde nach Rode's Zeichnung gefertigt und stellt den Frieden als eine Folge des Siegs dar. In den Metopen des dorischen Frieses befinden sich Basreliefs, von Schadow und Eckstein gearbeitet, welche den Streit der Centauren mit den Lapithen vorstellen. In den Basreliefs am Gebälk erblickt man den Markgrafen Albert Achilles, wie er in der Schlacht gegen die Nürnberger eigenhändig eine Fahne erbeutet. Die Zierde der Deckenstücke zwischen der Durchfahrt bilden allegorische Gemälde von Rode; die Basreliefs an den Seitenwänden der Durchfahrt sind von mehreren Berliner und Potsdamer Bildhauern gearbeitet und stellen die Taten des Herkules vor. An den Hauptteil des Tores stoßen zwei Seitenflügel mit dorischen Säulen, die sich rechtwinkelig an die nächsten Häuser des Platzes, an die Wache und Toreinnahme, anschließen. Obgleich der obere Teil etwas schwerfällig erscheint, gehört dieses Tor doch zu den schönsten Kunstzierden Berlins und wird als das schönste in ganz Europa betrachtet. Jahre lang wurde es von den Berlinern mit tiefer Betrübnis angesehen, als Napoleon den Siegeswagen mit nach Paris genommen hatte, und nur die Trophäe, welche die Göttin führte, in Berlin zurückgeblieben war. Es diente dieser Raub als eine Mahnung zur Erhebung Preußens, und kaum war das Joch der Knechtschaft gebrochen, als die Viktoria des Brandenburger Tores im Triumph nach Berlin zurückgeführt wurde. Das Kunstwerk machte gleichsam einen Siegeszug von Paris nach Berlin. Die freudige Menge war dem Wagen entgegengezogen und empfing die mit Kränzen geschmückten Kisten mit Jubel. Die Viktoria erhielt damals das Kreuz auf ihre Lanze.

Robert Springer, 1861

Inflation

Siebenhundertsechzig Millionen! Runde tausend Dollar! Viertausendzweihundert Friedensmark!!! Ein hübsches Sümmchen in der Abendstunde für einen, der am Mittag noch beim Onkel um einen einzigen Dollar betteln mußte! Für den zwei Schrippen und eine – sehr abgestoßene – Emaillekanne mit Mischkaffee in der Morgenstunde außer dem Bereich alles Möglichen waren!

Pagel ist unter dem Brandenburger Tor angekommen, er möchte hier einen Augenblick Luft holen vor dem ewig niederrinnenden Regen, sich das Gesicht abtrocknen. Aber es ist nicht möglich – unter den Torbogen drängt es sich von Bettlern, Hausierern, Kriegsverletzten. Alle hat – aus den Eingängen des Tiergartens, vom Pariser Platz her – der Regen in diesen Schutz gescheucht, und wenn sich Pagel unter sie stellt, gefährdet seine Unfähigkeit, «Nein» zu sagen, die Unverletzbarkeit seines heiligen Geldtransportes. So entflieht er sich und dem Flehen der Bettler – hart wie viele Menschen aus Schwäche, nicht aus Härte – und geht wieder hinaus in den Regen.

Er hält – ein wenig gezwungen ist diese Haltung – die Hände sorgfältig über die Taschen seines Waffenrockes. In den Hosentaschen nicht, auch nicht in den Innentaschen, wohl aber in diesen Außentaschen ist sein Geld durch Naßwerden gefährdet. Er vergißt nicht eine Sekunde (was er grade auch denken mag), daß er diese Summe bei sich trägt: 760 Millionen. Darunter ein Viertel, also 250 Dollar, in gutem amerikanischem Notenbankpapier, herrliche Papierdollars, das Begehrteste, was es heute gibt in Berlin...

Ich kann die Stadt tanzen lassen dafür heute nacht! denkt Wolfgang und pfeift zufrieden. Der Rest – 570 Millionen – ist deutsches Papier, teilweise in unglaublich kleinen Beträgen.

Hans Fallada (1893–1947)

Verarbeiteter Marmor

Wir umkreisen nun den Platz vor dem Tor. Sieh bitte nicht auf die marmornen Balustraden, Bänke, Springbrunnen und fürstlichen Herrschaften, die wir wilhelminischen Architekten und Baumeistern verdanken. Nimm dies grelle Weiß vor dem holden Grün des Tiergartens für Blendung und Augenweh! Wir wollen zusehen, daß das verunglückte Kaiserpaar, Friedrich III. und seine Gattin Viktoria, mit Gottes Hilfe entfernt ist, wenn du das nächste Mal nach Berlin kommst. Schau auf die schönen Bäume und Büsche an der Allee. Aber da schimmert schon wieder ärgerlich greller Marmor durchs Grün, und nun sind wir in der Siegesallee. Ja, da sind nun rechts und links 32 (in Worten: zweiunddreißig) brandenburgisch-preußische Herrscher und hinter jedem eine Marmorbank und auf jeder Bank sitzt – nein, sitzen kann da niemand, es ist zu kalt – aber auf jeder Lehne hocken zwei Hermen jeweiliger Zeitgenossen des betreffenden Herrschers. Es hilft nichts: unser Wagen fährt unerbittlich die ganze Reihe entlang, und man nennt dir die Namen. Ob wir bis zu deinem nächsten Besuch das alles werden entfernt haben? Berlin ist ja jetzt sehr tüchtig, was Aufräumungsarbeiten betrifft, aber verarbeiteter Marmor soll keinen rechten Wert haben. Man müßte doch das Material verkaufen können. 32 Herrscher nebst Bänken und Zeitgenossen! Da weiß ich keinen Rat. Du machst dir aber vielleicht einen Begriff, wie schön diese Allee hinauf zur braven alten Siegessäule und hinunter zur Viktoriastraße früher war.

Franz Hessel, 1929

Herrlich, herrlich!

Damals wurde ernstlich bezweifelt, ob in Berlin, bei aller Musikfreudigkeit der gebildeten Stände, mehrere Opernhäuser nebeneinander bestehen könnten.

Dann begann freilich die Periode eines anscheinend unaufhaltsamen, unbegrenzten Aufschwungs Berlins, das die Hauptstadt des geeinten Deutschen Reiches geworden war. Und die beiden Opernhäuser, das königliche und das Krollsche, bestanden sehr gut nebeneinander. Sie ergänzten sich, die Berliner hatten den Gewinn davon. Mußte das königliche Opernhaus als Eigentum der Krone höfische Wünsche bei der Aufstellung seines Repertoires und der Auswahl seiner Kräfte in Betracht ziehen und durfte es seine Eintrittspreise nicht nach freier Willkür staffeln, so war das Krollsche Theater, von dem aus Ungarn gebürtigen Kommissionsrat Engel, dem «Kroll-Engel», einem gewiegten Geschäftsmann, virtuos geleitet, an derartige Rücksichten nicht gebunden. Die Bekanntschaft mit den internationalen Sangesgrößen deutscher und fremder Herkunft in ihren Glanzrollen machten die Berliner in der Krollschen, nicht in der königlichen Oper. «Stargagen», wie man heute sagt, zahlten der Generalintendant Botho von Hülsen und seine Nachfolger nicht und konnten sie auch nicht zahlen.

Zugleich blieb das Operntheater vor dem Brandenburger Tor immer das Krollsche «Etablissement». Ein schauerliches, aber mit Klugheit gewähltes Fremdwort. Es deutete an, daß den Berliner bei Kroll Genüsse der allerverschiedensten Gattungen erwarteten, nicht nur musikalische und schauspielerische Genüsse von hohen, kultivierten Graden.

Wenn der nahe Tiergarten sich abends verdunkelte, erstrahlte der Krollsche Garten in jener vielgepriesenen «feenhaften Beleuchtung», die von kleineren Theatergärten in bescheidenem Maße kopiert wurde. Im matten Schein der unzähligen blauen, grünen, gelben, roten, violetten Glaslämpchen und zu den Klängen einer Kapelle gingen die

Damen der Berliner Lebewelt «auf und nieder», wie Heinrich Heines «schöne Königstochter». Die Kavaliere, die bei Kroll gleichfalls «auf und nieder» gingen, um ein galantes Abenteuer zu suchen, waren aber nicht «vom Stamme jener Asra, die da sterben, wenn sie lieben». Sie wurden zum Teil sogar sehr alt, diese Kavaliere, und wenn sie uns Jüngeren später von ihrer eigenen Jugend sprachen und der Freuden des «Krollschen Etablissements» gedachten, strafften sich ihre Züge, kniffen sie die Augen vielsagend zusammen.

In einem abgegriffenen Bande der Zeitschrift «Über Land und Meer» aus jenen Tagen entdeckte ich eine humoristische Zeichnung. Zwei Deutsche, von denen der eine aus Berlin stammt, betrachten auf dem Gipfel des Rigi den Sonnenaufgang. «Herrlich! Herrlich!» ruft der Nichtberliner hingerissen aus. Der Berliner sagt: «Janz nett soweit! Aber bei Krolls is et noch ville scheener!»...

Ad. von Wilke (1867–1934)

Der Finanzier der Gründerjahre

Die schönen Tage kamen, welche die Proklamation des deutschen Kaiserreichs, den Frieden, den Einzug der Truppen in Berlin brachten. Als Bismarck nach dem Friedensschluß von Frankfurt a. M. zurückkam und im Reichstag erwartet wurde, der nun von ihm vernehmen sollte, unter welchen Bedingungen der Frieden geschlossen war, befand ich mich auf der Journalistentribüne des Parlaments. Bismarck trat ein, und die Mitglieder des Reichstags erhoben sich. Es war ein feierlicher Moment, der aber einen am Rednerpult stehenden Reichsboten nicht hinderte, in einer ziemlich ermüdenden Auseinandersetzung fortzufahren, während der Reichstag mit großer Ungeduld nach dem Bericht des Reichskanzlers verlangte. Das störte den zähen Redner nicht, auf den selbst der stets würdevolle Präsident Simson etwas ungeduldig niederblickte. Auch als Delbrück sich an den Präsidentensitz begab, um den Reichskanzler zum Wort zu melden, hielt der wackere Redner aus, ohne Zweifel überzeugt, daß das, was er den ihm gar nicht zuhörenden Reichstagsmitgliedern zu sagen habe, viel wichtiger sei, als die Eröffnungen, welche der Reichskanzler über seine historische Sendung zu verkünden hatte und auf welche nicht nur das deutsche Reich, sondern die ganze Welt gespannt war. Endlich erbarmte sich der dauerhafte Redner des deutschen Reichs und der ganzen Welt und verschwand auf seinen Platz. Und Bismarck erhob sich. Welcher Staatsmann mit etwas Talent für das Posieren hätte wohl in dieser Situation der Versuchung widerstanden, eine gewisse feierliche, wenn nicht gar eine dramatische Haltung anzunehmen. Bismarck stand da, als sei eigentlich nichts vorgefallen, als wolle er mit einer belanglosen Bemerkung in eine landläufige parlamentarische Diskussion eingreifen. Er hatte eine große Papierschere ergriffen, und während er diese auf- und zuklappte, begann er ohne irgend eine seriöse Einleitung vorzutragen, was er zu sagen hatte. Er meldete, daß Deutschland das Elsaß mit Metz behalte, daß Frankreich fünf Milliarden zahle und andere Einzelheiten des Friedensvertrages mit ziemlich eintöniger Genauigkeit, als erzähle er das Allergewöhnlichste. Dann und wann blickte er auf die Nägel der linken Hand, wie um sein Gedächtnis auf einen bestimmten Punkt zu konzentrieren, da er sehr viele Städte und Städtchen Lothringens namhaft zu machen hatte, um die Linie zu bezeichnen, bis zu welcher das Machtgebiet Deutschlands sich erweiterte. Wer von Bismarck diese Rede hörte, hat ihn in seiner großen Einfachheit, in seiner einfachen Größe gesehen, charakterisiert durch Eigenschaften, die unvergleichlich sind.

Julius Stettenheim, 1896

Parlamentarische Stilblüten

Es ist kein leichter Dienst, Parlamentsstenograph zu sein. Während der zehn Minuten, die jeder Stenograph aufzunehmen hat – dann überträgt er das Aufgenommene in Schreibmaschinenschrift – ist er das Ohr von 60 Millionen Deutschen und der ganzen Welt. Er darf kein Wort dessen verlieren, was dort oben gesprochen wird (obwohl es manchmal wirklich nicht wichtig ist), und zehn Minuten lang führt seine Hand den Bleistift im wahrsten Sinne des Wortes für die Weltgeschichte. Der Stenograph ist aber nicht nur ein Beamter, der jedes gesprochene Wort treu aufnimmt, – er ist für jene Abgeordnete, die ihres Stiles nicht ganz sicher sind, eine ganz besonders wichtige Persönlichkeit, denn er hat in vielen Fällen auch die schwere Aufgabe, die sogenannten «Stilblüten» zu beseitigen. Wenn da jemand sagt: «Dieser Grund ist grundlos», was schon öfters vorgekommen ist, so fragt der Stenograph nicht viel, sondern er schreibt: «Dieser Grund ist nicht stichhaltig...» und er hat sich um einen Volksvertreter verdient gemacht. Oft wissen natürlich die Abgeordneten, daß sie eine Stilblüte von sich gegeben haben – sie merken es an der Heiterkeit, die einer Stilblüte folgt – und kommen dann nach der Sitzung in das stenographische Bureau hinunter, um ihre Rede zu korrigieren, was auch sehr nötig ist, denn die Wähler würden sich manchmal sehr wundern, wenn sie unkorrigiert lesen würden, was ihr Vertreter gesagt hat. Sagte doch einmal der Abgeordnete Stöcker: «Als die Wellen der Revolution emporloderten...», worauf allgemeine Heiterkeit entstand. Herr Stöcker ließ sich aber nicht beirren und ripostierte: «Sie lachen... Ja, das Lachen ist ja das Amen und Omen Ihrer ganzen Politik...»

Es gibt leider noch immer keine Sammlung der parlamentarischen Stilblüten. Nur ein paar alte Parlamentsjournalisten und der witzige Abgeordnete Dr. Moses haben einige gesammelt. So sagte einmal ein Kultusminister im preußi-

schen Landtag: «Die Universitäten sind wie ein rohes Ei.
Wenn man sie anfaßt, stellen sie sich gleich auf die Hinter-
beine...»

Dagegen meinte ein Sozialist: «Meine Herren! Die
Lokomotivführer stehen mit einem Fuß im Zuchthaus, und
mit dem anderen nagen sie am Hungertuch...»

Und ein Deutschnationaler äußerte: «Der Völkerbund
ist nur dazu da, die Giftzähne von Sowjetrußland auf die
Beine zu stellen...»

Während ein Demokrat folgendes von sich gab: «Der Geist
Helfferichs ist der nackte Pferdefuß, welcher am Marke
des deutschen Volkes nagt...»

Und ein Zentrumsmann sagte einmal: «Die Vermehrung
der Bevölkerung auf dem flachen Lande vollzieht sich auf
eine ganz natürliche Weise. Ich werde Ihnen gleich zeigen,
wie...» Glücklicherweise hat er es nicht gezeigt...

Eugen Szatmari, 1927

Protestkundgebung vor dem Reichstagsgebäude

(Am 9. September 1948, nach der Vertreibung
der Stadtverordnetenversammlung aus dem Ostsektor)

Wenn wir darum heute in dieser Stunde die Welt rufen, so
tun wir es, weil wir wissen, daß die Kraft unseres Volkes
der Boden ist, auf dem wir groß geworden sind und größer
und stärker werden, bis die Macht der Finsternis zerbrochen
und zerschlagen sein wird. Und diesen Tag werden wir an
dieser Stelle, vor unserem alten Reichstag mit seiner stolzen
Inschrift «Dem Deutschen Volke», erleben und werden
ihn feiern mit dem stolzen Bewußtsein, daß wir ihn in
Kümmernissen und Nöten, in Mühsal und Elend, aber
mit standhafter Ausdauer herbeigeführt haben. Wenn dieser
Tag zu uns kommen wird, der Tag des Sieges, der Tag der
Freiheit, an dem die Welt erkennen wird, daß dieses deut-

sche Volk neu geworden, neu gewandelt und neu gewachsen, ein freies, mündiges, stolzes, seines Wertes und seiner Kraft bewußtes Volk geworden ist, das im Bunde gleicher und freier Völker das Recht hat, sein Wort mitzusprechen, dann werden unsere Züge wieder fahren nicht nur nach Helmstedt, sie werden fahren nach München, nach Frankfurt, Dresden, Leipzig, sie werden fahren nach Breslau und nach Stettin.

Und sie werden auf unseren kümmerlichen, elenden, zertrümmerten, alten, ruinierten Bahnhöfen wieder die zweiten Gleise aufmontieren, die das Symbol unserer wiedergewonnenen Freiheit sein werden, die wir uns, Berlinerinnen und Berliner, in den Kämpfen, die hinter uns liegen, und in den Nöten, die vor uns liegen, erkämpfen müssen und erkämpfen werden.

Ihr Völker der Welt, ihr Völker in Amerika, in England, in Frankreich, in Italien! Schaut auf diese Stadt und erkennt, daß ihr diese Stadt und dieses Volk nicht preisgeben dürft und nicht preisgeben könnt! Es gibt nur eine Möglichkeit für uns alle: gemeinsam so lange zusammenzustehen, bis dieser Kampf gewonnen, bis dieser Kampf endlich durch den Sieg über die Feinde, durch den Sieg über die Macht der Finsternis besiegelt ist.

Das Volk von Berlin hat gesprochen. Wir haben unsere Pflicht getan, und wir werden unsere Pflicht weiter tun. Völker der Welt! Tut auch ihr eure Pflicht und helft uns in der Zeit, die vor uns steht, nicht nur mit dem Dröhnen eurer Flugzeuge, nicht nur mit den Transportmöglichkeiten, die ihr hierherschafft, sondern mit dem standhaften und unzerstörbaren Einstehen für die gemeinsamen Ideale, die allein unsere Zukunft und die auch allein eure Zukunft sichern können. Völker der Welt, schaut auf Berlin! Und Volk von Berlin, sei dessen gewiß, diesen Kampf, den wollen, diesen Kampf, den werden wir gewinnen!

Ernst Reuter

The Last of November

Erst die Wechselstuben am Zoo, die letzten
Silbernen Pferdchen aus allen Manteltaschen.
Umtausch – ein toller Kurs, es blieb noch was übrig.
Der Wind der Wind, unheimliches Kind
Blies uns im schönen Kabriolett
Hin an den Reichstag.
Schneebeeren rieselten, kleines Getier
Raschelte an dem furchtbaren Ort.
Das ist die Mauer. Stellenweis grüner Kalk.
Türmchen und Aussichtspodeste hüben und drüben.
Alles registrieren sagt er, wie Hemingway
Auf dem Rückzug in Spanien das stinkende Pferd.
Wir fuhren und flogen
Dreimal um den frischvergoldeten Engel, trafen
Unsere toten Dichter in ihren Wagen (die flogen
Schneller und schöner als wir)

Sarah Kirsch, 1977

DER TIERGARTEN

An Bettina Brentano

Ich ging ganz allein in dem Tiergarten, das unendlich abwechselnde Grün aller Art von hohen Eichen bis zu dem mannigfaltigsten amerikanischen Gebüsch, durch Platanen, blühende Akazien durchgeführt, spielte wie alle Weltteile durcheinander vor den römischen, französischen, holländischen, gothischen Landhäusern; das Vaterland ließ sich recht angenehm vergessen. Bald gingen die Eßglocken in den Landhäusern, die Kinder sammelten sich aus allen Gartenwinkeln, die Lichter zündeten, der offenherzige Sommer hatte alle Türen geöffnet, die Mädchen sangen einander was vor zur Guitarre und verkrochen sich, wenn ich sie behorcht hatte, und die Fasanen flatterten in den Gebüschen auf. Jeder Atemzug war Wohlgeruch, jeder Schritt ein Vertiefen, und eine wandelnde Fülle freundlicher Bilder umlagerte mich bald, daß ich kaum hinausfinden konnte. Fänd ich Dich doch darin!

Achim von Arnim, 1809

Auf in die Sommerwohnungen!

Noch in den fünfziger Jahren des vorigen Jahrhunderts diente der zwischen Kemperhof und Hofjäger (seligen Angedenkens) gelegene Teil des Tiergartens zu Sommerwohnungen jeder Art, in denen es sich die reichen Handelsherren sowohl als die einfachen Bürgersleute bequem machen konnten. Neben der fürstlich eingerichteten Villa lag das Haus mit den Massenherbergen, das oft ein Dutzend Familien in Quartieren von höchstens 2 bis 3 Zimmern und Küche aufnahm. Eine lange hölzerne Estrade, die die ganze Vorderfront entlanglief, war durch Latten in zwölf offene «Lauben» geteilt, von denen jede mit zwei Bänken versehen war. «Laubenmenagerie» nannten die Berliner diese Sommerwohnungen zweiter Klasse, zu denen der Kaufmann aus der City ebenso pünktlich zum Mittagessen erschien, wie er heute in Lichterfelde oder in Zehlendorf erscheint. Es klingt fast komisch, wenn man liest, daß eine derartige Sommerwohnung mit dem «in der Stadt entbehrlichen Mobiliar» herausgeputzt war. Was für eine Entfernung ist uns heute der Tiergarten!

Max Kretzer (1854–1941)

Begräbnis Kaiser Wilhelms I., 1888

16. März. Schnee, Sturm! Eiskalt. Begräbnis Kaiser Wilhelms. Ich geh um 11 in den Tiergarten, alles schwarz von Leuten. Unter den Linden muß alles vor acht sein. Um ¼2 noch einmal hin, möchte am Großen Stern einsam Abschied nehmen. Siegesallee löst sich der Zug. Ich glaubte daher, dort würde die Menge sich zerteilen. Umsonst. Der Tiergarten Kopf an Kopf. Die Ecken besetzt mit Leuten bis in die Spitzen der Bäume. Geheul, Geschrei. Dazwischen Stille. Man hört den schönen Choral. Ich zurück an das Tor. Feierlich die schwarzen Obelisken mit den Flammenschalen. Der Leichenwagen tritt eben aus dem Brandenburger Tor. Von dort in die Bellevuestraße. Gewimmel von Ministern, Gesandten, Generalen. Die Pagen werden in die Restaurants geführt und dort gestärkt. Abend still allein. Nur von Kaiser Wilhelm, Kaiser Friedrich die Rede.

Marie von Olfers

Spaziergang in den Tiergarten, um 1900

Am wenigsten beliebt war bei uns drei Mädels der Sonntags-
vormittags-Spaziergang in den nahen Tiergarten. Erstens
mußte man sich bei diesem Gange sehr gesittet benehmen,
an der Hand der Eltern gehen oder die jüngeren schwester-
lichen Lieben an die Hand nehmen und auf sie aufpassen.
Und, was das schlimmste war, man wurde dazu sonntäglich
aufgeputzt, meist mit frischgestärkten weißen Matrosen-
kleidchen und obligatem blauweißgestreiftem großem Kragen. Meine gute Mutter pflegte immer stöhnend festzu-
stellen, daß, wenn die dritte Tochter fix und fertig und
blütenweiß angezogen war, die beiden andern sich wieder
«eingeferkelt» hatten. Dann begann die Prozedur von vorne.
   Endlich setzte sich die Familienkarawane in Bewegung,
ich als Älteste durfte die Tüte mit dem Schwanen- und
Entenfutter tragen, denn die Fütterung am Neuen See war
einer der Höhepunkte des Spaziergangs. Diese Tüte mit
altem Brot birgt für mich eine recht unangenehme Erinnerung. Ich hatte nämlich einmal während des ganzen Weges
nach und nach die als Schwanenfutter gedachten alten Brot-
rinden und steinharten Schrippen aufgegessen. Als wir
nun am Neuen See anlangten, wurde festgestellt, daß ich
nur noch eine leere Tüte mit ein paar Krümelchen bei mir
trug. Meine Schwestern heulten laut los, weil nun der
Hauptspaß des Vormittags «im Eimer» war, und ich, weil
mir die Mutter eine wohlverdiente Backpfeife verabfolgte.
Dazu lachten noch die herumstehenden Kinder, und die
Schwäne und Enten schwammen beleidigt davon.
   Mein Vater hatte auf diesen Gängen die Angewohnheit,
uns belehrend auf Namen und Bedeutung der mehr oder
minder geschmackvollen Mamorfiguren aufmerksam zu
machen. Das wäre noch angegangen, aber darüber hinaus
verlangte er, daß, zumindest ich als die älteste seiner
Sprößlinge, mir die Namen noch behalten sollte. Und
dabei war mir damals ziemlich schnuppe, ob Friedrich

Wilhelm II. oder III., ob Schiller oder Goethe! Nur einmal habe ich mir genau gemerkt, was mir mein Vater eingeprägt hat, und da hatte es ein übles Nachspiel. Wir hatten nämlich eine gute alte Familientante, die begeisterte Wagnerianerin war und den «Meister» abgöttisch liebte und verehrte. Ich mochte wohl fünf Jahre zählen, da holte mich die gute Tante Grete zum gefürchteten Spaziergang in den Tiergarten ab. Um sie zu necken, hatte mir mein Vater einige Tage zuvor das Wagnerdenkmal gezeigt und mir eingeschärft, auf die zu erwartende Frage nach dem Namen der marmornen Berühmtheit zu erwidern: «Das ist der verrückte Musikmacher!» Natürlich stellte die Tante die Frage, ich antwortete prompt den gelernten Text – und rasch hatte ich eine wohlgezielte Ohrfeige eingeheimst! Mein Vater hat es zwar durch ein Pflaster von 20 Pfennig und eine Tüte Bonbons wiedergutzumachen versucht, aber gegen Richard Wagner hatte ich noch lange Jahre hindurch einen starken Widerwillen!

Edda Prochownik

Anekdote

Gerhart Hauptmann spazierte gedankenverloren im Tiergarten auf dem Reitweg, als er plötzlich unsanft aus seinen Überlegungen gerissen wurde. Ein Parkwächter wies ihn darauf hin, daß er auf verbotenen Pfaden wandele und sofort den Reitweg zu verlassen habe. Hauptmann war über die schroffe Zurechtweisung erbost. Er schüttelte bekümmert sein prächtiges Löwenhaupt und fragte: «Wissen Sie denn überhaupt nicht, mit wem sie sprechen?» Der Parkwächter sah ihn schief an und meinte nur trocken: «Jaja, ick weeß schon, wer Sie sind. Sie sind der jroße Joethe – aba trotzdem müssen Se vom Reitweg runta!»

Walter Laufenberg

Tiergartenrand

Die Farbe des frühen Frühlings ist braun. In unzähligen Abstufungen von der farbblinden Fahlheit des Grases bis zum strahlenden Braun des Wassers. Nur die nackten Äste der Trauerweiden setzen scharfe, peitschendünne grüne Striche in die Natur. Ein roter Fleck, er ist nichts als der rot gestrichene Kopf eines Holzpfostens, wirkt zwischen schütterem Gebüsch wie ein blühender Strauch, ein aufgebrochenes Blumenbeet: das Herz erschrickt vor ihm, und verrät, daß es voll einer Bereitschaft ist, die der des Schiffchens ähnelt, das «unter Dampf» vor der Schleuse liegt: die gemütliche kleine Kaffeemaschine hat ihren alten Rumpf und den Schornstein mit frischen roten und weißen Streifen bemalt, denn mit jedem beginnenden Frühling macht sie sich auf eine große, fast ein Jahr dauernde Reise, obwohl diese ein Jahr wie das andere bloß zwischen Charlottenburg und Stralau hin und her führt.

Robert Musil, 1932

Auf dem Neuen See, um 1900

Viel früher hat er eine andre Blechmusik gekannt. Und wie verschieden waren beide: diese, die sich schwül und lockend im Laub- und Zeltdach wiegte, und jene ältere, die blank und schmetternd in der kalten Luft wie unter einem dünnen Glassturz stand. Sie lockte von der Rousseau-Insel und beschwingte die Schlittschuhläufer auf dem Neuen See zu ihren Schleifen und zu ihren Bögen. Auch ich war unter ihnen, lange eh ich die Herkunft dieses Inselnamens, von den Schwierigkeiten seiner Schreibart ganz zu schweigen, mir träumen ließ. Durch ihre Lage war diese Eisbahn keiner andern zu vergleichen, und mehr noch durch ihr Leben in den Jahreszeiten. Denn was machte der Sommer

aus den andern? Tennisplätze. Hier jedoch erstreckte unter
den weit überhängenden Ästen der Uferbäume sich derselbe See, der mich, gerahmt, im dunklen Speisezimmer bei
meiner Großmutter erwartete. Denn man malte ihn damals
gern mit seinen labyrinthischen Wasserläufen. Und nun
glitt man beim Klang eines Wiener Walzers unter den gleichen Brücken hin, an deren Brüstung gelehnt im Sommer
man der trägen Fahrt der Boote durch das dunkle Wasser
zusah. Verschlungene Wege gab es in der Nähe und vor
allem die abgelegenen Asyle – Bänke «Nur für Erwachsene».
Das Rondell der Buddelplätze war damit bestellt, in deren
Mitte die Kleinen wühlten oder sinnend standen, bis eins
sie anstieß oder von der Bank das Kindermädchen rief, das
hinterm Wagen gelehrig seinen Schmöker las und beinah
ohne emporzusehn das Kind in Zucht hielt. Dahin fanden
gebrechliche alte Männer, brachten mitten unter dem
unvernünftigen Weiberhaufen, zwischen den schreienden
Kindern den Ernst des Lebens zu Ehren – die Zeitung. Soviel von diesen Ufern. Doch der See lebt mir noch in dem
Takte der von Schlittschuhn plumpen Füße, die nach einem
Streifzuge übers Eis von neuem den Bretterboden fühlten
und mit Torkeln in eine Bude polterten, in der ein Eisen-
ofen glühte. Nahebei die Bank, wo man die Last an seinen
Füßen noch einmal wog, bevor man sich entschloß sie ab-
zuschnallen. Ruhte dann der Schenkel schräg auf dem Knie
und lockerte der Schlittschuh sich, so war's als wüchsen
Flügel uns an beiden Sohlen, und mit Schritten, die dem
gefrorenen Boden zunickten, traten wir ins Freie. Von der
Insel brachte Musik mich noch ein Stück nach Hause.

Walter Benjamin

Menschen machen den Tiergarten erst schön

Menschen machen das Ganze eigentlich. Ohne die Menschen würde man die Schönheit des Tiergartens nicht sehen, nicht merken, nicht empfinden. Wie das Publikum ist? Na, gemischt, alles durcheinander. Elegantes und Einfaches, Stolzes und Demütiges, Fröhliches und Besorgtes. Ich selbst sorge mit meiner eigenen Person ebenfalls für Buntheit und trage mit zur Gemischtheit bei. Ich bin gemischt genug. Doch wo ist der Traum? Laßt uns ihn doch noch rasch einmal betrachten! Auf der rundgebogenen Brücke stehen viele Leute. Man steht selbst da, lehnt sich leicht und voll guter Manier an das Geländer und schaut hinab in das zärtlich-bläulich glimmende, warme Wasser, wo Boote und Kähne, menschenbesetzt und fähnchengeschmückt, leise, wie von guten Ahnungen gezogen, umherfahren. Die Schiffe und Gondeln schimmern in der Sonne. Da bricht ein Stück dunkles Samtgrün aus der Lichtheit hervor, es ist eine Bluse. Enten mit farbigen Körpern schaukeln auf dem Gekräusel und Gezitter des Wassers, das manchmal schimmert wie Bronze oder wie Email. Herrlich ist es, wie das Feld des Wassers so eng und so klein ist und doch so vollbesetzt mit gleitenden Lustkähnen und Freudenfarben-Hüten. Überall, wohin man blickt, glänzt und bricht der Damenhut mit rot, blau und andern Augengenüssen aus dem Gebüsch hervor. Wie ist alles so einfach! Wohin geht man jetzt? In ein Kaffeehaus? Wirklich? Ist man jetzt so barbarisch? Jawohl, man tut's. Was tut man nicht alles? Wie schön ist es, zu tun, was ein anderer ebenfalls tut! Wie ist er nur schön, der Tiergarten. Welcher Einwohner von Berlin liebte ihn nicht?

Robert Walser (1878–1956)

Abends nach sechs

Abends nach sechs Uhr gehen im Berliner Tiergarten lauter Leute spazieren, untergefaßt und mit den Händen nochmal vorn eingeklammert – die haben alle recht. Das ist so:

Er holt sie vom Geschäft ab oder sie ihn. Das Paar vertritt sich noch ein bißchen die Beine, nach dem langen Sitzen im Bureau tut die Abendluft gut. Die grauen Straßen entlang, durch das Brandenburger Tor zum Beispiel – und dann durch den Tiergarten. Was tut man unterwegs? Man erzählt sich, was es tagsüber gegeben hat. Und was hat es gegeben? Ärger.

Nun behauptet zwar die Sprache, man «schlucke den Ärger herunter» – aber das ist nicht wahr. Man schluckt nichts herunter. Im Augenblick darf man ja nicht antworten – dem Chef nicht, der Kollegin nicht, dem Portier nicht; es ist nicht ratsam, der andere bekommt mehr Gehalt, hat also recht. Aber alles kommt wieder – und zwar abends nach sechs.

Das Liebespaar durchwandelt die grünen Laubgänge des Tiergartens, und er erzählt ihr, wie es im Geschäft zugegangen ist. Zunächst der Bericht. Man hat vielleicht schon bemerkt, wie Schlachtberichte solcher Zusammenstöße erstattet werden: der Berichtende ist ein Muster an Ruhe und Güte, und nur der böse Feind ist ein tobsüchtig gewordener Indianer. Das klingt ungefähr folgendermaßen: «Ich sage, Herr Winkler, sage ich – das wird mit dem Ablegen so nicht gehn!» (Dies im ruhigsten Ton von der Welt, mild, abgeklärt und weise.) «Er sagt, erlauben Sie mal! sagt er – ich lege ab, wies mir paßt!» (Dies schnell, abgerissen und wild cholerisch.) Nun wieder die oberste Heeresleitung: «Ich sage ganz ruhig, ich sage, Herr Winkler, sage ich – wir können aber nicht so ablegen, weil uns sonst die C-Post mit der D-Post durcheinanderkommt! Fängt er doch an zu brüllen! Ich hätte ihm gar nichts zu befehlen, und er täte überhaupt nicht, was ihm andere Leute sagten – finnste das –?» Dabei haben natürlich beide spektakelt wie die Marktschreier. Aber manchmal wars der Chef, und dem konnte man doch nicht antworten. Man hat also «heruntergeschluckt» – und jetzt entlädt es sich. «Finnste das?»

Lottchen findet es skandalös. «Hach! Na, weißt du!» Das tut wohl, es ist Balsam fürs leidende Herz – endlich darf man es alles heraussagen! – «Am liebsten hätte ich ihm gesagt: Machen Sie sich Ihren Kram allein, wenns Ihnen nicht paßt! Aber ich werde mich doch mit so einem ungebildeten Menschen nicht hinstellen! Der Kerl versteht überhaupt nichts, sage ich dir! Hat keine Ahnung! So, wie ers jetzt macht, kommt ihm natürlich die C-Post in die D-Post – das ist mal bombensicher! Na, mir kanns ja egal sein. Ich weiß jedenfalls, was ich zu tun habe: ich laß ihn ruhig machen – er wird ja sehen, wie weit er damit kommt…!» – Ein scheu bewundernder Blick streift den riesigen Helden. Er hat recht.

Aber auch sie hat zu berichten: «Was die Elli intrigiert, das kannst du dir überhaupt nicht vorstellen. Fräulein Friedland hat vorgestern eine neue Bluse angehabt, da hat sie am Telephon gesagt, wir habens abgehört –: Man weiß ja, wo manche Kolleginnen das Geld für neue Blusen her haben! Wie findest du das? Dabei hat die Elli gar keinen Bräutigam mehr! Ihrer ist doch längst weg – nach Bromberg!» Krach, Kampf mit dem zweiten Stock auf der ganzen Linie – Schlachtgetümmel. «Ich hab ja nichts gesagt … aber ich dachte so bei mir: Na – dacht ich, wo du deine seidenen Strümpfe her hast, das wissen wir ja auch! Weißt du, sie wird nämlich jeden zweiten Abend abgeholt, sie läßt immer das Auto eine Ecke weiter warten … aber wir haben das gleich rausgekriegt! Eine ganz unverschämte Person ist das!» Da drückt er ihren Arm und sagt: «Na sowas!» Und nun hat sie recht.

Kurt Tucholsky, 1924

160

Ganz anders als im Prater

Ich fuhr vom Bahnhof Zoo mit der Stadtbahn los, stieg aber schon am Bahnhof Bellevue aus, ging zu Fuß durch die parkartigen, waldigen Anlagen, die Alleen des Tiergartens, setzte mich auf eine Bank und guckte Rasen, Sträucher und Bäume an. Es war nicht das Grün der Heimat, es waren nicht die Farben Österreichs, nicht meine Landesfarben. Und keine Kastanienbäume! Fremd! Sogar der Kies knirschte anders. Mannheim hatte ich nur flüchtig betrachtet. Nicht für eine Sekunde dachte ich daran, mich auf seine Farben einzulassen. So intim wollte ich gar nicht mit jener Stadt werden. Sie war eine Durchgangsstation. Hier spürte ich, diese Fremde soll meine Heimat werden. Unbewußt fing ich an, sie zu prüfen, sie aufs Korn zu nehmen. Alles fremd! Selbst die Form der Bank, auf der ich saß. Wie ganz anders als im Prater, im Volksgarten, Stadtpark und Augarten, in denen ich Fußball spielte, Hirschkäfer jagte und mädchensüchtig abends bei Militärkapellen-Musik herumstrich – dann zu zweit in den dunklen Alleen voll von Liebesgier und Angst vor den Wächtern. Ob hier auch Liebespaare in der Dämmerung herumgehen, -sitzen, liegen? Die vielen Reiter und Reiterinnen auf den Reitwegen schienen mir zu sehnsuchtslos stramm, steifer als die österreichischen, saloppen, flirtenden Reiter, die ich in der Hauptallee am frühen Prater-Morgen, schulschwänzend, begaffte, Ausschau haltend nach dem Leben und wo ich mich, liebesbereit, in den Morgen, ins Frühlicht, ins Grün des unvergeßlichen Zuhausehimmels verliebte.

Fritz Kortner (1892–1970)

Russen am Fuß der Siegessäule

Gegen 10 Uhr kam ich los. Jede solche Unternehmung ist ja ein Wagnis. Man paßt mit geschärften Sinnen auf, einer-

seits auf den Ausdruck in den Gesichtern der entgegen-
kommenden Russen, andrerseits auf Löcher, Drahtseile,
Granaten usw. in der Straße. Mir entgegen kamen etwa 30
russische Panzer, fliedergeschmückt, mit Soldaten und
Russenmädchen darauf. [Sie feierten, ohne daß ich das ahnte,
die Tatsache der deutschen Kapitulation, während die of-
fizielle Siegesfeier erst am 9. Mai stattfand.] Hinter dem
Knie rief mir eine Frau aufgeregt zu, ich dürfe nicht die
Ost-West-Achse fahren (die ich fuhr); vorne sei eine Kon-
trolle, die nehme einem die Räder ab. Ich bog also hinter
der Stadtbahn in die Händelstraßen-Gegend ab, mußte aber
immer wieder umkehren, weil kein Durchkommen war.
Bäume über die Straßen, zerschossene Panzer, der Tiergarten ein aufgewühltes Schlachtfeld, kein Weg zu begehen.
Ich kehrte also zum großen Stern zurück. Am Fuß der
Siegessäule lagerten viele unordentliche Russen; am Straßenrand spielte ein Grammophon deutsche Tanzplatten aus
dem Jahr 1930; an einer anderen Ecke des Platzes aßen
und tranken Soldaten und lümmelten sich herum. Dann
kam ich ans Schlieffenufer, mußte immer wieder absteigen
und über Berge klettern. Alle Häuser zu Klump geschlagen.
Kaum Deutsche zu sehen, die in anderen Straßen meist
zahlreich schleppend, ziehend, schaufelnd an der Arbeit
sind. Dafür viele Russen. Nicht gemütlich. Ich bog in die
Moltkestraße ein. An der Ecke, unmittelbar vor dem Haus
der Schweizer Gesandtschaft, gings nicht mehr weiter, weil
die Russen damit beschäftigt waren, mit einem Stahlseil an
einem Trecker ein Gebäude vollends einzureißen. Ich dachte, die Gesandtschaft sei sicher auch hin, versuchte es aber
mit einem Umweg von der anderen Seite noch einmal.
Und siehe da: vor einer Ruine flatterte die Schweizer
Fahne. Davor stand ein Grüppchen Menschen, wohl der
Portier und ein Sekretär an Schweizern; alle anderen Rat
und Schutz Suchende. Einer Belgierin sagte der Sekretär
gerade: «Wie sollen wir Sie schützen, wenn wir uns selbst
nicht schützen können?» Sie (und übrigens auch die ande-

ren neutralen Gesandtschaften) sind genauso geplündert worden wie die deutschen Häuser. Im übrigen sagte er, sie hätten noch keine Verbindung mit der Außenwelt, seien über ihren Häuserblock noch nicht hinausgekommen. Die Ausweichstelle der Gesandtschaft sei aber in Kladow, Nähe von Potsdam.

Margret Boveri, 1945

Brachlandgärtner im Tiergarten

Berlins grüne Lunge war einmal der Tiergarten. Ein Blick auf die Karte zeigt, daß er auch wirklich im Zentrum der großen Stadt liegt; dicht neben dem alten Herzen Berlins, der Gegend zwischen Brandenburger Tor und Alexanderplatz.

Über dem Wahrzeichen Berlins, dem Tor, das gegen Ende des 18. Jahrhunderts Karl Gotthard Langhans baute, weht heute eine große, rote Fahne; die Innenstadt ist ausgebrannt. Und der Tiergarten?

In seinem Mittelpunkt, am Großen Stern, auf dem die Siegessäule steht, fand ich eine Tafel, auf der zu lesen ist:

Gewachsen im Herzen Berlins durch mehr als 400 Jahre, war der Tiergarten ein Begriff für alle Berliner, für alle Deutschen und die ganze Welt. Auch er wurde ein Opfer des Krieges. In den Jahren 1945/49 bauten hier 2500 Berliner Brachlandgärtner Gemüse und Kartoffeln an.

Mit dem Wiederaufbau wurde im März 1949 begonnen. Seit April 1950 arbeiten hier aus Mitteln der Marshall-Plan-Hilfe durchschnittlich 600 Notstandarbeiter. Sie legten 2 000 000 qm Erholungsfläche neu an und pflanzten 1 000 000 junge Bäume und Sträucher, davon 350 000 aus Spenden westdeutscher Städte.

Berliner! Denkt an die Mühe und Arbeit dieses großen Werkes. Achtet und schützt euern Tiergarten!

Die neuen Pflanzungen gedeihen gut. In diesen ersten heißen Tagen finden tatsächlich schon wieder viele Berliner Erholung hier. Und an manchen Stellen sind die Bäume und Hecken schon so hoch, daß man die Fahne auf dem Brandenburger Tor nicht mehr sieht. Wir wollen Geduld haben.

Thilo Koch, 1956

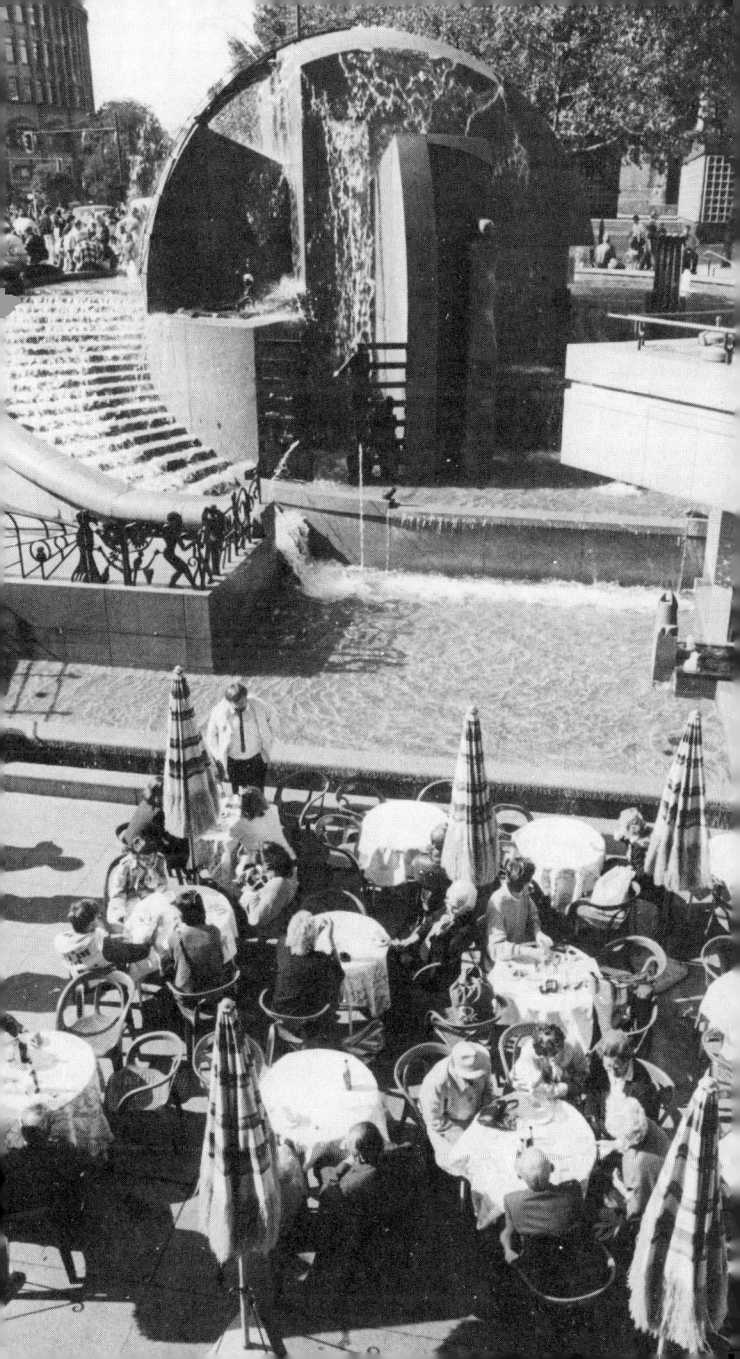

RUND UM DIE GEDÄCHTNISKIRCHE

Die große Promenade, 1914

Vor fünfzehn Jahren war das noch eine stille und sehr vornehme Gegend, in der stille und vornehme Leute wohnten. Heute hat hier der Leichtsinn Einzug gehalten. Goldfliegen und Schmetterlinge herrschen vor, und auch Nachtfalter gibt es zuhauf. Das Tauentzien-Girl ist keine Romanerfindung: es existiert wirklich. Wenn man die halbwüchsigen Mädel Arm in Arm durch die Straße schlendern sieht, mit kecken Blicken die Vorübergehenden musternd, halb Göre, halb Dirne, der Typus der Demi-Vierge, dann kann man schon an unserer Erziehung der höheren Töchter ein wenig irre werden. Zuweilen weiß man auch wirklich nicht, ob bei dieser und jener Maid sich die Grenzlinien nicht schon bedenklich nähern, die Welt und Halbwelt trennen. Es liegt das an dem ganzen Sichgeben der jungen Damen, an ihrem Gehaben, an Miene und Geste, auch an der Toilette. Gegen die moderne Frauentracht ist ja von den Schützern der Sittlichkeit oft genug gewettert worden; von den Kanzeln wurde dagegen polemisiert, ein Bischof fand scharfe Worte gegen die Sünde der geschlitzten Röcke und das Oberlicht der Blusen. Nun, ich bin kein Eiferer und halte nicht alles für Sünde, was keck ist; aber ich muß doch auch sagen, daß unsere Damenkostüme nicht nur hui, sondern hie und da entschieden pfui geworden sind. Toiletten, wie wir sie alle Tage sehen, wären vor zwanzig Jahren unmöglich gewesen; unter dem Direktoire mögen die Nymphen des

Palais Royal sie ähnlich getragen haben. Damals hatte die
Revolution von oben den Anstoß zu dem Umschwung der
Dinge gegeben; heute kommt der Anstoß aus der Mitte des
kreuzbraven Bürgertums. Denn die Damen im Schlitzrock
und mit der weitgehenden Dekolletage sind um's Himmels
willen keine Frauenzimmer aus den Nachtlokalen, sondern
gehören guten Familien an.

Fedor von Zobeltitz

Ecke Joachimstaler

Nun sind die Lichter aufgewacht
und auf den Straßen blühen die Gebresten
die Omnibusse krabbeln durch die Nacht
wie große Käfer hastig nach dem Westen
sie fallen knirschend mit der Bremse ein
und lauschen zitternd auf das Weiter-Zeichen
sie saugen schlürfen ziehen Menschen ein
die Straßenbahnen kreischen laut in Weichen
und aller Art Befriedigung zu haben
Schnaps Weiber Kokain und Knaben
die Herren holen für den Abend ein
blickstochern mäklig in den Mädchenhaufen
man fürchtet sich vielleicht vor dem Allein
und sucht doch wenigstens genießbar einzukaufen
Provinzler treiben rot und dick dahin
und hoffen stark auf irgend ein Erleben
zwodutzend Großstadttage sind ihr Lebenssinn –
Musik Reklame Zeitungsschrei
wie all die Dinge ineinanderweben –
als Feste-Punkt-Attrappe steht die Polizei
nur Pferde staunen manchmal noch geniert
in jene Zeiten die sie abserviert

Hans Zapf, 1929

Unsterblichkeit, 1945

Sie ging zum Kurfürstendamm, um seine Unsterblichkeit zu prüfen. Er war da, war vorhanden; und es fanden sich genug Menschen, die ebenfalls nachprüfen wollten, ob er noch da war; dadurch war er wirklich am Leben. Flach und grau lag er in der Sonne, und Mädchen mit zyklamfarbenen Lippen gingen auf ihm und ein Mann in hellgrauem Flanell mit einer Sonnenbrille, und auf einem Stuhl saß eine Frau vor einem Tisch, auf dem stand ein Becher mit einem Getränk, und die Frau hatte eine Sonnenbrille auf, und ihre nackten Beine waren braun, ihre Zehennägel zyklamfarben lackiert.

Ein lattenverschlagenes Schaufenster hatte einen bunten Anstrich erhalten und die Aufschrift *Bar*. Elsa fühlte in ihrer Tasche nach ihrem Geld. Sie war begierig, in die Bar hineinzugehen, und scheute sich nicht, hundert Mark auszugeben. Sie ging durch einen Vorhang und kam in ein dunkles, ganz mit Stoff ausgeschlagenes Zimmer. Ein Mann in roter Livree mit goldenen Litzen und Knöpfen trat ihr entgegen; er war hochgewachsen, breit, die Augen hielt er fast geschlossen. Er bedauerte, Damen ohne männliche Begleitung sei der Eintritt nicht gestattet.

Annemarie Weber

Vineta oder Atlantis?

Ich schlendere über den Kurfürstendamm, ich schließe mich Fußgängerpulks an, wenn die Ampel grün zeigt, ich habe Lust, eine Zeitung zu kaufen. Ich weiß, die Hunde an den Grenzen dieser Stadt werden nur einmal täglich gefüttert, ich weiß, ein Student sitzt zu Unrecht in Untersuchungshaft, ich weiß von den Kühlhäusern für die Toten, die warten müssen, bis die Liegefrist der alten Toten abgelaufen ist, ich weiß von der statistisch höchsten Krebssterblichkeit pro Quadratkilometer und Bevölkerung, von Wohnungs-

not und fünfundzwanzig Prozent Rentnerbevölkerung.
Berlin ist eine Reise wert. In den Caféhäusern Schlagsahne-
berge und Buttercremetorten, in den Speisehäusern weiße,
steife Tischtücher, in den Bussen Hände an den Halte-
schlaufen, beim Stau an den Ampeln eine taumelnde Gruppe,
keine Toten am Straßenrand und auf den verrosteten
Schienen hinter den Straßenbahnbarrikaden, keine Kippen-
sammler, keine geblähten Pferdeleiber mit rosigen Fleisch-
wunden. Was wollen die Studenten? sagt jemand im Vorbeigehen, solln erst mal was durchmachen, stramm stehen die
Jungens! Und jemand antwortet: Naja, naja. Die Zeitungshändler überschreien sich,
    Siebzehnjähriger vergewaltigt Dreizehnjährige!
das Abendläuten wird von Kirche zu Kirche aufgenommen,
    Junge Mutter mißhandelt ihren Säugling!
denn die Stadt hat viele hundert Kirchen, in denen sich
Weihnachten Hunderttausende drängen. Wer die Glocken
von Vineta oder Atlantis hört, entkommt ihnen nicht,
heißt es. Legende. Märchen. Wer fragt schon: Was ist mit
der Stadt?

Ingeborg Drewitz, 1969

Massives Verkehrshindernis

Und dann geht es unterm Stadtbahnviadukt hindurch und
zur Kaiser-Wilhelm-Gedächtniskirche, vor der unser Wagen
hält. Der Führer erklärt, dies Gebäude sei eine der schönsten Kirchen Deutschlands.
    Nun ist leider noch heller Tag, da sieht man sie zu deut-
lich. Ach, wenn hier eine echte alte Kirche stünde – aus
Zeiten stammend, die eine der anderen den Torso ihrer
Träume zu langsamem Weiterbauen übergab – und wenn
nun heute an die altersgrauen Mauern und Zacken unter
Engelleibern und Teufelsfratzen der wilde Rundverkehr der

Trambahnen, Autos, Autobusse und Menschenmassen mit einem Echo aus Ruinenstein prallte – der «Broadway» von Berlin-Charlottenburg mit seinen Cafés, Kinos, Leuchtbuchstaben und Wanderschriften hätte ein Herz, eine Mitte, eine Resonanz. Statt dessen steht, seit dreißig Jahren immer noch wie neu, hier das Schulbeispiel einer sogenannten «spätromanischen Zentralanlage» mit Hauptturm und Nebentürmen als massives Verkehrshindernis mitten auf dem Platz, und gegenüber dem Hauptturm einerseits und dem Chor andrerseits sind von demselben Architekten – wir wollen seinen Namen vergessen – noch aus Stilgefühl zwei gleichfalls romanische Häuser errichtet. Es muß abends schon gewaltig von «Capitol» und «Gloriapalast» und der Ufa am Zoo Licht herüberdonnern, um die steingewordene Schulweisheit etwas aufzulösen. Wir Älteren denken manchmal an die Zeit, als hier einer der wunderbaren vom alten Tiergarten übriggebliebenen Bäume seine Zweige breitete (Zeitgenossen dieses herrlichen Baumes stehen noch heute, der eine in der Wichmann-, der andere in der Viktoriastraße), doch das ist belanglos, heute ist heute. Aber wenn diese Kathedrale mit dem langen Namen wenigstens ein bißchen altern und zerfallen wollte. Da steht sie im Gerassel und Gedröhn preußisch unerschüttert und macht Augen rechts nach dem lieben Gott.

Und das Innere? Schon in dem Vorraum, der vermutlich an den Narthex der echten romanischen Kirchen erinnern soll, geht's marmorn los. Als Knabe bekommt Wilhelm vom Vater das marmorne Schwert gereicht, reitet als junger Kriegsprinz durchs Schlachtfeld von 1814 hinter lagernden Schützen, die marmorn nach dem Innenportal der Kirche zielen, ratschlagt mit Bismarck und Moltke zwischen stilisierten Blumen über einer Feldzugskarte und sitzt marmorn zwischen Sohn und Enkel, sich huldigen zu lassen. Von den vielen Kirchenfenstern ist zu sagen, daß fast unter jedem der Stifter leserlich verzeichnet steht. Viel Prinzen sind darunter, aber auch Städte und einzelne Mäzene. De-

ren Enkel können, bis die Inschriften eines schönen Tages
verlöschen oder verschwinden, noch ein kleines Jahrhundert lang sich ärgern, daß Großpapa und Urgroßmama
etwa einen glasgemalten lächerlichen Satan, der in roten
Flammen neben dem ruhevollen Heiland brennt, gestiftet
haben. In der großen Fensterrose bemühen gebildete
kleine Propheten sich mit ihren Spruchbändern um ein
naiv mittelalterliches Benehmen, und auf dem Goldgrund
der Deckenmosaiken halten strebsame Leute mit Heiligen-
schein sich so katholisch, wie es ihre protestierenden
Gliedmaßen irgend zulassen. Und das alles muß unter elektrischer Beleuchtung ein Heiland segnen. Er hat den vor-
nehmen Bestand aufzunehmen. Außer den Statuen rings ein
Taufbecken aus kostbarem Material, eine Ringkrone
von 5,5 m Durchmesser, eine Orgel mit einem Prospekt in
getriebenem Kupfer, 80 Registern und 4800 klingenden
Stimmen. – So, hier will ich, ehe der Wagen weiterfährt,
aussteigen, nicht um in die Kirche, sondern ins Romanische
Café zu gehen. Es ist Spätnachmittag, es ist noch nicht zu
voll. Ich finde die alten Münchner und Pariser Freunde.
Fahrt ohne mich weiter, ihr richtigen Fremden!

Franz Hessel, 1929

Das Romanische Café

Das Romanische Café befindet sich gegenüber der Gedächtniskirche und besteht aus einer Schwimmer- und einer
Nichtschwimmerabteilung. Die Schwimmer sitzen links
von der Drehtür. Die Nichtschwimmer rechts. Das Romanische Café ist sehr schmutzig. Erstens ist es trotz seiner
großen Fensterscheiben so vollgeräuchert, wie es für eine
Stätte des Geistes notwendig ist, zweitens ist es schmutzig
durch die Manieren seiner Gäste, die unausgesetzt Überreste ihrer Raucherei auf den Fußboden werfen, drittens

aber durch die ungeheure Frequenz. Denn dieses Café ist eine Heimat. Ungarn, Polen, Jugoslawen, Russen, Tschechen, Slowaken, Ruthenen, Dänen, Böhmen, Österreicher, Balten, Letten, Litauer, Serben, Rumänen und die große Schar der in Berlin dem Geist geöffneten, von Osten kommenden Juden, sie alle finden dort Landsleute. Denn so ist es mit Berlin: In der Fremdenstatistik interessiert man sich hauptsächlich für die Amerikaner, aber eigentlich kommen am meisten Leute aus dem Osten nach Berlin, eventuell ein paar Holländer und Dänen. Darauf wird weniger Wert gelegt. Aber Berlin ist 100 Kilometer von der polnischen Grenze entfernt. Berlin ist ein Vorort des Nordostens, wie Wien des Südostens. Berlin ist keine schicke Hauptstadt wie Paris oder Rom oder London, wo die Engländer und Amerikaner, die Spanier und Franzosen hinfahren «for sightseeing», im Frühling oder in der season als «Trip». Nach Berlin kommt man vom Osten, um eine Stellung zu finden, um Musik zu machen, um zu filmen und um zu malen, Theater zu spielen, zu schreiben, Regie zu führen, zu bildhauern, um Autos zu verkaufen, Bilder, Grundstücke, Terrains, Teppiche, Antiquitäten, um Läden aufzumachen, Schuhläden, Kleiderläden, Parfümläden, um zu darben und zu studieren. (...)

Gabriele Tergit, 1931

Falken und Tauben

Der Wanderfalke hatte seinen Stammplatz auf der Kaiser-Wilhelm-Gedächtniskirche am Zoo. Er saß direkt unter dem Kreuz, und oft genug sahen wir ihn dort oben, hoch über der Autoflut, eine frisch geschlagene Taube rupfen, und die weißen Federn rieselten sanft, eine himmlische Botschaft, am Glockenstuhl nieder, segelten noch ein Stück den Kurfürstendamm oder die Tauentzienstraße entlang und setzten dann zögernd zur Landung an.

Wir waren mit dem Schupo bekannt, der hier den Verkehr regelte. Wir waren sonst gar nicht für Schupos, aber diesen brauchten wir einfach. Onkel Alucos begeisternde Art, vom Wanderfalken zu reden, war auf ihn auch nicht ohne Wirkung geblieben; er setzte bestimmt mehrmals täglich Leben und Stellung aufs Spiel, so oft reckte er nun, mitten im ärgsten Verkehrsgewühl meist, einsichtig lächelnd das Kinn zur Kirchturmspitze empor, wo das Falkenpaar sich unter kreischenden Liebesbeteuerungen zärtlich-zänkisch umkreise.

Es genügte, daß Onkel Aluco den weißen Brötchenbeutel schwenkte, in den wir die Fraßreste sammelten, schon stoppte unser Schupo den Autostrom, und vom ohrenbetäubenden Hupkonzert der so zum Warten Verdammten beschimpft, suchten wir auf dem Fahrdamm die Federn und Knochen zusammen.

Nachher, auf den Stufen zum Hauptportal, wurde bestimmt und bewundert: smaragden schimmernder Entenflaum, schwarzweiß gebänderte Elsternflügel, rosa Taubenfüße mit sorgfältig beschrifteten Aluminiumringen am Knöchel, betrübt blickende Bleßhuhnköpfe, sauber genagte Drosselbrustblätter und viele andere Merkwürdigkeiten.

Es stellten sich immer zahlreiche Zuschauer ein, wenn wir da so auf den Kirchenstufen hockten und das alles sortierten. Onkel Aluco nahm dann gleich die Gelegenheit wahr und begann an Hand der ausgebreiteten Schätze die Kühnheit und den Unternehmungsgeist der Falken zu loben.

Wir sollten doch froh sein, rief er, im Zeitalter der Notverordnungen noch einen derart draufgängerischen Vogel zu haben.

Die meisten Zuhörer fanden das auch; nur mit dem Pfarrer hatten wir Schwierigkeiten; er verzieh den Falken nicht, daß sie so dicht unterm Kreuz so unheilig waren. Onkel Aluco mußte all seine Überredungskraft aufbieten, um ihn ihnen wenigstens leidlich gewogen zu stimmen.

Wolfdietrich Schnurre (geb. 1920)

Julinacht an der Gedächtniskirche

Die Dächer glühn als lägen sie im Fieber.
Es schlägt der vielgerühmte Puls der Stadt.
Grell sticht Fassadenlicht. Und hoch darüber
Erscheint der Vollmond schlechtrasiert und matt.

Ein Kinoliebling lächelt auf Reklamen
Nach Chlorodont und sieht hygienisch aus.
Ein paar sehr heftig retuschierte Damen
Blühn bunt am Hauptportal vorm Lichtspielhaus.

Laut glitzern Fenster auf der Tauentzien.
Man kann sich herrlich ziellos treiben lassen.
Da protzen Cafés mit dem bißchen Grün
Und geben sich nebst Efeu als «Terrassen».

Zuweilen weht ein kleiner Schlager hin.
Gehorsam wippt es unter allen Bänken.
– Ein altes Fräulein senkt das welke Kinn
Und muß an längstvergangne Liebe denken.

Wie seltsam, daß jetzt fern noch Dörfer sind,
In denen längst die letzte Uhr geschlagen,
Da noch zu lauten, nutzlos langen Tagen
Uns selbst die schönste Sommernacht gerinnt...

Mascha Kaléko, 1933

Am Löwentor

Sie stand auf dem Damm, auf der steinernen Insel, erwartete
ihre Bahn.
    Das Pflaster bleichte ein glühender, wolkenlos blauer
Himmel. Unendlich sausende Automobile wirbelten gol-

denen Staub. Die Kaiser-Wilhelm-Gedächtniskirche schien
mit ihren Türmen Silvesterbleiguß, der bald in der Hitze
schmolz. Und all diese flirrenden Kinder und Frauen hatten
nach häßlichen Regentagen das schönste, lichteste, zarteste
Kleid noch einmal hervorgeholt und wehten und schimmer-
ten. Ein junges Weib steuerte durchs Gedränge den gras-
grünen Kinderwagen; hoch über seinem Verdeck tanzte
ein seliger Luftballon, rosa mit silberner Mühle. Dort in
den pelargonienbehängten niedern Veranden der großen Cafés tranken die Gäste ihr Schälchen Mokka, ihren Becher
Eisschokolade. In das Löwentor des Zoologischen Gartens
rann unerschöpflicher Menschenstrom, und mancher, dem
Geld oder Muße fehlte, hing doch für Sekunden am Gitter
fest, um, vor seinem indischen Tempel wandelnd, den
Elefanten zu schauen. Ach ja, dachte sie, ich wollte mit
Ursa doch wieder einmal zu den Tieren gehn, ich hatte es
ihr versprochen. Ich hätte mich mit Frau Beucker verab-
reden sollen. Sie hätte das Kind in die Bahn gesetzt, und
ich hätt es hier abgefangen. Nun, morgen vielleicht, wenn
das Wetter nicht umschlägt.

Ihr Wagen kam, sie stieg auf.

Gertrud Kolmar, 1930/31

Europa Center

Es ergeben sich Vormittage, wo man dem Europa Center
seine Aufwartung macht: eine kleine, eigensinnige Wiederholung des Rockefeller Center von New York: eine Stadt
in der Stadt, unten mit Eisbahn für die Jugend und oben mit
dem Mercedes-Stern, der sich knarrend im Winde dreht.

Der Ausblick vom Turm ist von verwirrender Schönheit
am Abend. Ganz Berlin scheint in strahlendem Glanz auf
diesen Punkt zuzulaufen. Die Inselstadt dehnt sich wie ein
flimmerndes Lichtermeer rundherum aus und sammelt sich
hier unter dem knarrenden und strahlenden Stern des

Bundes und ißt und trinkt und amüsiert sich da unten: eine gewaltige Insel des Frohsinns, Dorado der Nachtschwärmer, ein Jagdgrund für Sumpfvögel und Bummler. Ein Schatzkästlein der freien Welt. So präsentiert sich das von hier oben. Eine Insel ganz ohne Polizeistunde. Noch früh um fünf kann man rund um den Stuttgarter Platz skurrile Gestalten schwanken sehen.

Horst Krüger

Der Zoologische Garten

Die bereits erwähnte Fasanerie wurde unter Leitung des Zoologen Lichtenstein in den Jahren 1841 bis 1844 durch eine Aktiengesellschaft in einen «zoologischen Garten» verwandelt, das älteste und räumlich noch immer das größte derartige Institut in Deutschland. Die Menagerie auf der Pfaueninsel bei Potsdam ward ihm gleich anfangs einverleibt. Die weite Entfernung von der damaligen Grenze der bebauten Stadt, die schlechte und teure Verbindung mit derselben und die geringe Pflege, welche der Garten erfuhr, waren dem Besuch desselben und dem Finanzzustande nicht gerade förderlich. So kam es, daß der Garten bereits durch den Zoologischen Garten in Hamburg, sowohl was die Ausstattung und den Tierbestand wie die Annehmlichkeiten für das Publikum anlangt, in den Hintergrund gedrängt war, als die Gesellschaft den sehr erfahrenen Leiter des Zoologischen Gartens von Köln, Dr. Bodinus, im Jahre 1869 zum Direktor wählte. Der neue Chef hat die Anlagen so erfreulich umgeschaffen und den Tierbestand so ausgiebig vermehrt, daß der Berliner Garten jetzt zu den besuchtesten Etablissements von Berlin gehört. Die Besuchsziffer hat an manchen Tagen schon 70000 überstiegen; Konzerte und anthropologische Schaustellungen, bei denen sich fremde Völkerschaften des Südens wie Nordens in ihrer Nationaltracht und in ihrem heimischen

Treiben vorführen, tragen nicht wenig dazu bei, die schaulustige Menge anzulocken und im besten Sinne des Wortes zu befriedigen. – Auf die bauliche Ausstattung ist fast zu viel des Guten verwendet, wenn man erwägt, wie allein das neue Elefantenhaus 300000 Mark kostet. Lieber sollte das Geld auf manche noch recht wüste und unerfreuliche Anlagen verwendet werden; denn was Sauberkeit und Schönheit der Gartenpromenaden anlangt, so haben die der Zoologischen Gärten zu Hamburg, Köln und Frankfurt a. M. noch immer den Vorrang. Den erfreulichsten Eindruck macht die Partie um die Teiche nahe dem Restaurationslokal; dort finden während der guten Jahreszeit nachmittags Konzerte statt, welche ein zahlreiches Publikum anlocken.

Ernst Friedel, 1882

Das heilige Tier des Regenwassers, um 1900

Wie man aus der Wohnung, wo einer haust, und aus dem Stadtviertel, das er bewohnt, sich ein Bild von seiner Natur und Wesensart macht, hielt ich es mit den Tieren des Zoologischen Gartens. Von den Straußen, welche vor einem Hintergrund von Sphinxen und Pyramiden Spalier bildeten, bis zu dem Nilpferd, das seine Pagode wie ein Zauberpriester bewohnte, der auf dem Wege ist, leibhaftig mit dem Dämon, dem er dient, sich zu verschmelzen, war kaum ein Tier, dessen Behausung ich nicht liebte oder fürchtete. Seltener waren die unter ihnen, die schon durch die Lage ihres Hauses etwas Besonderes hatten – meist Insassen des Weichbilds: jener Teile, mit denen der Zoologische Garten an die Kaffeeschänken oder das Ausstellungsgebäude anstieß. Vor allen anderen Bewohnern solcher Gegenden war aber der Fischotter bemerkenswert. Unter den drei Portalen war ihm das an der Lichtensteinbrücke zunächstgelegen. Es war bei weitem das am wenigsten benutzte, führte auch in die abgestorbenste Region des Gartens. Die Allee, die den Besucher da empfing, ähnelte mit den weißen Kugeln ihrer Kandelaber einer verlassenen Promenade von Eilsen oder Bad Pyrmont, und lange ehe diese Orte so verödet lagen, daß sie antiker als die Thermen sind, trug dieser Winkel des Zoologischen Gartens die Züge des Kommenden. Es war ein prophetischer Winkel. Denn wie es Pflanzen gibt, von denen man erzählt, daß sie die Kraft besitzen, in die Zukunft sehen zu lassen, so gibt es Orte, die die gleiche Gabe haben. Verlassene sind es meist, auch Wipfel, die gegen Mauern stehn, Sackgassen oder Vorgärten, wo kein Mensch sich jemals aufhält. An solchen Orten scheint es, als sei alles, was eigentlich uns bevorsteht, ein Vergangenes. In diesem Teile des Zoologischen Gartens also war es, wo immer, wenn ich mich dahin verirrte, ein Blick mir über den Brunnenrand vergönnt war, welcher hier wie in der Mitte eines Kurparks aufstieg. Das war der Zwinger des Fischotters. Ein Zwinger in der Tat; denn starke Stäbe vergitterten die Brüstung des Bassins, in dem das Tier sich aufhielt. Ein kleiner Fels- und Grottenbau umsäumte im Hintergrunde das Oval des Beckens. Er war gewiß als Wohnung für das Tier gedacht; doch habe ich es niemals darin angetroffen. Und so verblieb ich häufig, endlos wartend, vor dieser unergründlichen und schwarzen Tiefe, um irgendwo den Otter zu entdecken. Gelang es endlich, war es sicher nur für einen Nu, denn augenblicklich war der gleißende Insasse der Zisterne von neuem in der nassen Nacht verschwunden. Gewiß, in Wahrheit war es keine Zisterne, in der man den Otter hielt. Doch wenn ich in sein Wasser blickte, war mir immer, als stürze Regen sich in alle Gullis der Stadt, nur um in dieses Becken zu münden und sein Tier zu speisen. Denn es war ein verwöhntes Tier, das hier behaust war und dem die leere, feuchte Grotte mehr als Tempel denn als Zufluchtsstätte diente. Es war das heilige Tier des Regenwassers. Ob es aber in dessen Abwässern und Wässern sich gebildet habe oder von seinen Strömen und von seinem Rinnsale nur sich nähre, hätte ich nicht entscheiden können. Immer war es aufs äußerste beschäftigt, so als wenn es in seiner Tiefe unentbehrlich sei. Aber ich hätte liebe lange Tage die Stirne an sein Gatter legen können, ohne mich an ihm sattzusehen. Und auch darin bewies sich seine heimliche Verwandtschaft mit dem Regen. Denn niemals war der liebe lange Tag mir lieber, niemals länger, als wenn Regen mit seinen feinen oder groben Zähnen ihm langsam Stunden und Minuten strähnte. So folgsam wie ein kleines Mädchen beugte er den Scheitel unter diesen grauen Kamm. Und unersättlich sah ich ihm dann zu. Ich wartete. Nicht bis es nachließ. Sondern daß es mehr und immer üppiger herunterrausche. Ich hörte es an die Scheiben trommeln, aus den Traufen strömen und gurgelnd in die Abflußröhre niederrauschen. Im guten Regen war ich ganz geborgen. Und meine Zukunft rauschte er mir zu, wie man ein Schlaflied an der Wiege singt. Wie gut begriff ich, daß man in ihm wächst. In solchen Stunden hinterm trüben Fenster war ich bei dem Fischotter zu Hause. Doch eigentlich merkte ich das immer erst, wenn ich das nächste Mal vorm Zwinger stand. Dann mußte ich wieder lange warten, bis der schwarze gleißende Leib heraufschoß, um sogleich zu eiligen Geschäften hinabzuschnellen.

Walter Benjamin

Ausschlachtung

Neben der Beseitigung von Tausenden und Abertausenden Kubikmetern Schutt war der Sommer 1945 eine einzige krampfhafte Anstrengung, um Wasserleitungen, Kanalisation und elektrische Leitungen unter unendlicher Buddelarbeit und Wühlerei wieder in Gang zu bringen. Da keine Pläne von den unterirdischen Netzen mehr vorhanden waren, waren wir auf die Erfahrungen des im Zoo langjährig tätigen Rohrlegers Paul, des Elektromeisters Bliesenick und seines Sohnes Otto, des Maschinenmeisters Ihme und des Bauleiters Willi Wolf, der mit seiner Geschicklichkeit für Erfindungen und Provisorien einfach unschätzbar war, angewiesen. Eine der nötigsten Arbeiten war das Wegräumen der gewaltigen Panzersperre auf dem Gartenufer hinter dem Zoo, denn sie versperrte allen Verkehrsmitteln den Weg zum und vom Flakbunker um den Zoo herum zu der Budapester Straße. Der allgemeine Verkehr nahm seinen Weg einfach durch den Zoo, dessen Mauern zerschossen waren. Ich mußte also auf alle Fälle wieder Ruhe und Abgeschirmtheit für das Zoogelände erreichen. Wir verrammelten durch Einstellen von Gittern und Steinverhauen die Lücken in der Zoomauer. Die schwer erkämpften kleinen Zementmengen erlaubten nur eine allmähliche Zumauerung. Die Unsicherheit aber blieb besonders nachts durch unsere damals recht entsittete und darbende Gesellschaft groß. Obgleich zwei mit Trillerpfeifen ausgerüstete Nachtwächter dauernd Kontrollgänge machten, und auch Herr Schröder und ich nachts ebenfalls nach dem Rechten sahen (es waren ruhelose Nächte für uns), gelang es Dieben, einen Silberfuchs durch Aufschneiden des Käfiggitters zu stehlen. Ein andermal erstachen sie ein Wildschwein und nahmen es mit. Spuren der Ausschlachtung fanden wir auf dem Gartenufer hinter der Zoomauer. Auch ein Reh mußte daran glauben. Nachdem wir dem Rat eines der Nachtwächter gefolgt waren und ihm erlaubten, einen scharfen Hund mit sich zu führen, nahmen die Diebstähle ab. Dieser Schäferhund hätte allerdings einmal fast auch mich angefallen, als ich nachts zum Raubtierhaus ging, um unseren Tierpfleger Riedel bei einer Nachtwache abzulösen; der Hund hatte schon meinen Rock zwischen seinen Zähnen, als der Nachtwächter ihn zurückpfiff.

Aber nicht nur zu Ernährungszwecken wurde gestohlen. Man versuchte alles zu botanisieren, was nicht niet- und nagelfest war. Jeder brauchte in dieser Notzeit Bretter, Fensterrahmen und Türklinken, um sich eine Bleibe zu zimmern. Mit Bauleiter Wolf ging ich alle Gebäude und Ruinen ab; wir ließen alle auszubauenden Teile, die einigen Wert besaßen, wie Kessel, Motoren, Rohre, Türen, Türangeln, Bretter usw. auf dem Wirtschaftshof in Sicherheit bringen. Bezeichnend für die damalige Denkweise war die Äußerung eines Zooaktionärs, den wir beim Ausbrechen des Holzpflasters zu Brennholz in einem zerbombten Rinderstall erwischten: «Das ist mein gutes Recht als Aktionär!»

Katharina Heinroth

Krieg und Frieden, 1914/18

Es war in dem Monat nach der Tariferhöhung, als ich in die dritte Klasse abwanderte, aus der ich dann allerdings wieder auftauchte, weil meine Freunde aus der zweiten sich doch zu mir herabließen, um zu zeigen, daß sie nicht «so» sind, und um mich während der sechzehn Minuten nicht ohne Unterhaltung zu lassen. Das Publikum der dritten Klasse ist sonst viel zuvorkommender und verträglicher als das der zweiten, aber es muß ein unglücklicher Tag gewesen sein. Obgleich höchstens sechzehn Menschen im Abteil waren, drückten und stießen sie sich, und ein Herr behauptete, daß ihm ein anderer auf den Fuß getreten sei, der sich wiederum nicht entschuldigen wollte, worüber eine allgemeine Auseinandersetzung und Parteinahme entstand. Kurz, es war eine gereizte, höchst kriegerische Stimmung, die die Nervosität dieser schweren Zeit entschuldigen mag.

Glücklicherweise – es war wohl Renntag – entleerte sich das ganze Abteil am Zoo, allerdings um sich gleich wieder zu füllen. Statt der Zivilisten stiegen ebensoviel Soldaten ein, die wohl vom Ersatz zur Front zurückkehrten, mächtige Gardefiguren, pausbäckige Jungen- und graue

Stoppelgesichter, die Tornister, aus denen beneidenswert frisch besohlte Marschstiefel heraussahen, schwer bepackt, Schachteln und Pakete darauf gebunden, Kober und Kistchen in der Hand, dazu die Gewehre und alles, was ihnen an Brotbeutel und Feldflaschen und Patronentaschen herunter und herum hing. Und alle hatten Platz, ob sie saßen oder standen, und alle scherzten harmlos und waren kinderhaft gut miteinander, und der Zivilist, der den mehrere Jahre entbehrten Kommißduft wieder schnuppern durfte, genoß in dieser schweren, nervösen Zeit vom Zoo bis zum Lehrter neun Minuten tiefen Friedens.

Arthur Eloesser

Fahrtunterbrechung

An der Berliner Straße stieg ich aus, kaufte mir am Kiosk Zigaretten und Zeitungen und nahm die Bahn bis Bahnhof Zoo. Ein paar Leute sahen mich an und den Koffer, und man konnte ihnen beim Kombinieren zusehen. Ich schob die Zeitungen in das Außenfach des Koffers und spürte in mir schon deutlich eine Erleichterung, so als atmete ich auf einmal wieder.

Mir kamen Gedanken, wie ich Maria aus sicherer Entfernung helfen könnte; es waren aber hauptsächlich Gedanken, die mich selbst betrafen. Der Brief an sie war ein Krampf gewesen. Ich wollte ihr später einen ganz freien, aufmunternden Brief schreiben, von unterwegs. Ich hatte ohnehin verreisen wollen, aber erst in einer Woche, und Maria wußte das. Sie wußte auch, daß ich nach Paris wollte.

Der Zug fuhr erst in zwei Stunden. Ich schloß den Koffer in ein Schließfach ein, kaufte mir die Fahrkarte und verließ den Bahnhof an der Rückseite.

Nicolas Born, 1976

DER BEZIRK CHARLOTTENBURG

Auf Siedlungsgrund der Wenden

Die Kurfürstin Sophia Charlotta, Kurf. Friedrich III. zweite
Gemahlinn, ließ von Schlütern um 1696 ein Schloß ohn-
weit des Dorfes Liezen bauen, und es Liezenburg nennen.
1706 ließ K. Friedrich I. die Baustellen um das Schloß
durch Eosander vertheilen, und die Risse zu den Häusern
machen, zu deren Bau der König freies Bauholz gab. 1708
ließ er durch Nuglisch die Straßen abstechen. Vor Errich-
tung des Magistrats wurde die Justiz durch einen Königl.
Justitiar, und die Polizey und Aufsicht auf die Erbauung der
Stadt, und Eintheilung derselben beigelegten Feldmarken,
durch eine aus den Hofräthen Krakow und Schmiel bestehende königl. Kommission verwaltet. 1705 ward der Stadt
die Benennung Charlottenburg gegeben, und ein Rath errichtet, auch in diesem Jahre und hernach 1711 Entwürfe
zu einem Stadtprivilegium gemacht. Die eigentliche Stadt-
gerechtigkeit einer Kurmärk. Immediatstadt erhielt der Ort
erst unter K. Friedrich Wilhelm 1721. 1708 erging auf
Supplicirung der neuanbauenden Bürger, der Befehl, daß
künftig die Landstraße von Berlin nach Spandau über Charlottenburg gehen solle. K. Friedrich Wilhelm legte der Bürgerschaft zu ihrem bessern Auskommen 1717 Acker- und
Wiesewachs zu. Mit der neuen Stadt ward nun das ehemalige Dorf Liezen verbunden, und seitdem machen die Besitzer
der 14 Liezenschen Bürgergüter mit der übrigen Charlottenburger Bürgerschaft ein Korpus aus.

Friedrich Nicolai, 1786

Das Theater des Westens

Nun folgten die Theatergründungen einander, und auch die
Krachs waren nicht so selten, wie man uns heute glauben
machen will. Man nannte das dann «Direktionswechsel»,
was auch meist mit einem Programmwechsel verbunden
war. Ein charakteristisches Beispiel für Berliner Theaterver-
hältnisse bietet das Theater des Westens, an dem auch ich
einmal mit einer Komödie «Die Tyrannen des Glücks»
1897 zu Worte kam. Damals gehörte es dem Intendanten
Prasch. Das Theater des Westens verdankt sein Entstehen
der Sehnsucht eines genialen Baumeisters, einen monumen-
talen Theaterbau zu schaffen, und eines unbeschäftigten
Schriftstellers, einmal Theaterdirektor zu werden. Bernhard
Sehring und Paul Blumenreich fanden sich zusammen,
vorläufig noch mit leeren Taschen, aber die Köpfe voller
Ideen. Und das Haus stieg wirklich aus der Erde und
wurde mit Holger Drachmanns Märchenspiel «Es war einmal» eingeweiht. Blumenreichs Nachfolger, Witte-Wild aus
Breslau, blieb auch nicht lange. Aloys Prasch, der nächste,
taufte nun das Theater des Westens in Goethe-Theater
um, als Filiale des Berliner Theaters, das er von Barnay
übernommen hatte, und krempelte es zurück, als das
Schauspiel nicht zog und er es mit der Oper probierte. Er
hatte nur zwei große Erfolge, den ersten mit Wolf-Ferraris
«Neugierigen Frauen», den anderen mit einem Irrtum,
nämlich dem Irrtum, den Caruso beging, als er von einem
Brief des «Intendanten» Prasch – das war er in seiner
früheren Stellung als Leiter des Mannheimer Theaters gewesen – annahm, er stamme aus der Königlichen Opern-
intendanz. So schloß er sein erstes Gastspiel in Berlin mit
dem Theater des Westens ab. Er sang im «Rigoletto» und
in der «Traviata», dann aber brach er, trotz rauschenden
Erfolges, erbost ab. Später hat Caruso den richtigen Anschluß mit den noch höheren Abendgagen erreicht. Da
war das Königliche Opernhaus ausverkauft, wenn er sang,

und mit den Billetten wurde insgeheim ein schwunghafter Handel getrieben. Die begeisterte Menge begnügte sich nicht mit Ovationen im Hause selbst, sie verfolgte Caruso bis auf die Straße. Aber der große Sänger schien darüber erhaben zu sein – oder er scheute die unitalienisch-kühle Nachtluft; jedenfalls entzog er sich rasch allen stürmischen Kundgebungen und verschwand in seinem Auto. Noch eiliger hatte es sein getreuer Impresario. Im Vorübereilen drückte er mir die Hand und rief mir zu, er müsse noch «die Zimmer revidieren». Es war tatsächlich vorgekommen, daß allzu leidenschaftliche Bewunderinnen sich in die Hotelzimmer eingeschlichen und sich versteckt hatten, um «Caruso intime» zu überraschen. Dafür hatte der große Sänger schon gar nichts übrig. Er schonte sich in jeder Beziehung außerhalb des Auftretens.

Nach Praschs Zusammenbruch pachtete ein kapitalkräftiger Theateragent das Haus und füllte es mit erfolgreichen Operetten. Bis zum heutigen Tag haben die Leiter häufig gewechselt: die Operette ist geblieben.

Fedor von Zobeltitz (1857–1934)

Die Berliner Secessionisten

1899 war die erste Secessions-Ausstellung im eigenen Gebäude in der Kantstraße am Theater des Westens. Das possierliche kleine Haus, das allen Vorübergehenden ein komisches Lächeln abgewann, war in letzter Stunde kaum vor der Eröffnung mit Mühe fertiggestellt worden. Die Wände waren natürlich noch so feucht, daß die Bilder – um sie vor Schaden zu bewahren – jeden Abend abgehängt und jeden Morgen neu aufgehängt werden mußten. War nun wohl viel Mühe dabei, auch manche Verrechnung, so war doch Freude das weit größere Teil an dem jungen Unternehmen. War man doch sein eigener Herr in seinen vier

Wänden; jetzt konnte man in Taten umsetzen, was man früher in Worten gepredigt. Leibl und Böcklin wurden als die größten Deutschen durch ihre bedeutendsten Schöpfungen hier ausgestellt und zu den ersten Ehrenmitgliedern ernannt; ebenso stellten sofort Thoma und Uhde aus, nur Menzel wollte unbehelligt sein und verbat sich in fauchenden Worten die Ausstellung irgend eines seiner Werke. Max Liebermann errang jetzt zuerst seine ganze Bedeutung, nachdem er bereits vor etwa drei Jahren durch eine Kollektiv-Ausstellung am Lehrter Bahnhof ebenso wie Leibl die große Medaille, den Professortitel und die Mitgliedschaft der Berliner Akademie erhalten hatte.

Lovis Corinth, 1910

Die Zimmerwirtin

Wir zogen jetzt nach der Pestalozzistraße, wo meine Mutter zwei Stuben schön ausmöblierte und an Studenten vermietete. Wir drei wohnten in der Küche, die eine Nische hatte, die uns als Schlafraum diente.

Unser erster Mieter war ein Russe; er stammte aus Tiflis im Kaukasus und hieß Boris Kischellof. Der zweite, ein Jude, hieß Löwinsohn und war auch russischer Herkunft.

Kischellof war ein sehr reicher und vornehmer Mensch, dem unsere Armut sehr leid tat. Er fühlte sich hier sehr fremd und suchte deshalb Anschluß bei uns. Jeden Abend, wenn er von der Hochschule kam und ich frei hatte, mußten wir Kinder in seine Stube kommen und ihm aus Grimms Märchenbuch etwas vorlesen, damit er die deutsche Sprache besser erlernte. Das waren immer sehr lustige Stunden für uns Kinder, weil er mit seinem gebrochenen Deutsch große Heiterkeit bei uns auslöste. Er bat mich, wenn ich einmal groß bin, nach Tiflis zu kommen. Sein Vater hätte Tuchfabriken und ich könnte dort bleiben.

Gewiß ahnte dieser ideale Mensch nicht, welches grauenvolle Schicksal dem russischen Volk noch bevorstand. Er behandelte uns, wie er seine Geschwister nicht besser hätte behandeln können.

Eine Freude war es immer für uns, wenn Pakete aus Tiflis kamen und er die schönen Sachen vor unseren Augen auspackte. Stets schickte seine Mutter für uns etwas mit, Wolle, Fett, Kuchen und andere schöne Sachen. Außerdem gab er uns noch von seinem Teil, wunderbares gefülltes Mürbegebäck, was uns herrlich mundete. Er erzählte oft, wie arm Deutschland sei und wie in seiner Heimat, im Kaukasus, alles wie im Paradies gedeihe.

Unser zweiter Mieter Löwinsohn war ein armer Schlucker und bekam nur selten ein Paket. Die Eltern hatten ein Geschäft in Charkow. Auch er packte das Paket nicht früher aus, ehe wir dabei waren. Wir bekamen unseren Anteil an den Leckerbissen, meist Teekuchen und Zuckergebäck.

Meine Mutter machte diese Freundlichkeit wieder gut, indem sie die Wäsche besorgte. Diese beiden Menschen werde ich nie vergessen, ihre Herzensgüte und ihr Anstand haben sich tief in mein Gemüt verankert. (...)

Ich fand auch gleich eine andere Stelle bei einem Buchbinder in der Bleibtreustraße. Hier mußte ich in der Woche dreimal Wochenzeitschriften aus Berlin holen und diese an die Abonnenten verteilen. Das war jedesmal eine wilde Jagd, wenn ich bis um neun Uhr fertig sein wollte, weil später die Häuser verschlossen waren. Obwohl ich das Treppengeländer nur immer so herunterrutschte, blieben manchmal doch ein paar Zeitungen unerledigt. Wenn ich dann um zehn Uhr nach Hause kam, waren noch keine Schularbeiten gemacht. Am nächsten Morgen kam ich zu spät in die Schule und blieb gegen meine Schulkameraden immer weit zurück.

Früher mußten die Menschen für fünf Mark in der Woche viel leisten, aber man bekam dafür auch schon etwas. Sehr oft hatten wir für zwanzig Pfennig aus Speck und Bohnen ein ausreichendes Mittagessen. So war mein kleines Einkommen als Neunjähriger ein sehr beachtlicher Beitrag zu unserer Unterhaltung.

Meine Mutter sah es nicht gern, daß ich diese schwere Arbeit machte, nur waren die fünf Mark schon so fest in unseren Haushaltsplan einkalkuliert, daß wir sie nicht entbehren konnten. Das Zimmervermieten allein reichte nicht zum Leben, darum ging meine Mutter noch ab und zu zu Siemens plätten. Außerdem übernahm sie die Besorgung der Wäsche für die Studenten. So kamen wir schlecht und recht durchs Leben und waren mit unserem Los auch zufrieden.

Es ging, wie schon erwähnt, immer recht lustig zu. Meine Mutter sang viel und konnte uns Kindern und auch anderen Menschen nie böse sein. Wir fühlten uns in unserer engen Küche ganz wohl. Unter dem wenigen Mobiliar hatten wir ein Feldbett, worin Lenchen und ich schliefen. Abends stellte meine Mutter zwei Stühle mit der Lehne nach außen davor. Sie legte ein Plättbrett darauf, darauf wieder ein Unterbett und so war auch ihre Schlafgelegenheit fertig.

Nie könnte ich mich entsinnen, daß ihr diese Umstände morgens und abends zuviel geworden wären, oder daß sie überhaupt ihr Schicksal bejammerte. Alles wurde mit Humor gemacht, und immer fand meine Mutter Gelegenheit zu Späßen.

Gemütlich war es bei uns immer, wenn in der engen Küche mehrere Studenten saßen, um ihre Wäsche abzuholen. Meist hatten sie kein Geld, trotzdem bekamen sie ihre Wäsche und noch eine Tasse Kaffee dazu. Hatten sie aber Geld, was immer um den Ersten jeden Monats der Fall war, ging es bei uns hoch her. Dann mußte ich Kuchen holen, und wir lebten wieder einmal einen sorgenlosen Tag. Wo nur immer eine Sitzgelegenheit war, saßen die Studenten dann in unserer Küche, in der einen Hand eine Tasse Kaffee, in der anderen ein Stück Kuchen und machten dabei ihre Scherze.

Zu damaliger Zeit beherrschten diese leichtlebigen Menschen überhaupt das Leben im Umkreis der Schiller-, Goethe- und Leibnizstraße in Charlottenburg. Es war hier ein richtiges Studentenviertel. Mit Stolz und Freude sah man sie in ihren schmucken Couleurs bei festlichen Anlässen, bei Kaiserparaden oder Umzügen. Oft erschienen sie auch hoch zu Roß oder in prächtigen Kaleschen, davor zwei edle Pferde. Ein ungeheurer Jubel bemächtigte sich dann der Charlottenburger Bürger, wenn die Studenten mit ihren bunten Schärpen und Mützen ihrer Verbindungen, in der damaligen Paradestraße, der Berliner Straße aufzogen. Hell loderten die Herzen der Mädchen beim Anblick dieser schmucken Männer auf.

Doch manchmal, wenn sie nachts reichlich angeheitert von ihren Kommersen kamen, trieben sie manche übermütigen Streiche. Es kam vor, daß sie die Bretter mit Schrippen, die die Bäcker zum Absteifen in den Hausflur gestellt hatten, einige Häuser weit fortschleppten oder bei einer Hebamme die Nachtglocke in Tätigkeit setzten, und wenn die Frau sich meldete, mit Geld oder Schokolade die gute Laune wieder herstellten. Alles war so heiter und harmlos, daß die Bürger selbst ihre Freude daran hatten.

Für viele kleine Leute und Geschäftsinhaber waren sie eine gute Geschäftsgrundlage. Oft erschienen sie des nachts bei einem Bäcker in der Backstube und verzehrten die warmen Schnecken gleich von den Blechen und machten sich einen Spaß daraus, wenn nochmals welche gebacken werden mußten. Nie habe ich davon gehört, daß ihr Ulk in Bösartigkeit ausartete.

Eines Abends tauchte Louise auf. Louise war Köchin bei Siemens, entweder war sie ihre Stellung losgeworden oder hatte sie aufgegeben, jedenfalls hatte sie keine Bleibe. Da sie zu der Zeit, als Mutter noch zu Siemens plätten ging, immer gut zu uns war, nahm sie meine Mutter in der engen Küche auf.

Jetzt wurde es bei uns noch gemütlicher. Es wurde ein

Lager aus alten Sachen und Decken hergerichtet, und Louise
hatte ein Heim. Sie war eine Riesenfigur, tiefschwarz und
robust, so daß sich Lenchen anfangs vor ihr fürchtete.
Wenn es Louise manchmal zu eng und armselig bei uns wurde, sang sie mit ihrer seltsamen Stimme, die wie ein Brumm-
ton aus der Unterwelt klang: «Soll diese Nacht die letzte
sein in diesem Jammertal». Meine Mutter sang dann eine
passende Stelle aus einem Couplet dazu, und wir hatten
alle unseren Spaß. Lenchen schlief nie ein, ehe nicht Louise
zugedeckt war und meine Mutter neben uns lag.

Louise war ein einmaliger Typ mit viel Galgenhumor
und eigenartigen Schrullen. An Männern fand sie keinen
Gefallen, so konnte sie auch unsere Studenten nicht leiden
und empörte sich über jeden Ulk, den diese lebenslustigen
jungen Leute machten. Als sie das merkten, trieben sie
ihre Scherze noch toller, ohne dabei aus der Rolle zu
fallen. Wenn Louise erzählte, gafften wir sie mit offenen
Mäulern an, weil uns ihre Gesten und ihre massige Gestalt
Respekt einflößten.

Ich glaube, wenn mir Louise heute über den Weg liefe,
würde ich sie unter vielen Menschen wiedererkennen. Aber
wer weiß, in welchen himmlischen Gefilden diese schwarze
Seele heute einherwandelt! Plötzlich war sie aus unserem
Gesichtskreis verschwunden. Wir Kinder hätten sie zu unserem Vergnügen noch gern behalten.

Georg Massat (1887–?)

An Friedrich Wilhelm III.

Berlin, den 17. Oktober 1806, 9 Uhr abends

Seit zwei Stunden, liebster Freund, bin ich hier. Graf Schu-
lenburg [General, Gouverneur von Berlin] wünscht, daß
ich morgen nach Schwedt abreise und übermorgen sicher-
heitshalber nach Stettin. Meine Kinder sind heute früh vor
meiner Ankunft alle abgereist, ich habe sie nicht mehr

vorgefunden. Da die Affäre von Auerstedt derartig ausgegangen ist, so hält man es für das beste, von Berlin abzureisen. Du warst mein einziger Gedanke während der harten und schrecklichen Reise, die ich hinter mir habe. Dich allein zu wissen, ohne mich, ist fürchterlich. Übrigens hoffe ich, daß noch nicht alles verloren ist und Gott uns noch helfen wird. Du hast noch Truppen, das Volk verehrt Dich und ist bereit, alles zu tun. Gott möge Dich segnen und Dir in dem schlimmsten Augenblick Deines Lebens helfen. Möge er Dir den notwendigen Mut geben und immer mit Dir sein. Ein Wort von Deiner Hand würde mich sehr beruhigen. Der Herzog [von Braunschweig] ist die einzige Ursache unseres Unglücks, er konnte das Heer nicht führen, wie man überall sagt. Möge Gott Dich erleuchten für die Ernennung eines Generals, der würdig wäre, diese herrliche Armee zu führen. Mimi [Wilhelmine der Niederlande], die Prinzessin Wilhelm [von Preußen, Marianne], meine Schwester [Friederike, Solmsraunfels], Prinzessin Luise [Radzivill], alles reist nach und nach morgen nach den genannten Orten. Die einen frühzeitig, die andern spät. Ich um 6 Uhr, und dann die übrigen. Lebe wohl, teurer Engel, warum kann ich nicht bei Dir sein, und wann sehen wir uns wieder? Fürs Leben Deine treue

Luise

Charlottenburger Schloß

Als der junge Schaffner an der Frage, wo wir aussteigen sollen, Fremde in uns zu erkennen glaubt, gibt er uns den freundlichen Rat: «Versäumen Sie nicht, das Mausoleum zu besichtigen: der Reflex dort ist wundervoll, das ist der schönste Reflex von Berlin!» Ich glaube, daß in dieser Auskunft das Wesen aller Berühmtheit und Sehenswürdigkeit in engster Verdichtung beschlossen liegt.

Jedoch wollen wir nicht das Mausoleum wiedersehen, sondern den Park, und vor dem hängt ein Zettel: «Wegen Unpassierbarkeit der Wege heute geschlossen.» Wochenlang hat es kein Unwetter gegeben, und augenblicklich fühlt man sich in das Jahrhundert einer achtsamen Obrigkeit zurückversetzt, die den Bürger vor Gefahren schützt, die verborgen irgendwo auf ihn lauern, da auch das Auge, so weit es reicht, die Wege bloß in schönster Ordnung sieht. In solchen Fällen macht der heutige Mensch einen Umgehungsversuch. Der führt zunächst am Kaiser-Friedrich-Denkmal vorbei, wo auf den Steinbänken, einer neben dem anderen, Menschen mit vorgestreckten Beinen und dem Himmel dargebotenem Gesicht sitzen: das Ganze, als ob der Schwung einer Hand Blumen mit lang abgeschnittenen Stengeln über die Bänke gestreut hätte. Weiterhin läßt sich vom Tegeler Weg aus wahrnehmen, daß auch das Innere des Schloßparks so trocken wie eben ist, doch wird nun die Aufmerksamkeit bald nach der anderen Seite abgezogen, so in eklektisch-romantischem, aber immerhin wuchtigem Baustil ein Landesgericht dräut, mit dem in Stein gemeißelten Spruch über dem Eingang: *Suum cuique.* Das heißt: Jedem das Seine, und ist ein guter, alter, also auch ein sehr gerechter Spruch; löst aber in der Frühlingssonne das Bedenken aus, ob da nicht mancher das Seine, wenn es aus etlichen Gefängnisjahren besteht, gern für weniger hergäbe.

Robert Musil, 1932

Messegelände

Ich überquere den Platz vor den Messegebäuden, die unerträglich wirklich aussahen, als ob sie einen immerfort auf ihr Dasein verweisen wollten. Sie waren wirklich da, graue kantige Formen, enge, von Eisenbarrieren noch einmal geteilte Durchgänge und davor die kleinen muffigen Billetschalter, in denen weiße mümmelnde Gesichter zu sehen waren. Und die vielen selbstverständlichen Leute, die sich drängten oder sich den Vortritt ließen, erinnerten mich schon wieder an alte Bilder von Ereignissen. Einige, mit flachen Aktenkoffern, liefen hintereinander her. Die Fahnen flappten hin und wieder hoch und klatschten gegen die Stangen. Es war nichts Lustiges daran. Der Himmel war bedeckt. Ein ödes Licht breitete sich aus; es war wie ein langes Trauergefühl. Ich hatte nicht die geringste Lust, auch nur einen Gedanken an prallgefüllte Auftragsbücher oder an den soundsovielten Besucher zu verschwenden. Ganz verschwunden fühlte ich mich in diesem Bild, als sei ich schon vor einiger Zeit gestorben. Es war nur noch ein vages Empfinden von Anwesenheit, von geisterhaftem Dabeisein. Kaum glaubte ich es, daß mich ein anderer Messebesucher mit dem Arm gestreift hatte, daß ich Geld auf das Schalterbrett legte und dafür eine Eintrittskarte bekam, daß ich dann herumlungerte an einem Getränkestand und den Leuten, die vorbeikamen, immer ansehen wollte, ob sie mich noch bemerkten. Ich betraf nichts. Alles ist genauso ohne mich, dachte ich. Ich warf im Vorbeigehen die leergetrunkene Bierbüchse in den Abfallkorb. Eine Frau, die mit dem Daumen das Würstchen auf dem Pappteller festhielt, sah mich erschrocken an.

Nicolas Born, 1976

Der Funkturm

der Funkturm   gegen morgen
hat heute nacht   kehrte der Funkturm
in der Havel gebadet   mit einer Schwanenfeder
                                                              zurück

der Funkturm   sangen die Amseln
hat heute nacht   vom Lietzenpark
den Grunewaldturm geküßt   schon um halb zehn

Aldona Gustas, 1974

Olympiastadion, 1936

Es war das Jahr der großen Olympischen Spiele, und fast jeden Tag zogen George und Else ins Berliner Stadion hinaus. George stellte fest, daß das Organisationstalent des deutschen Volkes, das so oft edlen Zwecken gedient hat, bei diesem Anlaß besonders augenfällig zur Geltung kam. Schon das prunkvolle Bild war überwältigend, so überwältigend, daß es schon fast bedrückend wirkte. Etwas Unheilverkündendes schien darin zu liegen. Man spürte die horrende Konzentration der Kräfte, das ungeheuer Straffe und Geordnete in den von überall her zusammengezogenen Kräften des ganzen Landes. Das Unheilverkündende lag darin, daß diese Machtdemonstration offensichtlich über die Erfordernisse des sportlichen Ereignisses hinausging. Die Spiele wurden dadurch in Schatten gestellt und wirkten nicht mehr als sportliche Wettkämpfe, zu denen die ausgewählten Mannschaften anderer Nationen entsandt waren; sie wurden von Tag zu Tag mehr zu einer überwältigenden Demonstration, für die man ganz Deutschland geschult und diszipliniert hatte. Die Spiele schienen nur ein Symbol der neu gewonnenen Macht zu sein, ein Mittel, um der ganzen Welt vor Augen zu führen, wie weit diese neue Macht es gebracht hatte.

Ohne irgendwelche Erfahrungen auf diesem Gebiet hatten die Deutschen ein gewaltiges Stadion errichtet, das schönste und vollkommenste seiner Art. Das ganze Drum und Dran der kolossalen Anlage – die Schwimmbäder, die weiten Hallen, die kleineren Stadien – vereinigte in seiner Planung und Ausführung das Schöne mit dem Zweckmäßigen. Die Organisation war prachtvoll. Nicht nur, daß die sportlichen Ereignisse bis in die kleinste Einzelheit jedes Wettkampfes mit der Pünktlichkeit eines Uhrwerks begannen und abliefen; auch die Menschenmassen wurden mit einer verblüffenden Ruhe, Ordnung und Geschwindigkeit gelenkt – Menschenmassen, mit denen keine andere

Großstadt je hatte fertig werden müssen und die sicherlich den New Yorker Verkehr hoffnungslos und unentwirrbar durcheinandergebracht und zum Wahnsinn getrieben hätten.

Das tägliche Schauspiel in seiner Pracht und Schönheit war atemberaubend. Im Stadion entfaltete sich ein unbeschreibliches Farbenspiel; verglichen mit dieser Fülle farbenprächtiger Fahnen erschienen die bunten Dekorationen der großen amerikanischen Paraden, des Amtsantritts des Präsidenten oder der Weltausstellungen wie kitschiger Faschingsschmuck. Für die Zeit der Olympiade war ganz Berlin in eine Art Anhängsel des Stadions verwandelt worden. Vom Lustgarten zum Brandenburger Tor, die breite Promenade. Unter den Linden entlang, durch die lange Allee des märchenhaften Tiergartens, den ganzen Weg durch das westliche Berlin bis vor die Tore des Stadions war die Stadt ein erschütternd farbenprächtiges, königliches Fahnenmeer: nicht nur die Häuserzeilen waren kilometerweit mit Flaggen dekoriert, sondern die ganze Anfahrt entlang erhoben sich fünfzehn Meter hohe Fahnenmasten, die das Schlachtzelt eines großen Kaisers hätten zieren können.

Den ganzen Tag über, vom frühen Morgen an, war Berlin ein gewaltiges Ohr, das aufmerksam-konzentriert den Ereignissen im Stadion lauschte. Überall war die Luft von einer einzigen Stimme erfüllt. Die grünen Bäume am Kurfürstendamm begannen zu reden: aus den Lautsprechern in ihren Zweigen sprach ein Ansager aus dem Stadion zur ganzen Stadt; George kam es sehr sonderbar vor, die vertrauten Sportausdrücke in Goethes Sprache übersetzt zu hören. Er vernahm, der «Vorlauf» habe begonnen – dann der «Zwischenlauf» – schließlich der «Endlauf» – und nun der Sieger: «Owens – Uh Ess Ah!»

Thomas Wolfe, 1942

DER BEZIRK TIERGARTEN

Berlin W um 1870

Einen «alten» und einen «neuen» Westen unterschied man noch nicht. Hier am Lützow-Ufer war alles neu.

Unserem Hause gegenüber, am anderen Rande des Kanals, erhob sich die stattliche Villa, die sich der Finanzminister Freiherr August von der Heydt, der reiche Elberfelder Bankier, gebaut hatte und die der «Von der Heydt-Straße» ihren Namen gab. Der ganze Hof folgte der Einladung zur Einweihung der Villa, und am Abend des festlichen Tages erglühten in den Baumzweigen des Villengartens bunte Glaslämpchen, um, wie bei Kroll, eine «italienische Nacht» anzudeuten.

Über den Lützow-Platz hinaus befanden sich weite, unbebaute Strecken, deren glückliche Besitzer nach dem Kriege von 1870/71 und der Erhebung Berlins zur Hauptstadt des neuen Reiches, Millionen verdienten. Wenn alte Börsianer an diesen rapiden, von den kühnsten Bodenspekulanten nicht erträumten Aufschwung zurückdachten, so seufzten die, welche dabei leer ausgegangen waren, noch lange nachträglich: «Ja, ja, – damals hätte man Terrains kaufen sollen!»

Im Jargon der Burgstraße wurde daraus ein geflügeltes Wort zur Kennzeichnung verpaßter Gelegenheiten.

Ad. von Wilke

Eine Stadtwohnung, um 1930

Zu Hause in Blumeshof erwartete sie ihre Mutter, Frau Geheimrat Kohler. Sie war eine stille Frau und sehr altmodisch. Immer trug sie ein graues Moiréband mit einer Brosche um den nackten Hals. Es war jetzt so, daß sie immer noch etwa 350 Mark Rente hatten, dazu kam das Einkommen von ihrer Tochter mit 350 bis 400 Mark im Monat, das war ganz nett. Die Wohnung für 5000 Mark Friedensmiete hatten sie so vermietet, daß sie für sie nur noch 100 Mark im Monat kostete, wohinzu von den Mietern noch einiges für Frühstück, das elektrische Licht usw. kam. Die Wohnung war mal sehr elegant gewesen. Sie hatten mehrere alte Stücke. Der Vorraum war 40 qm groß, «genau so groß, wie eine Wohnung sein müßte, in der ich glücklich wäre», dachte Lotte Kohler immer. – Die Wohnung hatte drei Zimmer nach vorn, eins mit drei Fenstern, die andern mit zwei Fenstern. Daran schloß sich ein Eßzimmer von etwa 70 qm. Es war ein ungeheurer Raum mit dunkler Ledertapete. Man konnte sechzig Personen darin setzen. Neben dem Ofen, einem braunen Ungeheuer, hingen zwei Wandleuchter, holländische Messingblaker, das war sehr elegant gewesen. Rings auf dem Paneel waren die Delfter Vasen und Teller aufgestellt. Hier lebten Mutter und Tochter. Das große Fenster zum Hof war bunt verglast.

Gabriele Tergit

Spaziergang am Kanal, lang vor 1900

Ein Spaziergang von der Potsdamer Brücke, die früher wie alles in Berlin viel einfacher war und Schafbrücke hieß, am Floß- oder Landwehrgraben hin bis zur Herkulesbrücke, die einstmals ganz wo anders zu suchen war, gewährt um diese Jahreszeit großen Genuß, auch wenn der launische April nicht gerade seinen besten Tag hat. Ehe man aber an den Anfangspunkt dieses Spazierganges gelangt, hat man unter Umständen eine Schwierigkeit zu überwinden, die in dem Übergang über die Potsdamerstraße besteht. Das war so schlimm nicht, als noch unmittelbar vor dem Potsdamer Tore die «Chaussee nach Potsdam» anfing und der selige Nicolai zur Information für Wandersleute vermerken konnte, daß zwischen dem Potsdamer Tor und der Schafbrücke das Seidelsche Wirtshaus zur Stadt Leipzig läge. Jetzt ist die Gegend an der Potsdamer Brücke, vom Potsdamer Platz abgesehen, wohl die schwierigste Übergangsstelle in Berlin. Ein alter Herr meinte neulich, es wäre so übel nicht, wenn auf beiden Seiten eine Treppe zum Kanal hinabführte und unten ein Boot läge, auf dem man über das Wasser von einer Seite zur anderen fahren könnte. Der Bootsmann würde gewiß ein gutes Geschäft machen. Ein anderer bemerkte: «Der Übergang ist nicht so schwierig, man muß nur den richtigen Augenblick abpassen. Schon die Alten haben beobachtet, daß auf dem Meer, wenn es stärker bewegt ist, eine Erscheinung stattfindet, die sie Trikymia nannten, d. h. es folgen immer rasch drei Wellen aufeinander, von denen die dritte die stärkste ist, dann tritt eine Pause ein. So ist es auch an der Potsdamer Brücke in Bezug auf den Wagenverkehr. Drei Verkehrshäufungen folgen einander, von denen die eine immer stärker als die andere ist. Die letzte ist so stark, daß man gar nicht absehen zu können glaubt, wie dieser Haufe von Straßenbahnwagen und anderen Gefährten auseinander kommen soll. Aber es löst sich alles schnell, und dann ist für ein paar Augenblicke Ruhe. Diese paar Augenblicke muß man benutzen, um hinüber zu können. Natürlich versäumen die meisten und zwar wiederholentlich den richtigen Zeitpunkt, und dann bleibt vielen unter ihnen nichts anderes übrig, als in das an der Brücke gelegene Wirtshaus sich zu begeben und dort abzuwarten, daß die Nacht kommt und der Verkehr nachläßt.»

Johannes Trojan

Fahndungsplakat 1919, Heuchelei der Täter

Bekanntmachung. 10000 Mk. Belohnung!

Am Mittwoch, den 15. Januar abends, sollten die Festgenommenen *Dr. Karl Liebknecht* und Frau *Dr. Rosa Luxemburg* vom Eden-Hotel in das Moabiter Untersuchungsgefängnis mittels Auto überführt werden.

Dr. Liebknecht ist unterwegs bei einem angeblichen Fluchtversuch in der Nähe des Neuen Sees im Tiergarten von den Begleitmannschaften erschossen worden. Frau Dr. Luxemburg soll schon beim Verlassen des Eden-Hotels aus einer Menschenmenge heraus von unbekannten Personen mißhandelt worden sein, ferner soll auf dem Wege, von einem Unbekannten, der sich auf das Trittbrett geschwungen hatte, ein Schuß auf sie abgegeben sein. Etwas später, in der Nähe der über den Landwehrkanal nach der Hitzigstraße führenden Brücke ist sie von Unbekannten aus dem angehaltenen Wagen herausgeholt und verschleppt worden. Näheres über ihren Verbleib ist bisher nicht bekannt geworden; Nachforschungen sind im Gange.

Obige Belohnung wird ausgesetzt für alle Personen, welche sachdienliche, an das unterzeichnete Gericht im Eden-Hotel zu richtende, Angaben machen können

1. über den Vorgang bei dem angeblichen Fluchtversuch des Dr. Liebknecht,

2. zur Ermittlung der Täter, welche Frau Dr. Luxemburg mißhandelt und verschleppt haben,

3. für die Auffindung der Frau Dr. Luxemburg oder ihrer Leiche.

Die Verteilung der Belohnung behält sich die Division unter Ausschluß des Rechtsweges vor.

Gericht der Garde-Kavallerie-Schützen-Division

Bendlerstraße, 20. Juli 1944

Weder beim Durchqueren der Vorstädte noch in der Innenstadt zeigte sich für Stauffenberg irgend Auffälliges: ein ungestörter, heller Sommernachmittag mit ahnungslosen Menschen. Zwischen 16.30 und 16.45 Uhr war er mit Haeften in der Bendlerstraße.

Eine Dreiviertelstunde war inzwischen vergangen, seit Olbricht mit Merz von Quirnheim das Werk in Gang gesetzt hatte. Man weiß, daß sie 15.50 Uhr das lang gehütete Befehlsfaszikel hervorholten und Oertzen als dem beauftragten Verbindungsoffizier den entscheidenden Befehl zur Überbringung an den Wehrmachtkommandanten von Berlin, General Kortzfleisch, gaben: Alarmierung sämtlicher Einheiten des Standorts, so des Wachbataillons, des Standortes Spandau, der Heeresfeuerwerker- und Heereswaffenschule. Der General, der nicht eingeweiht war, wurde in die Bendlerstraße gerufen. Des Zeitgewinnes wegen wurde der dem Wehrmachtkommando unterstehende Standortkommandant von Berlin, Generalleutnant von Hase, der schon darauf wartete, von General Olbricht direkt verständigt. Major Hayessen war als Verbindungsoffizier auf dem Weg zu ihm. 16.10 Uhr waren die Hase unterstellten Truppen durch ihn alarmiert, die Kommandeure zum Befehlsempfang in die Standortkommandantur Unter den Linden 1 befohlen. Oberstleutnant Bernardis hatte um 16 Uhr begonnen, die Truppenteile außerhalb Berlins zu alarmieren: so die Panzertruppenschule in Krampnitz, die Panzerlehrgänge in Groß-Glienicke, die den Sofortbefehl zur Besetzung der Rundfunksender Königswusterhausen und Zeesen erhielten, die Infanterieschule Döberitz, die Ersatzbrigade Großdeutschland, die Fahnenjunkerschule Potsdam, die Unteroffiziersschule Potsdam. 16.15 Uhr wurde die zum Wachbataillon gehörige Wache im Bendlerblock durch Merz alarmiert. Klausing überbrachte dem diensthabenden Leutnant Arnds den Befehl, alle Ausgänge zu sperren und jeden Durchgangsverkehr zu unterbinden. Eine mündliche Anweisung durch Olbricht trug dem Leutnant auf, etwa anrückende SS zu bekämpfen.

Nachdem die ersten Benachrichtigungen und Befehle hinausgegeben waren, ging Olbricht nach vorn zu Generaloberst Fromm und bat ihn, den Vortrag zu unterbrechen, den er eben entgegennahm. Als sie allein waren, eröffnete er ihm, der Führer sei einem Attentat zum Opfer gefallen, General Fellgiebel habe die Nachricht davon durchgegeben. Er schlug dem Befehlshaber des Ersatzheeres vor, ohne Verzug zu handeln und an die Generalkommandos den «Walküre»-Alarm zu geben. Fromm zögerte: er könne sich zu einem solchen Schritt erst entschließen, wenn er sich selbst vom Tod Hitlers überzeugt habe, er wolle Keitel anrufen. Olbricht, durch Haeften des Todes von Hitler gewiß, mußte erwarten, daß auch Fromm mitgehen werde, wenn er die Bestätigung bekomme. Er griff selbst zum Fernsprecher, verlangte ein Blitzgespräch zum Führerhauptquartier: zu seinem Erstaunen wurde es sofort – es war 16.10 – hergestellt, und Keitel meldete sich. Er bestätigte Fromm, daß ein Anschlag stattgefunden habe, doch der Führer lebe und sei kaum verletzt. Er werde Fromm später genauer informieren, eben sei er in einer Besprechung mit Marschall Graziani, während der Führer sich mit Mussolini unterrede. Keitel fragte noch: «Wo ist übrigens Ihr Chef des Stabes, der Oberst Stauffenberg?»

Fromm entgegnete, er sei noch nicht wieder bei ihm eingetroffen. Olbricht verließ darauf das Zimmer, ohne sich seine Bewegung anmerken zu lassen.

Merz hatte inzwischen die Alarmierungen für «Walküre» fortgesetzt. 16.20 Uhr wurde der Polizeipräsident von Berlin, Graf Helldorf, in die Bendlerstraße gerufen. Um diese Zeit erschien Beck, von Schwerin herbeigeholt – er trug den dunklen Zivilanzug –, mit ihm und nach ihm die ganze Zahl der Beteiligten, die sich in der Nähe auf Abruf bereit gehalten hatten, ohne daß die Unbeteiligten im Hause, auch nicht die schreibenden Frauen, den Grund ihres Kommens schon gewahr geworden wären.

Als es hieß, Stauffenbergs Wagen sei eben in den Hof gefahren, folgten Minuten höchster Spannung. In fliegender Eile kam er mit Haeften die Treppe herauf und trat in das große Arbeitszimmer Olbrichts: groß und schlank, leichter schreitend als sonst, mit gerötetem Gesicht und lebhaft atmend. Er berichtete kurz, was sich ereignet und was er selbst gesehen hatte: das Hochschießen einer gewaltigen Explosion, Stichflamme und Qualm, Zertrümmerung der Baracke. – «Nach menschlichem Ermessen ist Hitler tot.» Man berichtete ihm dagegen von unzureichenden und sich widersprechenden Meldungen, die über General Thiele gekommen seien. Man habe den Eindruck gewonnen, daß der Anschlag mißlungen sei, und man habe sich deshalb nicht zur Auslösung entschlossen. Eben habe Keitel persönlich am Fernsprecher Fromm gegenüber die Nachricht vom Attentat bestätigt, Hitler sei aber heil davongekommen. Stauffenberg erklärte, nach dem, was er selbst erlebt habe, könnten Keitels Angaben nur ein Manöver der Täuschung sein mit dem Ziel, Zeit zu gewinnen. Es könne kaum noch jemand am Leben sein, zumindest sei Hitler schwer verletzt. Es gäbe jetzt nur eines: keine Minute mehr zu verlieren und zu handeln. Er verlangte eine Verbindung nach Paris und sprach mit Hofacker: dort mußte jetzt Entscheidendes geschehen. Die Absendung Hansens und Dr. Johns nach Madrid wurde noch zurückgestellt. (John war anwesend.)

Graf Helldorf meldete sich: die Polizei stehe Gewehr bei Fuß. Olbricht unterrichtete ihn in dienstlichem Ton vom geschehenen Attentat und der bevorstehenden Ausrufung des Belagerungszustandes, die Polizei werde dem Heer unterstellt, Helldorf habe die entsprechenden Weisungen zu geben. Als der Polizeipräsident schon im Gehen war, bestand Beck darauf, daß ihm das Ungeklärte der Lage nicht verborgen werde: man müsse einig sein, wie man sich gegenüber den Verlautbarungen des Gegners verhalten wolle. Er erklärte für sich und bitte alle Anwesenden, sich dasselbe zum Gesetz des Tages zu machen: gleichgültig, was verbreitet werde, gleichgültig sogar, was wahr sei – für ihn, Beck, sei dieser Mann tot. Davon lasse er sein weiteres Handeln bestimmen. Von dieser Linie dürften sie nicht abweichen, sonst gerieten ihre Reihen in Verwirrung. Ein unwiderleglicher Beweis, daß Hitler – und nicht nur sein Doppelgänger – lebe, könne vom Hauptquartier erst nach Stunden geführt werden. Bis dahin müsse die Berliner Aktion abgeschlossen sein. Beck sprach klar und bestimmt und hob spürbar für alle das Geschehen auf eine Schicksalsebene, auf der es kein Entweichen mehr gab. Er trat damit ohne Rückhalt zu Stauffenberg, der für sich schon jenseits der Entscheidung stand.

Eberhard Zeller

Philharmonie – Versöhnung

Furtwängler verlangte ständiges Vibrieren, sein unvergleichliches nervöses Verwischen der Linien sowie seine Forderung nach «Fließen» tatsächlich eine fast telepathische Vertrautheit mit dem Orchester. Von diesem «Geheimnis» sagte er, es liege «in der Vorbereitung des Schlags, nicht im Schlag selbst – in der kurzen, oft winzigen Bewegung des Niederschlags, bevor der Zusammenklang des gesamten Orchesters erreicht ist. Die Art und Weise, in der dieser Niederschlag, die Vorbereitung dazu, ausgeführt wird, bestimmt die Klangqualität mit absoluter Genauigkeit. Selbst der erfahrenste Dirigent ist immer wieder erstaunt von der unglaublichen Genauigkeit, mit der ein gut eingespieltes Orchester auf seine winzigsten Gesten reagiert.»

Diese seine «winzigsten Gesten» waren oft nur um weniges winziger als die übrigen. Furtwänglers Scheu vor präzisen Einsätzen, vor Akzenten, vor Anfängen und Schlußakkorden war so groß, daß es ihn schiere Angst kostete, den Taktstock herunterzuschlagen; wenn man einem Musiker, der oft unter ihm spielte, Glauben schenken soll, tat er es, nachdem der Taktstock «dreizehnmal vorher gezittert» hatte.

(...) Furtwängler wurde auf höchst unfaire Weise zu einem Zeitpunkt angegriffen, als es in der Welt üblich war, sich zu empören. (...) Er vermochte jeden Verdacht leicht zu entkräften. Ohne ihn wäre es Carl Flesch gewiß nicht gelungen, aus dem besetzten Holland in die Schweiz zu fliehen; eine Reihe jüdischer Musiker, die gesund und glücklich in Amerika saßen, bezeugten seine Bemühungen, sie vor Deportation zu bewahren. Aber er hatte im NS-Staat ein offizielles Amt innegehabt, und bevor man ihn von den Vorwürfen freisprach, durfte er keinen neuen Posten annehmen.

Auf Einladung der amerikanischen Militärregierung spielte ich 1946 und 1947 in Berlin. Ich wollte unbedingt dorthin, sowohl als Jude, der bei den Deutschen ein Gefühl von Schuld und Reue wachhielt, wie als Musiker, der etwas mitbrachte, für das zu leben sich lohnte. Beim ersten Mal war Furtwängler noch suspendiert, und das Orchester spielte unter Sergiu Celibidache, aber 1947 war Furtwängler zurückgekehrt.

Ich hatte mir vorgestellt, daß großartige deutsche Musik mit dem großartigsten deutschen Dirigenten geradezu von intensiver Frömmigkeit sein würde. Ich fiel aus allen Wolken, als man mich einen Verräter nannte.

Im Jahre 1947 beherbergte Berlin, wie so manche andere Stadt in Europa, ganze Lager von vertriebenen Menschen, meistens Juden. Natürlich wollte ich auch für sie spielen. (...) Aber nur fünfzig der «displaced persons», die geladen waren, erschienen. Die Erklärung erfolgte durch den Lagerältesten, der sich «Jonas von Lemberg» nannte:

«Wenn ich von Ihren ‹humanen Taten› für die ‹notleidende deutsche Jugend› lese und darüber, daß Ihre neuen Anhänger Ihnen applaudieren, weiß ich, daß unter Ihren Zuhörern auch die beiden passionierten Musikliebhaber Eppel und Kempke gesessen haben – SS-Männer aus dem Lager Jurewitz bei Lemberg, die sich von uns vorsingen ließen, während sie unsere Brüder niederschossen.»

(...) Ich selbst hatte keinen Menschen in Deutschland verloren. Wäre das der Fall gewesen – hätte meine Antwort auch dann so kühn-versöhnlich geklungen? Wahrscheinlich nicht. Aber ich glaubte und glaube auch heute noch, daß das Beharren auf Vergeltung, das alles andere ausschließt, zwar verständlich, aber doch ein Zeichen von Schwäche ist.

Jehudi Menuhin

Potsdamer Straße

Ich lief fast eine Stunde bis zur Potsdamer Straße. Es war dunkel geworden. Die Füße brannten mir, und ich hatte Durst. In einer Eckkneipe trank ich zwei Bier im Stehen.

In den Bareingängen und Toreinfahrten standen Prostituierte. Einige hatten einen Fuß gegen die Mauer gestemmt. Ihre Blicke schienen das ganze Straßenbild zu umfassen, ohne irgendeinen Punkt oder eine Person zu bevorzugen. Sie hatten alle nur einen allgemeinen Blick. Auf den Gehsteigen flanierten ein paar Gruppen Gastarbeiter. Andere Männer hielten offen Ausschau oder quälten sich, ganz verdrückt von der Anstrengung, sich nichts anmerken zu lassen. Nach so einer Absprache war der Vorgang öde und einfach. Ich hatte eine Erinnerung daran. Nur die Erwartung dieser Öde, wie sie von Vorgängen ausgeht, an denen es nichts mehr zu deuten gibt, die Erwartung eines schmalen, wie flüchtig skizzierten Zimmers, eines Körpers, der nicht mehr reagiert, hätten mich hier zu etwas bringen können, zu einer Korrektur meiner Erwartungen, von denen ich schon nicht mehr wußte, wie alt sie waren. Ich erinnerte mich nur noch an meine Aufregung damals darüber, daß nur ich aufgeregt war. Ich glaube, das hätte ich damals anschreien, rütteln und durchpeitschen mögen. Diese abstoßende, schmachtende und geldgierige Fremdheit hatte einmal einen gemeinen, widerwärtigen Reiz, der auf Lasski manchmal immer noch wirkte. Einmal hatte er mich angerufen und wollte ausgelöst werden. Es war ein Hotel, und nachdem ich der Frau das Geld durch die Tür gereicht hatte, stieß sie Lasski mit dem Fuß hinaus und warf ihm keuchend den Mantel nach.

Nicolas Born (1937–1979)

Hamburger Bahnhof

Zum Glück ist der Hamburger Bahnhof, das Ziel unserer Wünsche, nicht weit vom Neuen Tore entfernt, und mit etwas Geschick gelangt man bald, wenn anders man unterwegs nicht das Unglück hat, überfahren zu werden, an den Perron des Eisenbahngebäudes. Dies bietet kurze Zeit vor dem Abgang solcher Ertrazüge ein so buntes, bewegtes Bild dar, wie man es sich nur immer denken kann. – Dank der Eigenschaft jedes wahren Berliners, bei solchen Gelegenheiten immer zu früh oder zu spät, selten aber zur rechten Zeit zu kommen, steht hier eine Legion von Müttern, Tanten und anderen stets zu früh kommenden Individuen, welche in banger Sehnsucht der säumigen Bekannten und Verwandten harren, mit denen sie die Partie verabredet haben. Dicht geschart starren alle in die Ferne, aus den wirbelnden Staubwolken die einzelnen, in mehr oder weniger komischem Aufzuge herbeieilenden Spätlinge zu erkennen, ihnen mit dem obligaten roten Regenschirm Eile zuzuwinken, oder mit einem sich nur zu oft wiederholenden Seufzer jede einzelne ankommende Droschke sich ihrer Täuschung entladen zu sehen. Angst und Verzweiflung prägt sich auf den echauffierten Gesichtern aus, je näher die Zeit der Abfahrt rückt; man wird ungestümer in seinen Bewegungen, und es fällt manches zürnende Wort, wie: «Na!

na! man nich so üppig da vorne, man jo noch nich gedrängelt.»

In dem Gebäude selbst stehen die Familien gruppenweise beisammen, während sich einzelne, ihrer von der gütigen Natur verliehenen Schultern wegen, der Gefahr aussetzen müssen, am Billetverkaufsbüro erdrückt zu werden. Tausende von Menschen müssen sich in Zeit von einer halben Stunde ihre Billets lösen, und zur Befriedigung aller stellt man *einen* Beamten. Wahrlich! Jenes einst so oft getadelte Benehmen der frühern Staatstransportanstalt dem Publikum gegenüber wird durch die Illiberalität dieser Privatunternehmungen bei weitem übertroffen.

Die Zeit der Abfahrt rückt heran, und die Empfangzimmer leeren ihren fleischlichen Inhalt in die unabsehbare Reihe von Waggons aus.

Wehe dem, welcher bei solchen Gelegenheiten im letzten Augenblick erscheint; man wirft dich, wenn du, lieber Leser, der Unglückliche bist, wie ein Paket in ein beliebiges Coupé, das man zwingen will, noch einen Platz zu haben, den aber niemand entdecken kann. Du fällst auf eine Mutter, welche in Begleitung von vier Kindern reist, von denen zwei es sich auf deinem Platze bequem gemacht haben. Die Mutter schreit, was zu dem Glauben berechtigt, daß du auf ihren Füßen stehst, die Kinder weinen, weil sie von ihrem Platze aufzustehen gezwungen werden. Die Lokomotive pfeift, und auf jedem Knie die unentäußerliche Last eines Kindes, das nicht das deine ist, in deinem Rücken den unvermeidlichen Kober mit Naturalverpflegung, von der du nichts abbekommst, so trittst du diese Partie an, die dich für die traurige geschäftliche Existenz der vergangenen Woche entschädigen soll.

Ludwig Löffler, 1856

Villa Borsig

Das Grundstück Alt-Moabit 86, auf dem nun seit mehr als sechzig Jahren die Villa Borsig und ihre weltberühmten Treibhäuser prangen, gehörte bis gegen Ende der dreißiger Jahre dem General von Oppeln-Bronikowski. Zwischen seiner 86 und der Matthes'schen 87 grünte, von üppiggrünem Rasen bedeckt, der absolut pflasterlose «Grüne Weg», jetzt Stromstraße benannt. Wie auf der Südwestseite die Matthes'sche 87, so reichte auf der Nordseite die Bronikowski'sche 86 bis unmittelbar an die Spree. Eine «Lessing-Brücke» ahnte natürlich noch niemand. Da, wo jetzt seit Jahren die großartigen Räderwerke der Schütt'schen Dampfmühle surren, hatte Matthes einen Ausladeplatz für Schiffe angelegt; das Generals-Ufer aber zierten eine große Laube, ein dichtbewachsener Laubgang und ein stattliches Gartenhaus mit hohen bunten Fenstern. Und während der Matthes'sche Obst- und Gemüsegarten uneingefriedigt offen am Wege lag, war Nr. 86 der ganzen Länge nach durch einen hohen Bretterzaun und vorn in Alt-Moabit durch ein starkes Gitter abgeschlossen.

Wie jetzt lag auch damals in dem herrschaftlichen Park eine herrschaftliche Villa. Viele sehr günstige Kaufanträge hatte der General entschieden abgelehnt, endlich aber bewog ihn ein für damals enormer Preis, sein «Monbijou» einem Kaufmann Namens Schmidt zu überlassen, welcher ein vornehmes, vom Equipagenpublikum stark besuchtes Gasthaus daraus machte. Und dann, nach etwa zehn Jahren, erlaubten dem Ur-Borsig, dem Gründer des Welthauses und Großvater der jetzigen Generation, seine schon damals nicht allzuknappen Mittel, nicht nur diese herrliche Besitzung, sondern auch das ganze umliegende Gelände zu erwerben, dessen Verkauf vor einigen Jahren seinen Erben unzählige Millionen eingetragen hat.

Hugo Wauer (1828–1912)

Beteerte Fässer

Beteerte Fässer rollten von den Schwellen
Der dunklen Speicher auf die hohen Kähne.
Die Schlepper zogen an. Des Rauches Mähne
Hing rußig nieder auf die öligen Wellen.

Zwei Dampfer kamen mit Musikkapellen.
Den Schornstein kappten sie am Brückenbogen.
Rauch, Ruß, Gestank lag auf den schmutzigen Wogen
Der Gerbereien mit den braunen Fellen.

In allen Brücken, drunter uns die Zille
Hindurchgebracht, ertönten die Signale
Gleichwie in Trommeln wachsend in der Stille.

Wir ließen los und trieben im Kanale
An Gärten langsam hin. In dem Idylle
Sahn wir der Riesenschlote Nachtfanale.

Georg Heym (1887–1912)

Moabiter Gefängnisse

Zum Treffpunkt Moabit gehörte auch das weit ältere und
kleinere Zellengefängnis in der Lehrter Straße, in dessen
Komplex eine eigene Irrenanstalt, eine Druckerei und der
Friedhof lagen. Am äußeren Rande stand mein Pfarrhaus
mit seinem alten, anheimelnden Garten. Bis Anfang 1900
hatte der Bau als Zuchthaus gedient, um dann als Gefängnis
eingerichtet zu werden. In der Hitlerzeit beherbergte es
viele politische Gefangene. Einer der bedeutsamsten unter
ihnen war Albrecht Haushofer. Als am 24. April 1945 die
Schüsse der feindlichen Kanonen und Gewehre ihm und
seinen politischen Mitgefangenen schon die baldige Be-

freiung ankündigten, wurde noch in der Nacht das Todes-
urteil an ihnen vollstreckt. Mit dreißig Leidensgefährten wurde er vor das Gefängnistor geführt und – wenige Schritte
von meinem Pfarrgarten entfernt – erschossen. In der Hand
des Toten fand sein Bruder ein Manuskript. Es enthielt die
Gedichte, die Albrecht Haushofer während seiner Haft
verfaßt hatte. Sie sind unter dem Titel «Moabiter Sonette»
veröffentlicht worden.

Detloff Klatt, nach 1945

Bombenregen

Ein Bombenteppich nach dem andern rauscht
aus hellem Himmel todesnah heran –
Wie todesnah berechnet ihre Bahn,
wer eingegittert ihrem Brausen lauscht!

Wir alle wissen wohl, daß unsre Leben
so billig sind wie Stroh – der deutsche Strick,
die Russenkugel jählings im Genick,
die Britenbombe sind als Los gegeben.

Ein Wunder wär's, wenn uns ein Schicksal gönnte
noch ohne Dasein ohne Wirkung, Sinn und Ziel –
Wir wissen's: Dennoch danken wir dem Spiel,

dem Spiel des Zufalls, das uns töten könnte
mit jedem Wurf und heut noch unser schont –
Wer hoffte nicht, daß noch ein Tag ihm lohnt!

Albrecht Haushofer (1903–1945)

DER BEZIRK KREUZBERG

Der Konstrukteur spricht

Nach einer Eisenbahnfahrt von 18 Minuten kann man nun aber aus dem Veilchen-, Flieder-, Rosen- oder Levkojenduft dieses Gartenidylls mitten in dem brausenden Berlin sein, und da ich sehr oft des Abends, wenn die Sonne sinkt, und «es dem Guten gegonnen» ist, diese Gelegenheit benutze, so gewährt es mir dabei ein besonderes Vergnügen, daß bei dieser Fahrt der Zug nur über Brücken geht, die von mir konstruiert worden sind, und daß, wenn ich in die mächtige Halle einfahre, alles Eisen, das man sieht, von dem riesigen Dache bis zu den nicht minder stattlichen Fenstern, sowie den unterirdischen Gepäckaufzügen einmal, sozusagen, durch meinen Kopf gegangen ist, und daß in dem ganzen Gewirr von Stangen, Platten und Sprossen und dergleichen kein Teilchen ist, dem nicht einst von mir der Platz angewiesen worden wäre. So ist denn jede solche Fahrt für mich eine Erinnerung an meinen vormaligen Ingenieurstand, und zugleich erfüllt mich immer wieder die Freude, etwas vorzeigen zu können, daran ich beweisen kann, daß ich nicht wegen verfehlten Berufes unter die Schriftsteller gegangen bin.

Heinrich Seidel (1842–1906)

Zilles Ankunft, 1867

November des Jahres 1867. Trübe ist es und naßkalt, ein leichter Regen fällt. Johann Traugott Zill – das «e» am Schluß seines Familiennamens hat er ein bißchen verschwinden lassen – tritt von einem Fuß auf den anderen. Es ist so zugig auf dem Anhalter Bahnhof. Zill, denkt er, ja, das ist ein guter Name; man muß es den Gläubigern nicht so leicht machen! Und er stellt sich vor, wie es wäre, wenn ihn hier jemand ansprüche. «Wen suchen Sie? Herrn Zille? Bedaure, ich heiße Zill! Verstehen Sie: Zill!» Johann Traugott lächelt bei dem Gedanken, seinen Verfolgern auch einmal ein Schnippchen geschlagen zu haben.

Doch während er nun mit raschen Schritten auf und ab geht, erstirbt das Lächeln auf seinen Lippen, die Gesichtszüge werden wieder hart. Er hat noch keine Arbeit, auch keine in Aussicht... Und in wenigen Minuten wird der Zug aus Dresden kommen, der ihm seine Familie bringt. Das Heer der Arbeitsuchenden ist groß, unaufhörlich strömen Menschen nach Berlin. Es ist erstaunlich, wie viele sich in den wenige Quadratmeter großen Wohnungen zusammenpferchen lassen.

Der Dresdner Zug dröhnt und dampft in die Halle. Menschen rennen aufgeregt hin und her. Die Bahnhofslampen verbreiten spärliches Licht. Das Bremsen der Räder verursacht ein kreischendes Geräusch. Abteilfenster und Wagentüren werden aufgerissen. Hälse recken sich allenthalben. Die ersten Reisenden drängen sich durch die Sperre.

Da kommt auch Louise mit Fanny und Heinrich. Johann Traugott hat sie bereits erspäht. Er eilt auf sie zu und gibt allen die Hand. «Guten Abend», sagt er, «nun sind wir wieder beisammen. Das ist schön. Wie habe ich mich auf diesen Tag gefreut! Jetzt gehen wir nach Hause in eure – unsre neue Heimat.»

«Wir freuen uns auch, Vater», entgegnet die Mutter, «du warst viel zu lange von uns weg.»

Dann verlassen sie den kalten, düsteren Bahnhof und gehen gemeinsam in ihre Wohnung, Kleine Andreasstraße 17, die sich im Osten der großen Stadt befindet.

So ist mein Vater nach Berlin gekommen, der Hauptstadt des preußischen Königreiches, die ihm zur zweiten Heimat geworden ist und die er während seines ganzen Lebens niemals für längere Zeit verlassen hat.

Margarete Köhler-Zille / Gerhard Flügge

Der Prototyp

Am Tag der Heimfahrt brachte Ilka ihre Freundin zum Anhalter Bahnhof. Es war ein warmer Morgen Anfang September, durch die romanischen Fenster warf sich das Sonnenlicht in die verschattete Halle und machte die Staubkörnchen sichtbar, die auf einem regenbogenfarbenen Strahl zuckten und tanzten. Es roch nach Schweiß, Staub und kaltem Rauch. Über dem Portalrund bewegte sich der Minutenzeiger der großen Uhr ruckartig auf die Abfahrtszeit zu. Reisende hasteten, mit Koffern und Taschen beladen, zwischen Laternenpfählen, Gepäckwagen und Verkaufskarren hindurch über den Perron, ein auskunftgebender Beamter wurde immerzu belästigt. Sie zwängten sich an einem der mächtigen Bogenpfeiler vorbei ins Freie, weil sich die Wagen der zweiten Klasse vorn bei der Lokomotive befanden. Ilka hatte für Irmchen die zweite Klasse nachgelöst, damit sie nicht wie bei der Hinfahrt viele Stunden auf der harten Holzbank zubringen mußte. Ein Sackbahnhof, wie die meisten in Berlin. Der Zug wurde hier eingesetzt, stand abfahrbereit, Dampf zischte unter den Rädern hervor, und bog man den Kopf zurück gegen das Dunkel der Halle, so blickte man auf die Wand mit den sieben Fenstern, die sich nach den Seiten hin verkürzten.

Der Anhalter war für Ilka Symbol und Prototyp aller

Bahnhöfe schlechthin. Sie liebte diese konfuse Architektur der achtziger Jahre, das von Lärm und Gestank durchsetzte Kirchenschiff, die gravitätische Fassade mit den unpassenden Rosetten, hier ein Schnörkelchen und dort noch eins, alle hingetupft wie mit der Spritztüte aufs Gebäck. Als habe der Baumeister zuallererst eine strenge Gliederung geplant und sei dann während des Entwurfs ins Träumen geraten. Dabei muß ihm der Zweck des zeichnerischen Vorhabens entglitten sein. Nun stand das stilwidrige Ungeheuer da, wurde seit Jahrzehnten in aller Selbstverständlichkeit genutzt und wirkte trotz seiner Ausmaße gemütlich wie ein Kanapee in Großmutters Wohnstube.

Edith Biewend (geb. 1923)

Der Kreuzberg

Nun geht es in die Frühlingswochen;
Der Piepmatz bläht sich mit Gesang.
Der Olle faßt mir unter'n Knochen,
Großbeerenstraße immer lang.

April! Wenn wir das Klima schlürfen,
Besinnt der Geist sich schwer und tief.
Hach – als Erfüllung von Entwürfen
Ging allemal das Meiste schief.

Das Leben bietet manches Gute,
Bis man dem Tod entgegenrutscht;
Doch oft ist einem doof zu Mute,
Wie wenn der Affe Kleister lutscht.

O Hechz, mein Hechz, was will das werden!
Die Höhe liegt erhaben-still;
Es gibt nichts Edleres auf Erden
Als unser Kreuzberch im April.

Alfred Kerr (1867–1948)

Die russische Rutschbahn

Man stieg auf vielen Stufen hinunter in einen kleinen Garten, in dem ein hübsches Häuschen lag. Dort wohnte der alte Invalide, dem die Bewachung des Freiheits-Denkmals oblag – d. h. nur am Tage, denn Nachts zog eine Soldatenwache auf – und dieser, oder vielmehr dessen bessere Hälfte, war die Inhaberin der Kaffeeküche.

Wie oft bin ich mit meinem Großmütterlein und meiner Tante Emilie, Vaters Schwester, die beide in der Lindenstraße wohnten, als kleines Mädchen dort hinausgepilgert, um beim Invaliden Kaffee zu trinken. Selbstverständlich war auch die ganze Bellealliancestraße damals frei von Häusern. Überall schaute das Auge entzückt ins Grüne und atmete «Landluft» ein, sobald man das Stadttor hinter sich hatte.

Dem Kreuzberg gegenüber befand sich damals das Vergnügungslokal: Tivoli – es war Eigentum des alten Gehrke, – auch auf einer Anhöhe, die noch mit zum Kreuzgebirge gehörte. Dort gab es eine wundervolle sogenannte russische Rutschbahn! Man stieg in einen kleinen Wagen, der auf einem Geleise stand (gewöhnlich nahmen zwei Personen im Wagen Platz), man klammerte sich mit den Händen fest an die Einfassung des kleinen Vehikels, um beim Fahren nicht hinausgeschleudert zu werden, – dann ein Stoß – und mit rasender Geschwindigkeit sauste man auf den Schienen in die Tiefe hinab und dann mit weiten Umkreisen wieder hinauf auf den Berg.

Zwei und einen halben Groschen (zwei jute) kostete jedesmal das Vergnügen, das nicht ungefährlich war.

Unterhalb Tivoli's lag der «dustere Keller», wo gleichfalls Bier verschenkt und Speisen verabreicht wurden. Mir gefiel aber die Anhöhe besser mit ihrem heiteren Treiben; ich erinnere mich auch nicht, oft im dusteren Keller gewesen zu sein.

Agathe Nalli-Rutenberg (1838–1919)

Achtung Gleisdreieck!

Untergrund	Kinoschund
Kunterbunt	Bühnenbund
Kurve! und Gleis-drei-eck!	Grünen im Nepp-be-werb!
Alles flucht	Rummelplatz
Alles sucht	Bummel Schatz!
Drunter und drü-ber-weg!	Schummel und lach-und-erb!
Jedermann	Cabaret
Lebemann	Séparé
Biedermann: Schieber!	Oder The- ater
Allesamt	Impression
Gleichverschlampt	Expression
Gleiches Ka- liber!	Alles ein Kater!

Jeder in   Anderer   Richtung und   Achtung! Das
Gleis-drei-eck!

Kutsche und	Seidne, be-
Droschke und	scheidene,
Mund an Mund los-töff-töff!	Alles im Kater
Pierrot	Lebemann
Pierrett'	Ehemann
Numero soix-ant'-neuf	Achherrjeh! Vater!
Untergrund	Rasen und
Kunterbunt	Phrasen und
Kurve! und Re-pu-blik!	Faseln im Fieber.
General	Rassen und
Und sozial	Klassen das
Allemal mit-Mu-sik!	Gleiche Ka- liber!

Jeder in   Anderer   Richtung und   Achtung! Das
Gleis-drei-eck!

Walter Mehring (1896–1981)

Görlitzer Bahnhof

Wo kommen die Züge aus Dresden an? Am Görlitzer Bahnhof. Ankunftszeiten? Achselzucken. Als ich am Görlitzer Bahnhof einpassierte, war ich genau drei Stunden unterwegs. Der Schnellzug aus Dresden. Vielleicht gegen 10 Uhr. Vielleicht auch gegen elf. Ich stellte mich an die Sperre und wich nicht von der Stelle, bis, nach endlosem Warten, der Zug einlief. Er hatte, irgendwo bei Berlin, auf freier Strecke halten müssen. Die Reisenden sahen blaß und nervös aus. Den Qualm über der Stadt hatten sie von weitem ausgiebig beobachten können. Ängstlich suchten ihre Augen nach den Angehörigen hinter der Sperre. Was alles war in der Neuzeit über Nacht möglich, wer weiß, schwerer Angriff auf die Reichshauptstadt, noch jetzt von den Bränden bonbonrosa angehauchte Rußwolken überm Dächermeer, die lächerlichen Luftschutzkeller, mit den Fenstern halb überm Gehsteig, die Gas- und Wasserröhren in Kopfhöhe, rasch tritt der Tod den Menschen an. Siemensstadt soll auch wieder drangewesen sein, und wenn Paula erst einmal schläft, kann man neben dem Bett Kanonenkugeln abschießen, sie hört nichts, dann das Kind anziehen, der Rucksack, der schwere Koffer, der verfluchte Krieg. Ley hat eine Bar im Bunker, wo hab' ich eigentlich die Fahrkarte. Mensch, gib gefälligst mit deiner dämlichen Kiste Obacht, und bitte, lieber Gott, laß ihnen nichts passiert sein…

Da entdeckte ich die Mama. Mit dem Wäschekarton in der Hand. Ich winkte, sie sah unverwandt geradeaus. Ich rief. Winkte. Rief. Jetzt bemerkte sie mich. Lächelte verstört. Nickte mehrmals. Ging hastig auf die Sperre zu und hielt dem Beamten steif die Fahrkarte entgegen.

Noch während wir in der dröhnenden Bahnhofshalle standen, berichtete ich ihr, was geschehen war. Die Wohnung sei verbrannt. Das gesamte Gartenhaus. Das Vorderhaus. Die Seitengebäude. Auch andere Häuser in der Straße.

In den Straßen ringsum. In anderen Vierteln. Berlin eigne sich heute ganz und gar nicht für Mütter über Siebzig. «Weißt du was», sagte ich, «wir bleiben hier in der Nähe, essen in einer Kneipe zu Mittag, unterhalten uns gemütlich – und mit dem ersten Nachmittagszug fährst du zurück. Es wird zeitig dunkel. Am Ende gibt's wieder Alarm. Vielleicht auch nicht; denn seit sie meine Wohnung erwischt haben, hat Berlin für sie enorm an Reiz eingebüßt. Trotzdem...» Ich lachte ziemlich künstlich.

Da fragte sie leise: «Die Teppiche auch?»

Mir verschlug's den Atem.

«Und das neue Plumeau?»

Ich erklärte ihr noch einmal und so behutsam, wie eine Bahnhofshalle es zuläßt, daß das Feuer keine Ausnahme gemacht habe. Die Teppiche seien fort, das neue Plumeau von Thiels aus der Prager Straße, das Klavier, auf dem ich als Kind die Dur- und Molltonarten geübt hätte, die Möbel aus den Deutschen Werkstätten, die Tüllvorhänge, der Liegestuhl samt dem Balkon...

«Komm!» sagte sie, «ich muß die Wohnung sehen!»

Erich Kästner (1899–1974)

Nachtkneipe am Görlitzer Bahnhof

Wir bleiben.
In der Wohnküche empfängt uns
der sechzigjährige Mond. Er ist alt geworden
mit uns, das sollten Sie wissen. Wir
reden unsren Vätern nicht nach: Ihr habt uns
Schnaps holen lassen. Wir sind im Treppenhaus
umgekehrt und niemals wiedergekommen. Sagen Sie ruhig
Mischpoke zu uns, das wird Ihnen
keiner verübeln.

Günter Bruno Fuchs (1928–1977)

Kleingewerbe, um 1930

Die farbenfreudige, bewegte Straßenszene bestimmten zahlreiche Handwerksbetriebe und Einzelhandelsgeschäfte aller Branchen. Es gab kaum ein Wohnhaus ohne eine Kneipe, einen Laden, einen Frisör oder Schuhmacher im Erdgeschoß oder Keller zur Straßenfront. Jede Gegend hatte außerdem ihre Boulevards, Geschäftsstraßen, in denen insbesondere an den Wochenenden reges Leben herrschte. Zu diesen Straßen gehörte auch der Abschnitt der Wrangelstraße zwischen der Skalitzer Straße und der Falckensteinstraße. Hier gab es Bekleidungsgeschäfte, deren Tradition bis in die Kaiserzeit zurückreichte, neben fliegenden Händlern, die Krawatten aus dem Pappkoffer anboten, Kolonial- und Gemischtwarenläden neben Spezialgeschäften en gros und en detail. Wer Wert darauf legte, konnte seine Paßbilder von einem «Hofphotographen» anfertigen lassen, bevor er seine Oberhemden aus der «Wäscherei, Plätterei und Gardinenspannerei» abholte, deren Inhaber, ein großer, glatzköpfiger Mann mit dunkel behaarten Armen blaß und ausgelaugt zwischen Stores, steifen Kragen, Stecknadeln und Kerzenstümpfen für Ordnung sorgte. Die Stearinstückchen dienten dazu, scharfe Kanten und Ecken von Vatermördern geschmeidiger zu machen. Die feuchte, warme Luft in diesem Laden roch nach Chlor und nach Leuchtgas von den an gestreiften Gummischläuchen hängenden Brennern, deren blaue Flammen in vernickelte Bügeleisen hineinzischten. Es dauerte ein Weilchen, bis das abzuholende Wäschepaket durch bedächtigen Vergleich der Nummern auf den Kontrollabschnitten ermittelt und sorgfältig in einen großen, weißen, an den Enden mit Nadeln zugesteckten Bogen verpackt war.

Neben der Gardinenspannerei lag der Keller eines «Eierjuden». In flachen, hohen, mit spiralig aufgedrehter Holzwolle gefüllter Kisten lagerten Eier verschiedener Größe und Qualität. Der Geschäftsinhaber ließ es sich nicht nehmen, jedes einzelne zu durchleuchten, bevor er es behutsam, wie es der Zerbrechlichkeit der Ware entsprach, in eine Papiertüte legte.

Kurt Groggert

Die Poesie der Zille-Hinterhöfe

Ach, diese Bahnhöfe von Westberlin, diese Steinhaufen des Fernwehs, verwildert, vergessen, überwuchert mit Gras – wer singt ihnen ihr letztes Lied? Und doch fahren hier manchmal uralte Güterzüge aus der DDR ein und bringen aus der Lausitz Braunkohle für Westberlin. Braunkohle also auch in hölzernen Kiepen vor vielen Haustüren. Die Leute schleppen die Briketts in Taschen ächzend in ihre Keller. Daß es so etwas überhaupt noch gibt! Es ist alles wie ein Albtraum meiner Kindheit.

In Kreuzberg haben sich seit einigen Jahren die Maler, Literaten und etwas Verrückten niedergelassen. Das meiste ist weniger als zweiter Rang, aber wen stört das hier? Sie haben die Poesie dieser Zille-Hinterhöfe entdeckt und die Macht in den Kneipen von Kreuzberg an sich gerissen. Denn hier steht noch einmal Berlin, wie es 1919 war. Der Film ist zurückgedreht. Richtige Klassenlage, das zog sie an. Boheme wird improvisiert. Puccinitragödien in der Wrangelkaserne, einem Albtraum preußischen Militärs, grau und abgewrackt: die Kaserne wird heute vom Senat an arme Künstler und junge Genies sehr billig vermietet. Da hausen sie denn in unbeschreiblich hohen, eiskalten Mannschaftsstuben, malen Bilder, husten, lieben sich in einer Hängematte, schlucken LSD, sind gegen Bonn und Berlin und das ganze Establishment: reinste Anarchistenwelt wie in Petersburg 1905.

Des Abends treffen sie sich auf den tristen Armeleutestraßen von Kreuzberg, die alte, schlesische Erinnerungen wachrufen: die Kohlfurter Straße, die Kottbuser Straße, die Liegnitzer Straße, die Glogauer und Görlitzer: da kamen die Berliner ja einmal her. Das war die Provinz, der Mutterboden, aus dem die Weltstadt wuchs. Die alten Berliner Destillen am Görlitzer Bahnhof haben sich in halbproletarische Kunstgalerien verwandelt. Hier hocken sie nächtelang, und «Märchen», der bleiche, nervöse Junge mit den großen Kinderaugen Cézannes, erzählt unglaubliche Geschichten. Das Märchenbuch seiner Seele liegt weit aufgeschlagen. Es riecht überall nach Bier und billigem Schnaps, an den Wänden hängen ihre Bilder: groß und bunt, etwas obszön und alles so liebenswert epigonal, den klassischen Mustern der Zeit etwas verrückt nachempfunden. Aber wen stört das hier?

Die feuchtfröhlichen Galerien heißen: *Malkasten, Leierkasten, Die kleine Weltlaterne,* und wer mit der Kunst fertig ist, wer nur noch harte Klassenlage will, geht ein paar Straßen weiter: die Kneipen heißen jetzt: *Feuchte Welle, Nasse Quelle, Das Feuchte Dreieck.* Hier hockt nun wirklich der Rest von Berlin. Ein hoher Schuppen, ein dunkler, rauchgeschwängerter Wartesaal der Verlorenen, wie das Nachtasyl von Gorki. Alles lallt und stammelt und röchelt vor sich hin. Rentner, Arbeitslose, junge Kerle, die frisch aus Moabit oder Tegel kommen, alte Knastologen mit dem ersten Rausch der Freiheit. Eine dicke, ausgediente Prostituierte dazwischen, die einen Augenblick unsichere und schwankende Tanzschritte nach der Musikbox versucht und dann mit dem Bierglas in die Knie geht und plötzlich blank auf dem Boden liegt und zu schlafen anfängt wie eine zerzauste alte Puppe.

Horst Krüger, 1967

DIE BEZIRKE NEUKÖLLN, SCHÖNEBERG UND TEMPELHOF

In der Hasenheide

18. 10. Der heutige schöne Siegestag wurde recht festlich begangen, und ich freute mich, daran teilnehmen zu können, indem ich mit Kohlrauschs nach der Hasenheide fuhr, wo die Turner ihr Fest hatten. Es war eine dunkle, aber schöne Herbstnacht. Unzählige Menschen waren herausgeströmt, und alle freuten sich des schönen Tages, an dem uns Gott den Sieg verlieh. Fernhin sah man schon den Schimmer der hoch aufsteigenden Flammensäulen. Einzelne Raketen stiegen in die Luft, hin und her wogte das Gewühl, verworrenes Getöse, Tabaksdampf, hin und wieder das laute Geschrei eines Zigarrenjungen, und über alle das bunte Gewühl die ernste tiefdunkle schweigende Nacht, alles regte mich auf eine seltsame Weise auf. Ich mußte widerwillen, wenn ich in den dunkelfinsteren Nachthimmel sah, daran denken, warum sich diese Menschen, warum ich selbst mich so freute, etwa daß vor drei Jahren tausend und aber tausend unserer Brüder sich mordeten, daß, – ach, ich möchte daran nicht denken. Dann fiel mir aber das Ungeheuer ein, das wir besiegten, und daß wir nur die Anhänger dieses, nicht aber unsere Brüder bekämpft hatten. Nun war alles gut, und fröhlich jauchzte ich mit, als feierlich der Fackelzug begann; in einem dichten Kreise umgaben die Turner den Holzstoß, plötzlich flogen alle Fackeln hinein, hell aufflackernd stieg die Flammensäule in die finstere Nacht hinauf, und: Sei Lob und Ehr dem

höchsten Gott, stimmten andächtig an den Lenker der Schlachten gedenkend, tausend Kehlen an. Es war ein unendlich feierlicher Augenblick und umher die vielen Feuer und Siegeszeichen, die gar abenteuerlich die bunten Gestalten erleuchteten, die jetzt alle andächtig singend still standen und Gott im Herzen sich unseres Ruhmes, der Wiederkehr der Freiheit freuten. Schweigend gingen wir durch den nächtlichen Wald, der Wagen wartete schon am Fuß des Berges, wir stiegen ein, pfeilschnell flogen die Schimmel mit uns an der Flammensäule vorüber, und bald sahen wir nur noch den den Himmel färbenden Schein. Zuhause, um den Teetisch versammelt, wurde vorgelesen, erzählt und gelacht, und der Abend verflog schnell.

Lili Parthey, 1816

In die Neue Welt

Und sie stehen auf vom Sofa – Sie sind doch nicht krank, Herr, sonst gehen Sie zum Onkel Doktor – und wandeln lustig nach der Hasenheide, in die Neue Welt, wo es hoch einhergeht, wo die Freudenfeuer brennen, Prämiierung der schlanksten Waden. Die Musik saß im Tiroler Kostüm auf der Bühne. Sachte ging es: «Trink, trink, Brüderlein, trink, Lasse die Sorgen zu Haus, Meide den Kummer und meide den Schmerz, Dann ist das Leben ein Scherz, Meide den Kummer und meide den Schmerz, Dann ist das Leben ein Scherz.»

Und das ging in die Beine, mit jedem Takt, und zwischen den Bierseideln schmunzelten sie, summten mit, bewegten die Arme im Takt: «Sauf, sauf, Brüderlein, sauf, Lasse die Sorgen zu Haus, Sauf, sauf, Brüderlein, sauf, Lasse die Sorgen zu Haus, Meide den Kummer und meide den Schmerz, Dann ist das Leben ein Scherz.»

Charlie Chaplin war in eigner Person da, flüsterte nordöstliches Deutsch, watschelte in den weiten Hosen mit den Riesenschuhen oben auf dem Geländer, faßte eine nicht allzu junge Dame am Bein und sauste mit ihr die Rutschbahn runter. Zahlreiche Familien kleckerten um einen Tisch. Du kannst einen langen Stock mit Papierpuscheln dran kaufen für 50 Pfennig und damit jede beliebige Verbindung herstellen, der Hals ist empfindlich, die Kniekehle auch, nachher hebt man das Bein und dreht sich um. Wer ist denn hier alles? Zivilisten beiderlei Geschlechts, ferner eine Handvoll Reichswehr mit Anschluß. Trink, Trink, Brüderlein, trink, lasse die Sorgen zu Haus.

Alfred Döblin, 1929

Brief aus Buckow

Von unserm Paradies aus schreib ich Dir, ich lebe in erhobener Stimmung, da mir alles so wohl tut, mich erfreut, mich sympathisch berührt. – Man hat das Gefühl, am Meer zu sein, obgleich unser lieber See dagegen wie ein Kind ist, wenn er die Wellen kraus und bös hin und her schleudert. Wonnig, wenn er lacht – die Schwalben jauchzend über ihn hin und her streifen. Und die Wildnis! An dem Haus zum See hinab ist aber schon ein schönes, blumiges, kleines Märchengärtchen. Du siehst, ich bin begeistert – nein, mehr in Seele und Herz erfreut. – Es ist so klein, das Häuschen, und doch der Blick aus jedem Fenster so weit – weit! Wenn ich die innere Schönheit und Behaglichkeit beschreiben sollte, würde ich nicht fertig. Mein Balkon ist begrenzt von dicken alten Linden, die Aussicht sehr amüsant, es passiert immer etwas, Dorfstraße, Gehöfte, gerade wie ich es liebe. Lulu und Sonny sind ebenso, berauscht kann man es nur nennen. Ich glaube, es ist die Luft, die wirkt wie Champagner, Sonny nennt es Engadin.

Marie von Olfers, 1913

Unter den Yorckbrücken

Eine eigenartige Stadtgegend bildet die Yorckstraße von der Stelle, wo die Bülowstraße aufhört, bis zur Katzbachstraße. (...) Dieses Straßenstück führt unter acht Eisenbahnbrücken durch, welche zur Potsdamer und Anhaltischen Bahn gehören. Zur Warnung für Rosselenker ist am Ende der Bülowstraße eine Tafel errichtet mit der Aufschrift: «Achtung, wenn Züge über die Brücken fahren!» Es fahren aber unaufhörlich Züge über die Brücken mit Donnergetöse, das dem unter ihnen hinwandelnden Wanderer durch und durch geht.

Dies merkwürdige Stück Yorckstraße besitzt nur elf eigentliche Häuser, vier auf der südlichen und sieben auf der nördlichen Seite. Es ist im übrigen eingefaßt von Zäunen, hinter denen der Boden in steilen Böschungen aufsteigt, und von Mauern. Die Böschungen sind bewachsen mit Gräsern und Unkräutern, die jetzt schon stark von der Sonne verbrannt sind. Oben befinden sich auf beiden Seiten, wo keine Häuser mehr stehen, zahlreiche Holz- und Kohlenplätze, dazwischen ein Baumaterialienplatz und ein Steinmetzwerkplatz. Einer der Holz- und Kohlenhändler hat sich auf der Höhe, zu der eine Treppe hinaufführt, einen ganz netten kleinen Garten angelegt. Geht man am Nachmittag dort vorbei, so sieht man ihn, wie er eifrig die Gießkanne schwenkt. Es mag ihm trotzdem schwer genug werden, seine Pflanzung an diesem sandigen Abhange vor dem Verschmachten zu bewahren. Blühendes ist bei ihm zur Zeit nicht zu sehen, er hat aber zahlreiche Sonnenblumen angepflanzt, die um ihre Blütezeit im August der Anlage ein freundliches Ansehen geben werden. Im ganzen ist es aber eine unheimliche Straße, und besonders unheimlich muß sie am späten Abend und in der Nacht sein, wenn dort nicht viel Leben mehr herrscht. Indessen hat der von Westen kommende Wanderer, ehe er diesen Straßenteil betritt, am Ende der Bülowstraße rechts sowohl wie links noch Gelegenheit, sich durch Bier zu stärken. Nachdem er dann unter der ersten Eisenbahnbrücke hindurchgegangen ist, kann er die Stärkung fortsetzen: er findet zu Erreichung dieses Zwecks rechts eine Bierschenke, links gleichfalls eine solche und außerdem drei Destillationen. Drei Destillationen in sieben nebeneinander stehenden Häusern, das ist denn doch ein Beweis dafür, wie sorgfältig bei der Verleihung von Schankkonzessionen die Bedürfnisfrage geprüft wird. (...) Verschmachten kann also der Mensch in diesem Teil der Yorckstraße nicht trotz des dürren Sandes zu beiden Seiten.

Johannes Trojan, 1903

Hör zu

Hör zu, so wird der letzte Abend sein,
wo du noch ausgehn kannst: du rauchst die «Juno»,
«Würzburger Hofbräu» drei, und liest die Uno,
wie sie der «Spiegel» sieht, du sitzt allein

an kleinem Tisch, an abgeschlossenem Rund
dicht an der Heizung, denn du liebst das Warme.
Um dich das Menschentum und sein Gebarme,
das Ehepaar und der verhaßte Hund.

Mehr bist du nicht, kein Haus, kein Hügel dein,
zu träumen in ein sonniges Gelände,
dich schlossen immer ziemlich enge Wände
von der Geburt bis diesen Abend ein.

Mehr warst du nicht, doch Zeus und alle Macht,
das All, die großen Geister, alle Sonnen
sind auch für dich geschehn, durch dich geronnen,
mehr warst du nicht, beendet wie begonnen –
der letzte Abend – gute Nacht.

Gottfried Benn (1886–1956)

Ein Neuberliner

Höhepunkt des Berlin-Besuches Kennedys war gestern mittag die Kundgebung vor dem Schöneberger Rathaus, zu der sich rund 450000 West-Berliner auf dem Rudolph-Wilde-Platz und in den angrenzenden Straßen versammelt hatten. Im Sturm eroberte Kennedy die Herzen der Berliner, als er auf der Tribüne vor dem Rathaus erklärte: «Vor 2000 Jahren war der stolzeste Satz, den ein Mensch sagen konnte: Ich bin ein Bürger Roms. Heute lautet in der Welt der Freiheit der stolzeste Satz: Ich bin ein Berliner.»

Berliner Morgenpost vom 27. Juni 1963

«Liebeley» bei Lucie

Man kann die Leute in Berlin einteilen in drei Kategorien: in die, die von «Leydicke» nichts wissen, in jene, die von «Leydicke» nichts wissen wollen, und in solche, die durch «Leydicke» erst zu Wissenden geworden sind. Auf den ersten Blick ist «Leydicke» eine Kneipe, ein altes Berliner Lokal, eine übriggebliebene Destille. Dafür spricht, daß Männer hereinkommen, an die Theke gehen und sich was zu trinken bestellen. Aber die Unterschiede zum Normalfall Berliner Budike werden rasch deutlich: Da wird zum Beispiel ein Stoni oder ein Kurfürstlicher bestellt, oder ein Ingwer-Rum, oder einmal Stachelbeere, oder ein Leydiano extra oder eine Liebeley. Denn dies ist nicht allein eine Destille, sondern auch noch eine regelrechte Destillation. Zu den schönsten Sätzen dieser Jahre gehört jener, mit dem Lucie Leydicke einem Mann Bescheid sagte, der von ihrem «Laden» gesprochen hatte: «Ich bin kein Laden, ich bin eine Fabrik.» Die Preisliste spricht von Likörfabrik und Weinbrennerei, von Weingroßhandel und Wermutweinherstellung. Und sie enthielt noch vor wenigen Jahren Werbesprüche wie den folgenden: «Da gibt's keinen Einwand / auch Leydicke Weinbrand / läßt schlagen die Herzen noch höher.»

In Wirklichkeit aber ist «Leydicke» etwas ganz anderes, als auf der Liste steht. Es ist ein Berliner Mythos, ein Hort ortsansässiger Unverwüstlichkeit, ein Ladenhüter des Volksmunds. Die Einrichtung ist ein Stück Jahrhundertwende. Sie weiß noch nichts vom Ersten und Zweiten Weltkrieg, in schierstem Wilhelminismus richtet sie sich über Obstweine und Eierliköre, über griechischem Mavrodaphne und Malaga Lagrimas auf, halb Apotheke, halb Hausaltar, immer wieder aber auch mit ihren hölzernen Ornamenten die Erinnerung weckend an den Zwirbelbart des zweiten Wilhelm. 1877 ist die Firma E & M Leydicke gegründet, 1893 ist dieses Haus in Berlin-Schöneberg gebaut worden. «Das hat mein Schwiegervater gebaut», erzählt Lucie Leydicke mit stets bereitem Zorn, «von unten bis ans Dach für 302000 Mark, könnt ihr euch überhaupt vorstellen, was das damals für ein Geld war? Diese Neubauten, das sind doch die reinsten Kuhställe, das spottet ja Hohn, wollen wir denn schließlich hier New York aufbauen?»

Dieter Hildebrandt, 1975

Kleistpark

Vom Balkon des ehemaligen Kammergerichts, in dem einst der Volksgerichtshofsvorsitzende Freisler die Mitverschwörer des Grafen Stauffenberg zum Tode verurteilte, hängen die Fahnen der vier Siegermächte friedlich nebeneinander. Es ist der Sitz des Alliierten Kontrollrates, bis 1949 sozusagen der Sitz der Regierung über Deutschland. 1954 traf sich hier der sowjetische Namenspatron der oben erwähnten Cocktails mit seinen drei westlichen Kollegen zur letzten ergebnislosen Außenministerkonferenz zum Thema: deutsche Einheit. 1972 stand das mittlerweile ziemlich heruntergekommene Gebäude anläßlich der feierlichen Unterzeichnung des Vier-Mächte-Abkommens noch einmal im Blickpunkt der Geschichte. Heute ist es einer der wenigen Schauplätze west-östlicher Zusammenarbeit; gemeinsam sorgen Russen, Amerikaner, Engländer und Franzosen in ein paar Amtsstuben für die Flugsicherheit Groß-Berlins. Der Rest der schwerbewachten Räumlichkeiten ist im wahrsten Sinne des Wortes «kaputt-besetzt»: Hinter schmutzigen Fensterscheiben erkennt man schemenhaft abgerissene Tapeten, Schutt und herausgerissene Installationen.

In dem gepflegten kleinen Park davor, dem einzigen Grünland in der näheren Umgebung, führen Rentner ihre Hunde spazieren; türkische Mamas beaufsichtigen ihre Kinder im Schatten der Bäume, von denen ausgerechnet eine Sumpfzypresse zu den wenigen Überlebenden aus jenen Zeiten gehört, in denen hier, zu Beginn des 19. Jahrhunderts weit vor den Toren Berlins, der königliche Botanische Garten seinem Kustos Adelbert von Chamisso ein geruhsames Auskommen bot.

Benny Härlin / Michael Sontheimer, 1983

Flughafen-Architektur

Die Bahnanlagen des Potsdamer, des Anhalter Bahnhofs stießen bis tief ins Innere der Stadt vor, öffneten dem, der etwa auf den Höhen bei Südende stand, einen tiefen, saugenden Einblick bis weit in das Herz Berlins, als ob das Land, seine Erzeugnisse und sein Raum auf dieser riesigen, schienenüberzogenen Straße bis in den Kern des städtischen Lebens hineingezogen, hineingetragen würden. Der neue Flughafen hat diesen Eindruck bewußt aufgenommen und mit einer leichten Wendung in die Südostrichtung zu architektonischem Ausdruck gesteigert. Das riesige Halbrund der An- und Abfahrtshalle, die den Rest des einstigen Paradefeldes wie mit weitausladenden Armen umspannt, wirkt wie ein gewaltiger aus- und einatmender Mund der Stadt, der den gesamten Raum über dem Süden und Osten Europas lautlos in sich einsaugt, und beladen mit Flugzeugen, Menschen und Botschaft wieder entläßt, gewaltigstes Lebensorgan der Riesenstadt, die in ihm den ersten wirklichen Ausdruck ihres Lebens bekommen hat. Ohne besondere Beziehung auf die Landschaft ist hier eine grandiose Überschneidung von riesenhafter Natur und riesenhafter Technik, von Landschaft der Stadt und endloser Landschaft des fernen Draußen geschaffen worden.

Paul Fechter, 1941

Luftbrücke, 1948/49

Ein Blick auf den Radarschirm am Boden war höchst eindrucksvoll. Die Flugzeuge erschienen als einzelne grüne Punkte, perfekt aufgereiht wie Perlen an einer Kette. Mit Metronom-Genauigkeit bewegten sie sich auf Berlin zu.

In Tempelhof zogen wir uns alle auf dieselbe Anflughöhe zusammen und waren theoretisch drei Minuten – in der Praxis jedoch häufig genug weniger als eine Minute – voneinander entfernt.

Es erscheint im nachhinein fast kriminell, im Blindflug unerfahrene Militärpiloten für eine solche Rund-um-die-Uhr-Aktion bei jedem Wetter einzusetzen. Das stundenlange Fliegen nach Instrumenten verlangt Jahre des Trainings, schon um das Gefühl der Platzangst loszuwerden. Darüber hinaus ist das Winterwetter in Europa das miserabelste der Welt – ausgenommen vielleicht die Route Chicago-New York.

Die Piloten waren häufig genug am Rande totaler Erschöpfung. Wir paar Zivilpiloten hatten sogar eine Sieben-Tage-Woche. Wenn ich in Berlin ankam, machte ich es mir zur Gewohnheit, während meine Maschine entladen wurde, das Flugbüro aufzusuchen. Dort rollte ich mich unter einem freien Schreibtisch zusammen, um wenigstens eine Mütze Schlaf zu bekommen. Auf dem Tisch zu schlafen, war nicht ratsam. Es herrschte zu große Geschäftigkeit im Büro.

Heute, da die Luftbrücke bereits Geschichte ist und niemand mehr zur Verantwortung gezogen werden kann, darf man es ruhig sagen: Auch während der Flüge wurde geschlafen. Es gab keine andere Möglichkeit sich auszuruhen. Nach geglücktem Start wechselten sich Pilot und Copilot mit kleinen Schlummerpausen auf dem Fußboden der Maschine ab. Manche erfahrene Crew machte sich sogar einen Sport daraus, so sanft zu landen, daß der schlafende Kollege nicht geweckt wurde.

Ende Juli 1948 hatte der unbeliebte, strenge General Tunner die Aufsicht über die Luftbrücke übernommen – über die Köpfe der Generäle Clay, Smith und Le May hinweg. Doch selbst er sah die Notwendigkeit ein, seinen Air-Force-Piloten (aber nicht meinen Zivilpiloten) ein wenig Erholung zu gewähren. Nach drei Monaten Dienst gönnte er ihnen einen Monat Urlaub in Arizona.

Habgier war eine andere Seite der Medaille. Berlin wurde wegen der gefallenen Grundstückspreise zum Tummelplatz für Spekulanten. Geschäftemacher versuchten das leitende Bodenpersonal zu bestechen, um einen der raren Plätze in unseren Maschinen zu bekommen.

Aber es gab nicht nur Streß, es gab auch eine Menge Spaß – zum Beispiel beim Funkverkehr. Und das war gut so.

Da gab es einen Engländer, der uns seine Position stets gereimt zum besten gab: «I'm a Yankee with a blackened soul, bound for Gatow with a load of coal.» («Ich bin ein Yankee mit schwärzlichem Sinn, flieg nach Gatow mit Kohlen hin.») Oder: «Ich bin ein lieber Yankee-Stoffel, auf dem Weg nach Gatow mit 'nem Sack Kartoffel...»

Oder der Texaner, der den Funkverkehr mit Melodien auf seiner Mundharmonika bereicherte.

Da war der englische Lancaster-Pilot, dessen Flugzeug-

Kennzeichen mit Tb endete. Doch diese Buchstaben gab er nie an. Er ließ dafür einen schwindsüchtigen Husten hören.

Sogar der gestrenge General Tunner wußte, daß nichts schlimmer ist, als die Monotonie der Routine. Nie hatte er gegen die Scherze über Funk irgend etwas einzuwenden. Im zivilen Flugverkehr ist derartiges streng verboten und kann zum Verlust der Lizenz führen.

Ein weiteres Melodrama war die Ankunft von Freddie Laker in seinem antiken britischen Halifax-Bomber, der als Frachtmaschine diente. Der mutige und liebenswerte Freddie flog damals sein einziges, recht ramponiertes Flugzeug im Dienst der Royal Air Force. Gleich nach der Landung, wenn die Entlade-Mannschaft auf die Maschine sprang, sauste Freddie aus dem Cockpit – angetan mit einem ölverschmierten Overall, Schraubenzieher in den Händen –, um die Reste seines fliegenden Wracks notdürftig für den Rückflug zusammenzuflicken. Freddies Wagemut und sein unternehmerischer Geist traten schon damals zutage...

Zu einer Kontroverse zwischen Franzosen und Amerikanern kam es, als eine amerikanische DC-3-Crew, die Versorgungsgüter für die französische Garnison nach Berlin brachte, feststellte, daß ein Teil der als lebensnotwendig deklarierten Ladung aus – Wein bestand.

Kurzerhand warfen sie den Wein mit der Bemerkung über Bord: «Das ist doch wohl nicht so wichtig wie Milch für hungernde Kinder. Warum sollen die Franzosen Wein kriegen, wenn die Amerikaner noch nicht mal Coca-Cola haben...»

Eine empörte französische Delegation wurde im US-Hauptquartier vorstellig. In einem historischen Abriß versuchte sie nachzuweisen, daß Wein für einen Franzosen tatsächlich lebensnotwendig ist...

Jack O. Bennett

DIE BEZIRKE WILMERSDORF, STEGLITZ UND ZEHLENDORF

Bei den Millionenbauern, um 1880

«Karlineken, wat meenste, morjen jehn wa bei Schramm', een danzen.»

Viel, viel Geld, ein Millionensegen hatte sich über die Großbauern und Kossäten während der Gründerjahre in dieser Zeit ergossen. Die Bauern hatten ihre sonst so wertvollen Felder an die Eisenbahnverwaltung verkauft, die sie für neue Bahnanlagen brauchte, und, wie schon angedeutet, an Spekulanten, die eine schnelle Entwicklung der Stadt Berlin und ihrer Vororte erhofften. Selbst der Pfarrer, der das Kirchlein betreute, durfte jetzt über sehr reiche Jahreseinkünfte verfügen, weil auch überschüssiges Kirchenland verkauft werden konnte. Fast über Nacht waren diese Bauern zu Leuten geworden, die nicht wußten, wo sie mit dem vielen Gelde hinsollten.

Damals gehörte es bei den über Nacht Reichgewordenen zum guten Ton, daß jeder eine Jagdpacht sein eigen nannte. Die neugebackenen Jäger leisteten sich dann die tollsten Sachen. Hatte da einer der Jagdkumpane den Zug versäumt, der die Gesellschaft in das Jagdrevier bringen sollte. Was tat er nun? Er bestellte sich einen Extrazug, um eine Stunde später glücklich am Ziele zur Überraschung der andern einzutreffen. Oder: es wird beim Jagdskat von dem Größenmaß der Hunde gesprochen. Der dicke Willmann bietet sofort eine Wette an, daß sein nicht mitgebrachter Hund größer als jeder der mitgenommenen sei. Die Wette – um eine Riesensumme – wird von den andern gehalten, er läßt seinen Hund mit Extrazug telegraphisch hinbeordern und gewinnt die Wette.

An den Sonntagen sah man die Dorfschönen, die wochentags noch nicht von der liebgewordenen ländlichen Arbeit auf dem Felde und im Stalle, oder von der Gewohnheit, eigenhändig mit Feldfrüchten oder Milch zur Stadt zu fahren, lassen konnten, in die schwersten seidenen Stoffe gekleidet, mit kostbarem Schmuck behangen, sich bei Schramms oder Herzsprungs im Tanze drehen. Manch eine Millionenbauerntochter wurde von dort frisch weggeheiratet, wie die «Musseoochen». Wir hatten der bildschönen Amalie diesen Spitznamen gegeben, weil sie einem Offizier, der ein Ballgespräch mit ihr anknüpfen wollte mit den Worten: «Mein jnädiges Fräulein, riecht die Rose aber wunderschön!» geantwortet hatte, indem sie verschämt auf die an ihrem Busen prangende Blume blickte: «Herr Leutnant, det muß se ooch!» Und dabei war die Antwort ganz verständig, denn Amalie zog eigenhändig die schönsten hochstämmigen Rosen in dem Garten vor dem alten, noch strohgedeckten Hüttchen ihrer Eltern.

Solcher alten einstöckigen Häuschen gab es noch eine ganze Anzahl. Hier und da hatten aber doch schon einige Bauern sich daran gewagt, ein modernes Wohnhaus hinzubauen. Aber so recht hineingewöhnen in die neumodische Gepflogenheit konnten die Alten von Wilmersdorf sich noch nicht, das blieb erst der heranwachsenden Jugend überlassen. War da beispielsweise der «Baron» Blisse, der die vierstufige Marmortreppe, die zu der Haustür des nun sechsfenstrigen und einstöckigen Hauses führte, nie anders betrat als mit ausgezogenen Holzschuhen, die er gemütlich in die Hand nahm, wenn er in größter Ehrerbietung vor der eigenen Pracht seine vier Stufen hinaufsteigen wollte. Das Liebere und Gewohntere blieb ihm aber doch die immer benutzte Hintertür zu ebener Erde.

Hanns Fechner

Abfahrt von Lichterfelde

Ein amerikanischer Major weigert sich, im gleichen Abteil zu schlafen mit einem Neger, der ebenfalls die amerikanische Uniform trägt. Der deutsche Schaffner, ein Schwabe, soll dafür sorgen, daß der schwarze Sieger anderswo verstaut wird. Der Schaffner nickt wie wenn man sagt: Verstehe, verstehe, darüber müssen wir nicht reden! Dann pirscht er durch den Korridor, nicht ohne ein schadenfrohes Grinsen, das er uns nicht verheimlicht, es richtet sich nicht gegen den Neger. Nur so; Rassenfrage, Umerziehung. Der Neger, ein junger Sergeant, steckt sich unterdessen eine Zigarette an, um etwas zu begründen, warum er draußen im Korridor steht. Er starrt durch die verregnete Scheibe, obschon es draußen Nacht ist; nichts als Nacht. Als der schwäbelnde Schaffner zurückkommt und ihm bedeutet, wo er schlafen dürfe, nickt er, ohne den Schaffner, der die Nummer wiederholt, anzusehen. Er bleibt stehen, raucht weiter, blickt in die schwarze Scheibe...

(Die Weltgeschichte ist noch nicht zu Ende.)

Max Frisch, November 1947

Tierfriedhof Lankwitz, 1975

Schon durch den Zaun lockten mich Namen wie Harras und Bella, Purzel und Whisky, Astor und Pummelchen. Kleine Gräber zumeist, etwa ein Quadratmeter, also nur halb so viel Platz, wie ihn die Menschen bekommen. Hier liegen sie in Reih und Glied, die Liebesobjekte der Vereinsamten. Die meisten haben einen kleinen Grabstein, mit ihrem Namen drauf und sehr oft auch mit Geburtstag und Todestag. Und da und dort sind dann weitere Namen dazugekommen, darunter oder auf den Rand geschrieben, die Namen der Tröster, denen dann wieder Tröster gefolgt sind. Und wenn etwas zusätzlich geschrieben ist auf dem Grabstein, dann ist es meist: «Dank für deine Liebe und Treue.» Immer wieder Dank, und das für Liebe, für Treue.

Eine ältere Frau stand da, im neuen, häßlich-grünen Hütchen, stand da regungslos und schaute nur immer auf eins der Gräber in der Reihe. Und ich stand etwas abseits und blickte zu dieser Leidtragenden hinüber, dieser Hinterbliebenen im wahrsten Sinne des Wortes, und dachte über die Liebe und die Treue nach, die diese Lieblinge gegeben haben.

Treue, ja das kann ich mir noch vorstellen, eine gewisse Fixierung auf Herrchen und Frauchen, und damit konnte das liebe Tier überhaupt nicht mehr anders als treu sein. Wie hieß es auf einem größeren Grabstein: «Du hast im Sturm treu zu uns gehalten, die Menschen nicht mal im Wind.» Das ist Treue, die uns überlegen ist, unserer menschlichen Treue überlegen. Weil die Bindung einfacher ist, unreflektiert, absolut und unaufhebbar. Was kümmert es Purzel, wenn Frauchen alt und faltig wird, wenn es komisch und vergrämt wird, dümmlich, unordentlich oder verlottert, spießig und voller Vorurteile? Waldi und Mohrchen sind uns überlegen im Übersehen, überlegen in ihrer Treue, weil sie kein Gespür für uns haben. Und sie kämen niemals auf die Idee, nach einem anderen Frauchen zu schauen, weil sie mit ihrem Frauchen nicht mehr zurechtkommen. Niemals. Weil sie überhaupt kein Interesse an uns haben und gut auf alle Menschen verzichten können. Wenn sich ihnen nicht einer aufgedrängt hätte, wenn er sie nicht abhängig gemacht hätte, indem er sie verwöhnte, fütterte, pflegte, beherbergte und liebkoste.

Walter Laufenberg

Dahlem – civitas academica

Dann kam zu meiner Überraschung Anfang 1914 der Ruf
nach Berlin. Ein solcher Ruf gilt in der Regel als Höhepunkt und Endstation im akademischen Leben. Aber als
Endstation und zugleich wiedergewonnene alte Heimat
empfand ich es noch nicht. Ich war in die wärmere Luft
Süd- und Westdeutschlands hinein- und aus dem alten
Berlin herausgewachsen. Und das alte Berlin war es auch
nicht mehr in diesen letzten prunkenden und üppigen
Jahren der Wilhelminischen Ära. Mir bangte im Gefühl
meiner Schwächen etwas vor der Aufgabe, hier unter den
großen Kanonen der Universität – «erstes Garderegiment
Wissenschaft» wurde sie genannt – figurieren zu sollen,
obgleich nun auch so etwas wie Ehrgeiz und Trotz sich
regte, mich mit meiner eigenen Art durchzusezten. Nun
mußte aber auch für ein neues Heim in Berlin gesorgt
werden. Da war es ein glücklicher Zufall, daß ich noch
im Februar 1914 in Freiburg durch eine Kollegenfrau von
dem Plane ihres Schwagers, des Architekten Schweitzer, hörte, in Dahlem einen Block von Reihenhäusern in Schultze-
Naumburgscher Weise aufzubauen. Dahlem, am Grunewald
gelegen, war damals noch in den Anfängen der Besiedlung,
war noch Gutsbezirk und staatliche Domäne zugleich,
und überall lagen noch die Getreidefelder zwischen den
einzelnen Häusergruppen. Aber durch die neue, eben fertig
gewordene Untergrundbahn war es gut mit Berlin verbunden. Althoff hatte schon große Dinge mit Dahlem im
Kopfe gehabt, wollte womöglich die ganze Universität dorthin einmal verlegt sehen und so eine civitas academica wie
einen Ruheport neben der lauten Weltstadt hier schaffen,
wie ihn nordamerikanische Universitäten mit ihrem cam-
pus am Rande zuweilen darstellen. Aber von dieser Alt-
hoffschen Idee, vielleicht der besten, die er je gehabt hat,
wurden nur Bruchstücke verwirklicht. Der neue botanische
Garten kam an die Grenzen von Dahlem, und die Kaiser-

Wilhelm-Gesellschaft baute einige ihrer naturwissenschaft-
lichen Forschungsinstitute hier auf. Auch für mein altes
Geheimes Staatsarchiv, dem es in der Klosterstraße zu eng
geworden war, wurde jetzt in Dahlem ein gewaltiger Neubau eben errichtet, – eine freundliche Aussicht auch für
meine künftigen archivalischen Studien, die ich dann
freilich, als das Archiv um 1923 dahin übersiedelte, nicht
mehr genutzt habe, denn die geistesgeschichtlichen Probleme, die mich fortan immer stärker fesselten, führten
mich von den Akten des Archivs, an denen ich mir die
Sporen einst verdient hatte, immer weiter weg.

Friedrich Meinecke

Zu Protokoll, 1967

Es gibt eine lange Tradition der Parteien, in der sozialdemo-
kratischen, der konservativen, den liberalen Parteien; ohne
die jetzt geschichtlich aufzurollen, haben wir nach 1945 eine
sehr klare Entwicklung der Parteien, wo die Parteien nicht
mehr Instrumente sind, um das Bewußtsein der Gesamtheit
der Menschen in dieser Gesellschaft zu heben, sondern
nur noch Instrumente, um die bestehende Ordnung zu
stabilisieren, einer bestimmten Apparatschicht von Partei-
funktionären es zu ermöglichen, sich aus dem eigenen
Rahmen zu reproduzieren, und so also die Möglichkeiten,
daß von unten Druck nach oben und Bewußtsein nach
oben sich durchsetzen könnte, qua Institution der Parteien schon verunmöglicht wurde – ich meine, viele Menschen sind nicht mehr bereit, in den Parteien mitzuarbeiten,
und auch diejenigen, die noch zur Wahl gehen, haben
ein großes Unbehagen über die bestehenden Parteien.

Rudi Dutschke

In den Treibhäusern, Dahlem

Am Nachmittag tat ich den gewohnten Rundgang durch die
Treibhäuser, um meine «Kritik der Orchideen» zu berei-
chern, der ich die Spielregel zugrunde gelegt habe, daß diese
Blumen als Schauspielerinnen zu besprechen sind. Meine
Übung besteht darin, sie lange und mit gedankenloser Starre
zu betrachten, bis sich gleichsam durch Urzeugung das Wort
einstellt, das ihnen angemessen ist.

So habe ich gefunden, daß die Cattleya der Kreolin
gleicht, während in der Vanda die höhere Entfernung der
Malaiin sichtbar wird. Die Dendrobien sind Zauberlaternen
der Heiterkeit, und die Cymbidien Meisterinnen der Ge-
heimschrift, die sich in der Maserung der Hölzer wiederholt.
Die schönsten sah ich in Santos im Indigenapark, doch
waren sie dem Auge nicht so nah. Vor allem ladet die Stan-
hopea zum Verweilen ein – in der, wie in der Tigerlilie, sich
das Schöne mit dem Gefährlichen durchdringt, wenngleich
die Hoheit fehlt.

Während ich mich mit diesen Betrachtungen beschäf-
tigte, wurde eine Schar von blinden Kindern, die sich zu
zweien und dreien an den Händen hielten, durch die Treibhäuser geführt. Ich schloß mich ihnen an und bemerkte,
daß man ihnen Blumentöpfe in die Hände gab, deren Ge-
wächse sie berochen und betasteten. Die Pflanzen, bei
denen sie besonders verweilten, waren für den Sehenden
meist unscheinbar, so machten sie sich gegenseitig auf einen
neuseeländischen Pseudopanax aufmerksam, der harte und
wie Lanzenspitzen gezackte Blätter trägt. Überhaupt fiel
mir auf, daß sie in der australischen Abteilung am längsten
verweilten, wahrscheinlich weil durch die Trockenheit die
Skulptur der Pflanze gewinnt.

Es leuchtet mir auch sogleich ein, daß der Blinde zur
Trockenheit eine eigene Beziehung besitzen muß. So nimmt
er die Sonne nicht als Licht, sondern als Wärme wahr, so
steht er der Plastik näher als der Malerei, so hat das be-

kannte Bild von Breughel, auf dem die Blinden in das Wasser stürzen als in ein feindliches Element, seine besondere Tiefe, und so ist es wohl auch jenseits der äußeren Anlässe sinnvoll, daß Ägypten das Land der Augenkrankheiten ist.

Am überraschendsten aber war das Verhalten dieser Kinder in der Kakteenabteilung; hier brachen sie, wie ihre sehenden Gefährten vor dem Affenkäfig, in ein lautes Gelächter aus. Ihr Lachen erheiterte mich außerordentlich – ich hatte dabei ein ähnliches Gefühl wie jenes, mit dem man am unwegsamen Ort, etwa hoch oben auf einer Mauerzinne, noch Gras und Blumen wachsen sieht.

Ernst Jünger, 1950

Dahlem, Sommer 1945

... schwere harte, von Panzern gepreßte Lehmerde; darein wurden Erbsen, Bohnen, Gurken gepflanzt; denn auf Teupitz besteht nach allen Berichten, die wir vom Land bekommen, wenig Hoffnung. Ein Ersatz ist dies natürlich nicht, aber ein Zuwachs zur mageren Küche.(...)

Gestern bin ich mit der Steinmetzin in der Dämmerung aufgestanden und auf das frisch gemähte Weizenfeld gegangen, um Weizen zu holen. Dieses Feld gehört zu den Stücken Dahlem, die immer wieder beglücken, zwischen den Villen und Gärten und Ruinen; gepflügter Acker im Frühjahr und dann helles Grün, das sich unter dem Wind in Wellen bewegt und dann das erste schimmernde Gold in der Abendsonne. Gestern früh hat es geregnet, die Garben standen schon in Haufen, am anderen Ende des Feldes bewegten sich auch Gestalten, die ebenso wie wir aus den Garben die Körbe und Beutel füllten. Ich hatte ein etwas ungutes Gefühl dabei, nicht aus Moral, sondern aus Ordnungssinn, – dieses mit der Schere Abschneiden der Ähren oben weg und das Hinterlassen der Strohstrünke in den Garben.

Das ganze ist so unrationell wie die heutige Zeit: ein großer Aufwand, erst dieses Holen, dann das Trocknen, dann müssen wir eine Methode des Dreschens erfinden und schließlich die Körner entweder in der Kaffeemühle mahlen oder sonstwie verarbeiten. Und für jede kommt vielleicht ein Pfund heraus. Während wir noch schnitten, kam Petra, die schon ihren zweiten Sack voll holte und am Vortag Ähren gelesen und auf unserem Balkon entkernt hatte. Sie rief: «Es schmeckt köstlich.» Ich frug: «In welcher Form?» Sie sagte: «Gehackt.» Sie ist immer mit einer fast rabiaten Emphase bei der Sache, die sie eben beschäftigt, und das ist also jetzt das Beischaffen von Weizen und Roggen. Heute früh mißlang es ihr, denn es gab einen Schupo zur Bewachung des Feldes, was mich im Grund recht befriedigt.

Margret Boveri

Museum Dahlem

Gerade eingetroffen: Eine Busladung älterer Damen aus Westdeutschland. Sie gleichen sich alle wie Schwestern, nur eine fällt ein wenig aus dem Rahmen. Das ist die, die sich vor allem für die Bilderrahmen begeisert. Sie streicht durch die Räume, auf leise schmatzenden Specksohlen, und jubelt: «Wieder so ein herrlicher Rahmen! Nein, wie herrlich, dieser Rahmen!» Ein Museum ist erst ein gutes Museum, wenn es für jeden was zu bieten hat. (...)

Als Besucher sind mir die Japaner eigentlich angenehmer als die Wessis. So ruhig, wie sie dahergleiten. Und es sind sogar welche dabei, die keine Kamera vor dem Bauch haben, die – nur auf ihre beiden Naturaugen angewiesen – sich in dieses Abenteuer stürzen. Ein oder zwei von diesen voraussetzungslos Aufnahmebereiten sind immer dabei, wenn eine japanische Fuhre kommt.

Walter Laufenberg, 1985

Eigenheim-Idylle

Oder Freunde müssen den Neuling nach Zehlendorf einladen, wo in großen Gevierten viele «Eigenheime» aneinandergeklebt sind, wohlgruppiert, dachlos und farbig, klein, mit reichem Fensterlicht. Die Gevierte innerhalb (man könnte sie beleidigend auch große Höfe nennen) sind in ebenso viele kleine Gartenstücke geteilt, mit fünfzehn Schritten quer und fünfunddreißig Schritten einwärts zu durchgehen. Darin erblickt man nun junge Mütter sitzen, Kinder spielen, Väter mit der Kamera auf die geliebten Gruppen zielen. Auch selber kommt der Gast auf die Platte. Man sieht Syndikusse, Amtsrichter, Studienräte, wie sie Spaten treten und Harken schwingen, auch mit Schläuchen hantieren (aus rotem Gummi fabriziert, mehrfach geschlängelt am Boden liegend); aus den neuen messingfunkelnden Mundstücken besprengen sie ihr Erdreich mit stäubendem Wasser. («Oh, ein Regenbogen!» jubeln die Sprößlinge.) Wenn die so Wirkenden in der Stadt einen großen Kontrakt gemacht, ein schweres Urteil gefällt, eine Klassenprüfung bestanden haben, können sie kaum mehr befriedigt sein als hier, wo sie anhaltend und eindringlich ihr nach ihrer Meinung durstendes Land getränkt haben. Der Inhalt von sechs Gießkannen wäre Segens genug. *Beatus ille* ...

Hans Heinrich Ehrler, 1929

Kleistgrab, um 1900

Gestern fuhr ich um zehn Uhr vom Potsdamer Bahnhof aus nach dem Wannsee. Der Trubel unterwegs war groß, die Hitze auch. Es ist ein schönes Bild, wenn zum erstenmal zwischen den roten Kiefernstämmen der See aufglitzert. Auf der blauen Fläche einige weiße Segel, ein paar kleine Dampfer. Rundherum die dunkelgrünen Kiefernwälder,

aus denen hie und da weiße Villen hervorblinken. Ich
ging im tiefen Sand neben der Eisenbahn in den Wald,
dann nach dem See etwas bergab auf einem verwachsenen
Fußweg. Gott sei Dank hat man da nirgends Anlagen mit
Kieswegen usw. gemacht. Bald sah ich das schwarze Eisen-
gitter des Grabes. Ich schmiß mich daneben ins Gras und
blickte durch die Baumwipfel in den Himmel. Kein Mensch
störte mich. Wie ihr wohl wißt, hat Kleist sich hier mit
seiner Freundin Henriette Vogel erschossen. An seine
Schwester schrieb er: «Die Wahrheit ist, daß mir auf Erden
nicht zu helfen war; möge Dir der Himmel einen Tod schenken, nur halb an Freude und unaussprechlicher Heiterkeit
dem meinigen gleich; das ist der herzlichste und innigste
Wunsch, den ich für Dich aufzubringen weiß.» Erst zehn
Jahre nach Kleists Tode wurde sein Meisterwerk, der Prinz
von Homburg, gedruckt. Bruder Wolfgang freilich wird,
analog seiner Äußerung über den Krach des Münchner
Schauspielhauses, meinen, daß man eben nicht Dichter werden soll, wenn kein Bedürfnis dafür vorhanden ist. – Na,
ich streifte also am Grabe eine halbe Stunde umher, war
aber gar nicht sentimental. Auf dem Grabstein steht:

> Er lebte, sang und litt
> In trüber, schwerer Zeit.
> Er suchte hier den Tod
> Und fand Unsterblichkeit.

Ich dachte, daß Kleists Grabstein doch eigentlich zu ernst
sei für dies jämmerliche verunglückte Bonmot. Schopenhauer, der wohl dergleichen fürchtete, ordnete an, daß
auf seinen Grabstein nichts kommen solle als: ARTHUR
SCHOPENHAUER. Wäre es nicht angemessener gewesen,
auch hier nur HEINRICH VON KLEIST einzumeißeln? Das
Grab selbst ist schön gepflegt und mit frischen Blumen be-
pflanzt. Mitten aus dem Hügel wächst ein jetzt schon sehr
hoher Eichbaum.

Reinhard Piper

Am Wannsee, 1886

Den Sommer über hatte ich wieder in Wannsee Aufenthalt genommen, wo ich außer vielen Studien im Freien zu einem Familienbild und zahlreichen Figuren ein Reiterporträt des Grafen Sholto Douglas malte. Der Wannsee mit seiner weiten, meist südlich blauen Wasserfläche und seinen hügeligen, bewaldeten, schilfumsäumten Ufern, läßt sich nicht nur als eine der schönsten Perlen der Mark bezeichnen, sondern er ist schlechtweg schön und erregt in der Regel Überraschung, Staunen und Bewunderung bei den Fremden, denen unsere Mark gewohnheitsgemäß nur als die Streusandbüchse des heiligen Römischen Reiches bekannt ist. Der Geheime Kommerzienrat Wilhelm Conrad hat sich das unsterbliche Verdienst erworben, die zwischen dem großen und dem kleinen Wannsee gelegene, von der Berlin-Potsdamer Chaussee durchschnittene Kiefernheide, Ende der sechziger Jahre, zu einer Villenkolonie umzugestalten. Er legte Straßen durch die Heide, die mit ihren jetzt mächtig hochgeschossenen Eichen, Platanen und Kastanien prachtvolle schattige Alleen geworden sind, baute an verschiedenen Stellen einfache kleine Villen, schuf aus einer Lehmgrube eine hügelige Parkanlage, die auf dem höchsten Punkte von dem Wasserturm, der ebenfalls von ihm angelegten Bewässerung gekrönt, auch noch durch eine dort aufgestellte Kopie des Flensburger Löwen besondere Bedeutung erhielt und nannte das Ganze zu Ehren des Prinzen Friedrich Karl, des Siegers von Düppel und Alsen und Schloßherrn von Klein-Glienicke und Dreilinden: Kolonie Alsen. Auf Anregung von Kyllmann und Heyden hatte Conrad auf der Wiener Weltausstellung 1873 den deutschen Kaiserpavillon und den schwedischen Pavillon erworben, und den ersteren in der Nähe des Bahnhofs auf der Höhe mit prachtvollem Blick von oben über den See, den letzteren auf dem gegenüberliegenden Ufer, dicht am See, aufstellen lassen. Auch die Anlage der von der Hauptstrecke Berlin-Potsdam bei Zehlendorf abzweigenden über Schlachtensee und Wannsee bis Neu-Babelsberg führenden Linie war Conrads Verdienst, der im Vorstand der Berlin-Potsdamer Bahn saß. Die Kolonie war bis in die achtziger Jahre noch spärlich bebaut, und vornehmlich waren es einige zu meinem engeren Freundeskreis zählende Künstler, die sich hier Landhäuser zum Sommeraufenthalt für ihre Familien gebaut hatten.

Anton von Werner

Glienicker Park

Nach diesem Anruf machten wir, was am Wochentag ja wirklich sehr ungewöhnlich ist, einen zweistündigen Spaziergang. Denn als man am Morgen die Fensterläden aufschlug, war's in den Gärten ein einziges, goldenes Wogen von Sonne, Wind und gelben Blättern, vom blauen Himmel überwölbt. Wir gingen zur Pfaueninsel – durch gewundene Waldstraßen, die immer wieder den Blick auf die Havel freigaben, über Ufertälern voll gelber Birken, roter Buchen, bronzener Eichen, dunkler Kiefern am Wasser; auch als die Sonne bald schwand, war's noch immer eine große Pracht: das Schönste war der Blick von der Höhe von Nikolskoe auf die herbstliche, still gewordene Havel drunten, die man sonst im heiteren, bewegten sommerlichen Treiben sah. Nun erst ist's rechte Heimat hier draußen. Doch begegnete man selbst am Montagmorgen vielen stillen Spaziergängern; ein Rudel Rehe. Durch den Glienicker Park gingen wir bis zur Brücke, zum Abschluß den Blick auf Potsdam zu tun; so nahe ist's, für uns in unserer Liebe zu Potsdam so beglückend nahe. Über die Rehwiese kamen wir heim. Ums graue Schieferdach der Kirche weht das Goldlaub der Birken, der Himmel war vom Mittag an dunkel, der starke Herbstwind wirbelte die Blätter durch die Gärten. Und was hat es für Bedeutung gewonnen, daß noch immer das Haus einen umschließt! Kein Tag, an dem ich nicht an die denke, die nach dem Weltkrieg in den Polenkrieg und nun an die Westfront mußten. Was auch noch komme: wieviel blieb einem schon erspart!

Jochen Klepper, 1939

Auf der Pfaueninsel

Die Pfaueninsel ist in jeder Weise sehenswert, aber interessant an ihr ist nur die Glashütte des Johannes Kunkel, die der Große Kurfürst einrichten ließ und die nahe bei der «Gothischen Meierei» gelegen war. Es haben sich noch allerhand Schlacken, Glasfluß und dergleichen finden lassen. Keineswegs etwa handelt es sich um Goldmacherei und chymistisches Obskurantentum, sondern um Industrie im Keimstadium. Freilich ist zu gestehen, daß es auch einer gewissen Unstete des Meisters zu verdanken ist, wenn daraus nichts wurde, und nicht zu verkennen, daß eine chemische Frühindustrie es nur schrittweise über sich gewinnen konnte, der uralten Suche nach dem Magisterium, dem Stein der Weisen, zu entsagen – und ferner endlich zu wissen, daß man es sich ganz einfach zu leicht macht, wenn man in der mittelalterlichen Alchymie nichts weiter sehen zu dürfen glaubt als einen unzulänglichen Schnickschnack mit dem höchst trivialen Ziel, Gold zu machen. Es ist allerdings nicht leicht auszusagen, was Alchymie eigentlich war. Aber C. G. Jung (...) hat dem mystisch-magischen Wesen der Sache viele Arbeiten gewidmet. Im Sinne hatte man, wenn ich Jungs schwierige Erläuterungen richtig verstanden habe, Spekulationen philosophisch-analytischer Art, deren gedanklich lösenden Fortgang chemische Prozesse als magische Spiegelbilder nur veranschaulichten. Und Scharlatane, weiß man, gibt's in jedem Beruf, und ein Schuß Scharlatanerie gehört auch zum Handwerk wie das Klappern.

Johannes Kunkel, ein Mann aus der Nähe von Schleswig, sah die Welt erstmalig im Jahre 1630, wurde Apotheker und Fachmann der technischen Chemie. Als solcher wurde er zu Annaberg in Sachsen Direktor des chemischen Laboratoriums, las in Wittenberg und folgte 1677 einem Ruf nach Berlin zum Großen Kurfürsten. Denn nicht er etwa war ein Obskurant, sondern Sachsens Johann Georg II. war einer von den vielen, die sich unter der ernsthaften Laboranten Tätigkeit nichts anderes als die basse Goldmacherei vorzustellen wußten. Kunkel indessen entdeckte den Phosphor, ja doch ja, und schrieb u. a. die *«Ars vitraria experimentalis»* oder die «Vollkommene Glasmacherkunst.» Auch ein *«Collegium physicochemicum experimentale»* verfaßte er und manches andere noch. So untersuchte er die eisensauren Quellen von Bad Freienwalde. Er brachte auch die alte Drewitzer Glashütte bei Potsdam wieder in Schwung, so daß sie ausgezeichnetes Kristallglas erzeugte und schöne bunte Glasperlen, mit denen man die Herzen der schwarzen Brandenburger in Afrika gewinnen konnte; denn damals noch betraten die Lumumbas nicht gleich die Weltbühne unter Zeter und Mordio, sondern beschieden sich mit buntem Kinkerlitz aus Europa in Taschenformat.

Kunkel erhielt die verödete Pfaueninsel als Erbeigentum und Experimentiergelände zugewiesen, auch wurde er in Würdigung seiner Verdienste Lehnschulze von Kladow. Man erzählt, daß er in der insularen Stille das Rubinglas hergestellt habe, doch mag dies auch schon in seinem Berliner Domizil, auf dem Grundstück der heutigen Parochialkirche, erzeugt worden sein. Daß er Neider hatte, was sagt das schon? Die Rubinglasherstellung erforderte Gold. Chemische Experimente kosten Geld. Aber mächtig hielt der Große Kurfürst die Hand über den stillen Pflanzer früher, praktischer Wissenschaft. Einmal auch besuchte er ihn auf der Insel.

Nicht so der Sohn! Ob andeswo die Söhne in vergleichbarer Weise mit den Kreationen und Kreaturen ihrer Väter jeweils dermaßen aufgeräumt haben? Als der Sieger von Fehrbellin das Zeitliche segnete, liquidierte sein Sohn des (...) Raulé Ost-Guinea-Kompanie zwar nicht sogleich, aber schickte den Raulé und andere nach Spandau in den Turm. Und dem Kunkel, dem Entdecker des Phosphors, der Schwarzen Kunst bezichtigt, ward der Prozeß gemacht.

Schlimm eigentlich! Keiner von den Prozessen, die Preußens nachmals erster König führte, scheint auf anderen als tönernen Füßen gestanden zu haben: Danckelmanns nicht, Raulés nicht und Kunkels erst recht nicht. Falsche Karten werden untergemischt, und fauler Zauber fängt an, wo Wissenschaft und Industrie hätte Wurzel schlagen können. Schweden mischt sich ein. Glashütte und Wohnhaus auf der Pfaueninsel werden ein Raub der Flammen – Zufall? Wer weiß? – und eines schönen Tages sieht Stockholm auf einen adligen Bergrat namens Kunkel von Löwenstern.

Aber wie sollte einem strebenden Geiste mit irdischem Rauschgolde gedient sein, vom Gelde zu schweigen? Oder saß die alte Unart platter Goldmacherei doch noch tiefer? Stieg je ein Neuzeitler als schlackenloser Phönix aus der mittelalterlichen Asche, und hatte nicht auch der neuzeitliche Reformator noch, tintenfaßschleudernden Rückfalles, den Teufel für leibhaftig gehalten? Ja, der altböse Versucher mochte wohl gar die Hand im Spiele haben, als den Herrn über Rubinglas und Phosphor in Stockholm die Nachricht über die golderzeugenden Machenschaften eines gewissen Jemand in des Apothekers Zorn rückwärtiger Hexenküche am Berliner Molkenmarkt ereilte, den wir Johann Friedrich Dädalus genannt haben? Den Teufel auch! Kunkel von Löwenstern und Böttcher trafen sich flugs bei Bernau, wo der Bergrat vom schwedischen Gelde Grund und Boden erworben hatte. Den Teufel auch! War Kunkel derjenige, der Böttchern, dem Adepten, der Weisheit letzten Schluß mit auf den Weg gegeben, auf den Weg, der zum Porzellan führte?

Hans Scholz (geb. 1911)

Frühling bei Moorlake

I

Wieder April. Noch halber Winterschlaf. Am Ufer steht man und sieht über die schon wunderholde Fläche.

Vorwärts. Stillere Straße; Wald und Duft, – nicht lange, so kommt man zur Meierei, der Pfaueninsel gegenüber.

Im Sommer ist hier tolles Treiben, die Menschen hauen sich um die ellenhohen Gläser mit Potsdamer Stangenbier, – heut' aber, wo erst Vorfreude des Frühlings herrscht, sind nur Hühner anwesend.

II

Hinter Moorlake streckt sich ein Brückchen, mannsbreite Steinfliesen säumen es. In dem Rohr der Havel hocken zwei Wasservögel, – er und sie. Von Zeit zu Zeit schwimmen sie ein bißchen herum. Glückliche Rentner. Die Fläche leuchtet. Soll man weiter gehn?

Niemand kann einen hindern, sich auf die Steinfliesen der Brückenwand zu legen. Von den Knien ab hängen die Beinkleider mit dem was drin steckt über den Rand. (In der Mark Brandenburg ruht man gewissermaßen schon am Busen der Natur, wenn auf den Steinfliesen eines Brückengeländers die Beine baumeln.)

III

Auch das fällt in diesem nordisch erzogenen Lande noch auf, man darf überhaupt nicht auf einem Brückengeländer sitzen.

IV

Ach es ist ja so wurst, – wer weiß, wie lange man lebt.

Der Himmel über der teils grünen, teils perlmutternen Flut färbt sich tiefer mit Abendglanz; durch die Luft scheint faßbar eine Seligkeit zu fliegen. (Was ist ein Name? Jemand, der in diesem Zusammenhang das Wort «Glienicke» liest, wird auflachen. Die Wenigsten stellen sich vor, daß derlei Stimmung dennoch in einer meist so dürftigen Landschaft zu haben ist.)

V

Eine Stunde sitzt man auf dem Geländer; dann, beim letzten Sonnenrot, hinab an den Strand; schmale dünne Kiesel; man nimmt sie, ein Stück nach dem andern, übt sich in dem alten Kinderspiel, das wir in Schlesien «Butterschnitten schmieren» nannten. Der Stein berührt die Fläche des still abendlichen Stroms, springt wieder heraus, taucht wieder in die Flut, hüpft weiter, weiter weiter. (Opalisierende Kreise, drei, fünf, sechs.)

VI

In einer Luftstimmung von Halbdunkel und Gold schreitet man über die Glienicker Brücke; in der Kühle des Abends geht es durch den herrlichen Teil des Havelgehegs, welcher «Der neue Garten» heißt.

Auf der vordersten Segeljacht sind zwei Lichter angesteckt. Die Dämmerung bricht ein.

VII

Und im dunkelnden April, noch immer umhaucht von unwahrscheinlich süßer Luft, kommt man schreitend nach Potsdam. Letzter Abglanz friderizianischer Herrlichkeit. Umleuchtet und umdunkelt. Es ist nun kühl.

Man geht in den «Einsiedler». Dort sitzt man im Licht. Und ißt ein großes Stück Fleisch.

Alfred Kerr (1867–1948)

Straße nach Kohlhasenbrück

Die Bäume haben weiße Schürzen umgezogen
Gegen den Schmutz den die Autos werfen
Man ist sehr vornehm hier
Zum Telefonieren trägt man einen Zylinder
Die Enten unter der Brücke singen Mozartarien
Besonders schön um Mitternacht
Wenn der letzte Bus verpaßt
Und du mit der Nebelfrau zwischen Bäumen schläfst

Zwischen Bäumen mit weißen Schürzen

Rolf Haufs (geb. 1935)

GRUNEWALD UND HAVEL

Dreilinden

Durch die neue Zweigbahn der Berlin-Potsdamer Bahn, welche sich bei Zehlendorf südwestlich abzweigt, ist die malerische Seenkette des Grunewaldes, welche als altes Havelbett sich von dem Lietzensee bei Charlottenburg bis zu der Ausbuchtung der Havel bei der Station Wannsee hinzieht, dem Verkehr aufgeschlossen. Der stille Strom, welcher mit seinem klaren Wasser und seinem feinsandigen Grund so recht zum Baden einladet, gewinnt hier, von der Friedrich-Wilhelms-Brücke westlich vorbei am Kladower Sandwerder bis zur Kladower Bucht gemessen, die gewaltige Breite von 4500 m, wogegen – vergleichsweise – die Breite der Elbe bei Dresden 500 m, die des Rheins bei Köln 420 m beträgt. Durchgängig ist die Havel dort 1500 m breit. Unweit der Station Wannsee oder Dreilinden, wie die unmittelbar gegenüberliegende Station der Berlin-Wetzlarer Bahn heißt, zweigt sich südöstlich ein einsamer Waldweg ab, auf welchem man nach einer Viertelstunde Gehens ein einsames und schlichtes Forsthaus erreicht, das sich als solches durch Geweihschmuck und das Gekläff von Jagdhunden zu erkennen gibt.

Hier, im Jagdhaus Dreilinden, haust einer der besten und eifrigsten deutschen Jäger in ländlicher Zurückgezogenheit, der Neffe des deutschen Kaisers, der Feldmarschall Prinz Friedrich Karl.

Ernst Friedel, 1882

Jagd im Grunewald, zur Kaiserzeit

Die Parforcejagden hinter der königlichen Meute wurden *vor* dem Tage des heiligen Hubertus, des Schutzpatrons des edlen Waidwerkes, im Potsdamer Stadtforst, *am* Hubertustage (3. November) jedoch im Grunewald geritten. Sich an den Parforcejagden zu beteiligen, war kein Offizier gezwungen. Doch die Kommandeure der Regimenter der Garde-Kavallerie sahen es gern, daß ihre Leutnants sich nicht von den Parforcejagden ausschlossen. (...)

Es war die einzige Jagd, die nicht im roten *Rock*, sondern im roten *Frack* geritten wurde, und mit weißen, statt gelben Stulpen an den Stiefeln, mit weißer Schabracke und weißem Zaum- und Vorderzeug. Aufs Haupt setzte man sie nicht die schwarze, runde Samtkappe, sondern einen Zylinderhut, der – Vorsicht ist die Mutter der Weisheit! – mit einer im Knopfloch befestigten Schnur versehen war.

Vor dem Aufbruch zur Hubertusjagd stärkte sich das rote Feld der Jagdteilnehmer an einem kalten Büfett im Hofe des Grunewaldschlößchens bei den Klängen der Kapelle der Garde-Schützen. Auch die Damen, darunter königliche Prinzessinnen, die zu Wagen aus Berlin gekommen waren, verschmähten die Darbietungen des Büfetts nicht, namentlich nicht den perlgrauen, ungesalzenen Kaviar. Ihn stiftete der Zar aller Reußen. Als Prinz Karl von Preußen, Wilhelms I. Bruder, die «roten Jagden» aus England nach Preußen verpflanzte, hatte sein Schwager, Kaiser Nikolaus I. von Rußland (der «schönste Mann seiner Zeit» und Ehrenbürger von Berlin) ihm zugesagt, zu jedem Hubertustag ein Fäßchen des allerbesten Kaviars zu spenden. Die Nachfolger des Zaren Nikolaus I. blieben dem Brauche auch dann noch treu, als der «Draht nach Rußland» am Boden schleifte und die russisch-preußische Freundschaft nach Bismarcks Entlassung allmählich in Entfremdung und Feindschaft umschlug.

Zuweilen führte Wilhelm II. die Hubertusjagd selbst an. Sonst vertrat ihn bei den Jagden, die ich von 1887 bis 1891 mitritt, sein Vetter und Schwager, Prinz Friedrich Leopold von Preußen. Von ihm empfing man nach der Jagd den «Bruch», einen kleinen Tannenzweig, den man sich an die Brust steckte. Wurde dann das Halali geblasen, so mußte man den Handschuh abstreifen, bevor man den rechten Arm emporstreckte und «Halali! Halali!» rufend die Hand schwenkte. Unterließ dies ein Neuling, so packten die neben ihm Stehenden geschwind seinen Arm, und er mußte sich mit zwanzig Mark loskaufen. Das Goldstück kam den Läufern zu Gute. Das waren fabelhafte Kerle und verwegene Burschen, die auf rätselhafte Weise das Kunststück vollbrachten, immer, wo die Jagd auch endete, zur Stelle zu sein. (...)

Wer am Hubertustage ausgehoben hatte, brachte, ob ergrauter General oder kaum dem Kadettenkorps entschlüpfter Leutnant, das Hoch auf den Kaiser, den allerhöchsten Jagdherrn, beim Jagddiner im Schloß Grunewald aus. Erbsensuppe mit Schweinsohren eröffneten unabänderlich als erster Gang das Essen.

Führte an Stelle des Prinzen Friedrich Leopold von Preußen, der auch im roten Rock und Frack wie eine Figur aus einem Modejournal anzusehen war, der Vize-Oberjägermeister Graf Richard Dohna-Schlobitten die Jagd, dann herrschte eine rauhere Tonart. Der ostelbische Grande war ein Mann von massiver Gestalt – und von massiver Grobheit! Aber vor der letzten Jagd im Potsdamer Forst, also vor der Eröffnung der Jagden im Grunewald, ersuchte er alle Rotröcke, ihm zu Fuß so weit abseits zu folgen, daß kein unberufener Lauscher ihn hören konnte. Und nun bat er für alle Injurien, zu denen der Jagdeifer ihn verleitet hätte und künftig noch verleiten könnte, um Generalpardon. Er brachte diese Bitte so urwüchsig und drollig hervor, daß ihm der Generalpardon einstimmig und mit Lachen zugebilligt wurde.

Ad. von Wilke

Die Grunewaldseen

Die leidenschaftliche Vorliebe des Berliners für seinen Grunewald, in dem er an schönen Wochentagabenden und am Sonntag kaum ein Fleckchen Grün unbesetzt ließ, erklärt sich aus enger gefühlsmäßiger Verbundenheit. Der Grunewald war sein Wald sans phrase, er gehörte zu Berlin genau wie der Tiergarten, ohne allerdings ebenso schön zu sein. Sand und Kiefer brachten doch nur ein ziemlich mageres Ganzes zusammen, aber vielleicht war es gerade diese nüchterne Art von Natur, die dem Empfinden des Berliners entsprach.

Möglich ist aber auch, daß es nicht der Grunewald an sich war, der anzog, sondern seine bequeme Nähe. Der Berliner war berühmt dafür, daß er das Fahren dem Laufen bei weitem vorzog. Seine Neigung zur sportlichen Betätigung – die uns Nachkommen so selbstverständlich erscheint – war verschwindend gering entwickelt. Obgleich das Bier recht spät das Nationalgetränk hier an der Spree wurde, erschien er – mehr mittelgroß als schlank – vielfach mit einem Bierbauch belastet, der Prototyp des der Anstrengung abgeneigten Menschen. Das Vorwiegen der Kopfarbeit zeigte sich auch im körperlichen Typ. Das Endziel seiner Ausflüge war wahrscheinlich nicht nur ein schöner Flecken, ein Berg, eine Bucht, sondern ein Lokal, in dem man ausruhen konnte. Der Berliner besaß Sitzefleisch. Wohin er auch immer kam, er blieb, bis daß die Sonne unterging. Darum war die Märkische Schweiz zum Beispiel nur Ferienaufenthalt, höchstens aber das Ziel einer als unglaubliche Anstrengung betrachteten Tour eines oder mehrerer Tage.

Wenn der Berliner mit der Straßenbahn nach dem Grunewald fuhr, blieb er nicht selten in Halensee hängen. Hier war ein großer Rummelplatz, mit dem Seebad, mit Karussels und Würfelbuden, eine reine Freude für Kinder und Erwachsene. Der Wunsch nach geringerem Lärm und beträchtlich geringen Geldausgaben lockten oft nicht viel weiter nach dem Café Grunewald, wo es so mächtige Kuchenstücke gab. Oder man ging nach Hubertus, wo man auf Terrassen sitzen und das Mitgebrachte verzehren konnte. Was jenseits kam, war den meisten Berlinern dann unbekannt. Viele fuhren auch mit der Stadtbahn. Am Bahnhof empfingen einen die Bonbonverkäufer und Pfeifenhändler, man konnte hier im Restaurant am Bahnhof bleiben, das an Sonntagen völlig überfüllt war, oder man konnte über die Hügel zum Hundekehlensee hinunterwandeln und dort Seeluft atmen. Weiter hinaus, über das Jagdschloß nach Paulsborn oder gar die anderthalb Stunden nach Schildhorn gingen seine Wünsche sehr selten. Der Berliner war ein genügsamer, körperlich schwer beweglicher, durch angestrengte Arbeit sehr ermatteter Mensch. Von der Regeneration durch körperliche Anstrengung und Sport wußte er nichts oder hielt nicht allzuviel davon.

Nun darf man allerdings nicht vergessen, daß gleich hinter der Endstation der Bahn tatsächlich der Wald begann, daß man sich bald im Moos und Grün ausstrecken konnte. Von Villenkolonien war nur andeutungsweise etwas zu sehen. Von allem in der Weltstadt hat der Grunewald – man kann sagen mit Bewußtsein und Absicht – seinen provinziellen Charakter am längsten und zähesten konserviert. Er wurde mit Absicht ein bißchen vernachlässigt, ein wenig wild erhalten, damit der Berliner seine Ländlichkeit recht lange genießen könne. Noch um 1900 guckten die Hasen über den Bahndamm. Schritt für Schritt, gar nicht gern gesehen und heftig befähdet, erzwang sich die Villenkolonie Grunewald Weg um Weg, Straße um Straße. Von großen Verkehrsstraßen war überhaupt nicht oder doch sehr widerwillig die Rede. Dahlem lag sogar noch ganz in dörflicher Stille.

Wenn man heute das vollkommen erschlossene Nicolassee und Schlachtensee betrachtet, dann kann man nicht verstehen, daß damals hiervon so gut wie nichts gewesen ist. Auch Potsdam war nur für wenige ein bevorzugter Ausflugsort. Ihn machte man wohl gelegentlich zum historischen Anschauungsunterricht für die Kinder, aber mehr nicht. Wannsee war ein exklusiver Ort für einsiedlerische Menschen, vornehm, in keiner Weise vergnügt, ohne dicht von Booten bevölkert zu sein wie heute. Ein nicht sehr billiges Strandlokal hatte ein gewähltes Publikum, vor den Villen lagen recht vereinzelte Yachten. Höher hinaus konnte es auch der reiche Berliner kaum bringen, Wannsee schloß sich in der Idee an manchen kostbaren und sehr ähnlichen Villenort des traditionellen Hamburgs an.

Dieses etwas verträumte Dasein der Havelseen, ihre Reserviertheit – Schlachtensee war lange die Kolonie etwas abseitiger Menschen – haben vielleicht zu lange verhindert, daß die Umgebung Berlins im Reiche nach Verdienst gewürdigt wurde. Wenn von ihr die Rede war, dann zuckte wohl in den meisten Fällen der Zuhörende mit der Achsel und behauptete, Berlin habe keine Umgebung.

Hans O. Modrow (geb. 1905)

Forstmeister-Perspektive

Immer beliebter wurde der Grunewald als Ausflugsziel für die Berliner, besonders für Liebespärchen. Denn es ging im Volksmunde die Mär, daß Liebesabenteuer im Banne des Grunewaldes in der Regel ohne unerwünschte Folgen bleiben sollten. In allen Dickungen wimmelte es daher von Liebespärchen. (...)

Zwei Dinge jedoch erforderten energische Bekämpfung dieses Rummels: Erstens zertraten die Pärchen rücksichtslos die jungen Anpflanzungen und rauften gar noch dicke Sträuße grünen Laubes von den kostbaren Pflanzungen ab, hinterließen dafür Unmengen von Papier, Scherben und sonstigen Abfällen, die ich für teures Geld wieder aufsammeln und beseitigen lassen mußte. Dann aber kam das Gefährliche: nach gehabtem Vergnügen entzündeten sich die Pärchen häufig inmitten der Nadelholzdickungen Zigaretten und warfen die glimmenden Zündhölzchen und Zigarettenstummel achtlos beiseite. Die Folge waren in der Trockenzeit von März bis Oktober fast zu jedem Wochenende kleine oder große Waldbrände, die die mühsam herangehegten Schonungen vernichteten. Immer wieder wurden wir Forstbeamten von der Arbeit oder aus den Betten geläutet, mußte die vielgeplagte Berliner Feuerwehr in den Grunewald jagen, wenn eine Schonung oder Dickung in Eichkamp, Dachsberg oder bei Schildhorn in Flammen stand. Unter großen Kosten umzog ich immer wieder alle gefährdeten Orte mit Maschendrahtzäunen, was nicht zur Verschönerung der Landschaft und zur Hebung der Waldbesucherstimmung beitrug. Man stahl nachts die Zäune stückweise, um daraus Hühner- und Karnickelställe zu bauen. Darauf strich ich die Zäune mit Mennige und frischem Teer an und überspannte sie mit geteertem Stacheldraht. Das half etwas. Aber erst, als ich innerhalb der Dickungen spitze Stolperpfähle von Handhöhe unregelmäßig eintreiben und mit geteerten Stacheldrähten verbinden ließ, ferner Rundfunk und Presse alarmierte, gaben die Dickungsliebhaber und -liebhaberinnen den Kampf auf. Freilich, jeder neue Zaun bedeutete eine neue Gefahr und Erschwernis für das Wild. Denn immer wieder ließ das Publikum auch im Hundesperrgebiete seine Lieblinge frei umherlaufen, die das zu Gesicht kommende Wild umherhetzten und an den Zäunen leicht reißen konnten. (...) Indessen schritten wir energisch gegen die Hundehalter ein und hatten einigen Erfolg. Auch lernte das Wild sehr rasch, mit den Zäunen fertig zu werden: Die stärkeren Stücke überfielen sie einfach, die schwächeren krochen drunter hindurch oder durch die von Holzsammlern immer wieder hineingeschnittenen Löcher.

Alexander Schmook (1888–?)

Humboldtstraße 35 a

Das Grunewaldviertel ist immer etwas Besonderes gewesen, das kann man auch heute noch spüren. Es ist entstanden in der Glanzzeit des Wilhelminischen Deutschland, als *quartier résidentiel,* in dem die Howardschen Ideen von der Gartenstadt eine exemplarische Verwirklichung fanden. Sein zeitgenössischer Gegenpol waren das Reichstagsgebäude von Wallot und der Dom: das war das kaiserliche Berlin mit seinem imperialen Anspruch und Glanz.

Von «Villenvorort» zu sprechen, führt in die Irre. Im Grunewaldviertel baute die Großbourgeoisie in parkartigen Gärten ihre Schlösser; im Gegensatz zu Paris und London kennt Berlin – charakteristischerweise – das *hotel particulier* nicht. Auch der Adel, mit wenigen Ausnahmen, besaß kein Stadtpalais, sondern wohnte im Hotel, wenn er seine Besitzungen auf dem Lande verließ, um zu Hofe zu gehen oder seinen Sitz im Herrenhaus einzunehmen. Die Alleen sind hier so breit, weil Reitwege auf ihnen geführt waren. Sie wurden noch in meiner Jugend benutzt. Was heute als ansehnliches Wohnhaus wirkt, war früher Reitstall und Remise. Nur vereinzelt lebten hier Menschen von bescheidenem Lebenszuschnitt. Das waren Professoren oder Literaten, wie Maximilian Harden, der in der Wernerstraße ein Gartenhäuschen besaß. Zu diesen bescheideneren Bewohnern gehörte auch meine Familie. Hier also bin ich aufgewachsen, das war für mich Berlin. In andere Viertel, mit Ausnahme des Kurfürstendamms, des Tiergartenviertels und des historischen Zentrums der Stadt, mit den Linden, dem Schloß und der Museumsinsel, kam ich nur selten. Das waren dann immer Expeditionen, die durch langes Kartenstudium vorbereitet wurden.

Ich hatte eine außerordentlich privilegierte Kindheit. Sie war bürgerlich im besten Sinne des Wortes. Meine Eltern waren nicht reich, aber ein gewisser Wohlstand war das Selbstverständliche, über das man nicht sprach. Auch in meinem Elternhaus «hingen keine Gainsboroughs», aber es war angefüllt mit den Requisiten, die zu den Essentials einer kultivierten Lebensform gehören. Was mir heute besonders phantastisch erscheint, war der Luxus an Raum (an Quadratmetern), über den vier Menschen, – Vater, Mutter und zwei Kinder – verfügten. Da gab es Zimmer, die man tagelang gar nicht betrat. Der Arbeitsraum meines Vaters in der obersten Etage war ein *boun retiro*, zu dem der Zugang nur unter Ausnahmebedingungen gestattet war. Die Küchen- und Kellerräume zu betreten, war fast verboten. Ich bin fest davon überzeugt, daß mein Vater niemals den Fuß in die Küche gesetzt hat. Den Wein holte er allerdings selbst aus dem dafür vorgesehenen Keller.

Selbstverständlich gehörten zu einem solchen Haus auch Dienstboten. Eine Mamsell, das Zimmermädchen, ein Hausmeisterehepaar und eine französische Gouvernante. Bei großen Gelegenheiten kam Herr Misamer, ein perfekter Butler, der wenige Häuser weiter im Dienst war. Man sah ihn gelegentlich in den Straßen, in gelbschwarz gestreifter Weste, den Pudel seines Herrn spazierenführen.

Das war wenig, verglichen mit dem Personal, das es in anderen Häusern gab, aber es erscheint mir heute wie ein Traum. Wenn man mich fragte, welches der entscheidende Indikator für die Kulturschwelle ist, die wir übertreten haben, so würde ich nicht zögern zu sagen, daß es das Verschwinden der Dienstboten ist – welches auch immer die ökonomisch-soziologischen Gründe sind, die man dafür verantwortlich machen will. Man wird ein anderer Mensch, wenn es einem von Jugend an selbstverständlich sein darf, bedient zu werden, und kommt eigentlich nie über den Verlust an der dadurch gebotenen Entlastung und Lebenshilfe hinweg.

Nikolaus Sombart (geb. 1923)

Schloß Grunewald

Im Naturschutzgebiet zwischen Hundekehle und Grunewaldsee balanciert ein Hirsch sein ausladendes Geweih und
läßt sich von Sonntagsspaziergängern durch das Fernrohr
beäugen. Er ist so recht und ganz ein Hirsch, wie unweit
von ihm das Schlößchen durch und durch ein Jagdschlößchen ist. Halali und Pulverknall, Hatz, Blut und Tod gibt
es freilich nicht mehr. Für das Wild ist das Forsthaus Grunewald da, und das Jagdschloß dient allein der Veranschau-
lichung der Historie. Es ist die schreckliche Verlegenheit
nachrevolutionärer Zeiten, mit Schlössern und Schlößchen irgendetwas Demokratisches anfangen zu müssen, und
wenn man nur die vom Potentaten befreiten Bürger die
einstigen Lebensgewohnheiten der Entthronten bestaunen
läßt.

Im Jagdschlößchen hat sicher der Landesfürst kaum einmal geschlafen, es war mehr ein Verschnauf-Schloß, wo
Jagdgelage mit Umtrunk abgehalten wurden. Joachim II.
ließ es von Caspar Theyss errichten, im Jahre 1542, und
die reinen, einfachen Linien des alten Hauptgebäudes machen den Bau zu einem Schmuckstück märkischer Kultur-
geschichte. West-Berlin hat etliche solcher Schätze; sie
haben nicht direkt Weltruhm, aber eben dadurch stellt sich
ein intimes Entzücken ein, das auch auswärtige Besucher
erfaßt.

Sonntags, im Herbst, ist um das Jagdschloß ein starkes
Leben und Treiben. Seit der Renovierung des Baus, der im
weißen Anstrich leuchtet, ist das Wanderziel wieder inter-
essanter als früher. Vielleicht hat sich niemals früher zur
kurfürstlichen Jagd so viel Volks hier aufgehalten. Womöglich sind es jetzt noch mehr Hunde: Überall vor ge-
lichtetem Gesträuch stehen sie mit ihren edlen Konturen,
sie könnten niederländischen Landschaftsbildern entstam-
men, wie sie im Schloß drinnen zu sehen sind.

Das Volk findet sich also im Hof ein, der von weiß gestrichenen Wirtschaftsgebäuden umgeben ist und so tut, als sei hier noch echtes Leben, kein museales, und echtes Wirtschaften: die Dienerschaft ist für den Besuch des Fürsten gerüstet, die Köchin fühlt sich bei Kräften, mehrere Sauen zum Mahl zu bereiten.

Annemarie Weber, 1969

Teufelsberg

Es ist wahr, ich gehe an diesem Nachmittag, Akademie-Samstag-Nachmittag, mit dem Ungarn durch den Grunewald auf den Teufelsberg, von der Heer-Straße aus. Ich gehe den Scherbenberg hinauf, der aus Trümmern des ausgebombten Berlin aufgeschüttet ist, wir gehen die Bobbahn hinauf, am künstlichen Kletterfelsen vorbei, zu der silbernen, blauen amerikanischen Radar-und-Funk-Station hinauf, die mit Zwiebel-Kuppeln und Trichtern, ein amerikanischer Kreml, gegen Westen und Osten bläst und saugt, ein riesiges, technisch genau kalkuliertes Monument, ein Nachrichten-Einsatz-und-Ausforsch-Gehirn-Modell. Ich stehe mit dem Ungarn dort oben, Monument im Rücken, Blick über Berlin, rechts von der Skisprung-Abfahrt, – und wir stehen und sehen in ein Diarama der Dinosaurier-Politik! – Wir sehen, vor uns: pax americana, pax sowjetica, eine Welt von Supermächten, die bis an die Zähne bewaffnet sind und im Zusammenspiel; eine Welt von Superbanken und Super-Rückversicherungen.

In unserem Rücken, aus dem Nachrichten-Kreml, flibustern die Funk-qu-Zeichen; sie regeln die Lautstärken, die Frequenzen, die ganze Funkspruch-Kommunikation!

Und ich höre den Ungarn reden und reden, er probiert den Ohr-Ton vor meinem Ohr, redet und redet, und er kommt nicht zurecht in dieser Konstellation, «ja», sagt er, «sag es», sagt er, «sag es wieder, und wieder, was du zu sagen hast, zwischen den Blöcken, sag es immer wieder,

zwischen Kommando-Sprechfunk, in das Kenngruppen-
Gezirp hinein, mitten im Aktien-Myzel zwischen Block
und Block, – sag-es-immer-wieder, *sag es,* und laß dirs nicht
überstülpen!» Und wir hören die Geheimsender aus dem
Untergrund, die mit Chiffern-Sprachen in die amtliche
Sprachregelung hineinzirpen, und die, ohne daß es bemerkt wird, schon wieder offiziell werden, geworden sind,
– und da rutschen wir schon ein Stück hinein, in den Untergrund, ins Gelärm.

Walter Höllerer (geb. 1922)

Ein Amerikaner in Berlin, 1936

Im Vorgarten lagen noch die Schnitzel des wütend zerrisse-
nen Buches. Ich hob eine Handvoll auf und steckte sie
zur Erinnerung an diese Nacht in meine Tasche. (Ich besitze sie heute noch.) Zu fünft fuhren wir in den Grunewald
hinaus. Die Frische des frühen Sommermorgens tat uns
wohl. Als wir am düsteren Grunewaldsee vorbeikamen, auf
dessen moordunkler Fläche sich die alten Föhren spiegel-
ten, rauschten in der schattenschweren Morgenstille zwei
weiße Schwäne auf, und gleichsam mit ihrem majestätischen
Flug entrang sich Wolfes Kehle ein merkwürdig guttu-
raler Laut, ein tierhafter Jubelruf des Entzückens. Sinnen-
lust und Freude spielten auf seinem machtvollen Gesicht.
Er, der die großen Städte über alles liebte, lebte in einem
mythischen Einklang mit der Natur. Im «Schloß Marquardt»
standen die bequemen gelben Gartenstühle noch auf den
Tischen, und statt der Kellner beherrschten die Putzfrauen
die Szene. Trotzdem wies man uns ein Eckchen an. Thomas
Wolfe riß in übermütiger Laune eine bunte Decke vom Tisch,
hüllte sich mit keckem Schwung nach Indianerart in sie ein
und nahm mit dem Ausruf «I'm Sitting Bull!» Platz.

Heinrich Maria Ledig-Rowohlt

Weißestes Weiß

Gestern lag rosa-goldene Wintersonne auf den beschneiten Ästen der Kiefern. Die Havel, an den Rändern leicht vereist, zeigte ein hartes Schieferblau; der Himmel über allem war von einer lichten Heiterkeit, die es nur hier gibt in unseren mäßigen Zonen, und auch hier nur ein-, zweimal im Jahre. Zwischen den rotbraunen Stämmen der hohen, einzeln ragenden Föhren verdämmerte bald nach Mittag der Horizont im duftigsten, sanftesten Violett. Die hartgefrorenen bambusgelben Schilfhalme mit ihren dunkelgrauen Mähnen ragten starr auf zwischen Schneeland und See. Weißestes Weiß, unberührt, hatte alle dunklen Töne der Erde ausgelöscht; um so leuchtender das Rot im Gefieder des Spechts, der hellgrüne Anstrich des Kahnes und das tiefe Grün der Kiefernadeln, deren würziger Duft in der ganz reinen Winterluft zu riechen ist, die einem die Brust weitet und den Kopf klärt.

An warmen Sommertagen sind Havel und Grunewald ein Ameisenhaufen. Gestern zogen nur ein paar Skiläufer zu den wenigen Hügeln, und Kinder mit Schlitten belebten die Wege. Er ist nicht süß und einladend, der Reiz der winterlichen Randlandschaft von Berlin; er erschließt sich nicht gleich, und man darf nasse Füße und kalte Ohren nicht scheuen. Aber steht man dann dort zwischen Schilf und Wald, Wasser und Winterhimmel im Schnee und blinzelt in die trotz allem wärmende Mittagssonne, sieht den Tauchern und Bleßhühnern zu, muß sich Hände und Nase reiben, und überläßt man sich ganz einem solchen Augenblick – dann gäbe man nicht um Neapel und Rio und alle exotischen Schönheiten der Welt dieses Gefühl eines nahezu vollkommenen Glücks hin, inmitten dieser kargen märkischen Umgebung von Berlin.

Thilo Koch (geb. 1920)

DIE BEZIRKE SPANDAU UND
REINICKENDORF

Eine Landpartie

Wenn man den Zusammenfluß des schmutzigen Wassers der
Spree mit den blauen Wellen der Havel hinter sich hat, wird
die Landschaft grüner und grüner und prägt sich immer mehr zu jener ländlichen stillen Abgeschiedenheit aus,
welche die Industrie aus der Umgebung großer Städte ver-
bannt.

Plötzlich hält der Zug in der Mitte eines Waldsaumes an.
Man sieht nichts als Bäume, und mit erstauntem Blick hört
man überall fragen: «Aber wo ist denn hier der Finkenkrug? – Ich denke, er ist gleich an der Eisenbahn?» – und
mit noch größerem Erstaunen hört man die Antwort, daß
er eine gute halbe Stunde Wegs von hier entfernt ist.

«Un bei die Hitze!» ruft seufzend ein dicker, echter Berliner. Aber in demselben Augenblick stößt er einen Freu-
denschrei aus, drängt sich ungestüm durch die vor ihm
Stehenden und eilt einer bis dahin noch nicht bemerkten
Reihe von Bauerwagen zu, die hier die Stelle der Omnibus
vertreten. Der Anfang ist gemacht, und Herren wie Damen
suchen so schnell als möglich, vermittelst einer Leiter, auf
den Stohsäcken Platz zu erhalten.

Diejenigen, welchen dies nicht geglückt oder die es vor-
zogen, den Weg zu Fuß zu machen, sind ein Stückchen
voraus und sehen bald in dem reizenden Walde, der noch
ebenso feierlich still, eine mit lauten Hurras und Musik
vorüberziehende wilde Gesellschaft, die durch die opposi-

tionellen Wurzeln einiger Bäume zu den groteskesten Luft-
sprüngen gezwungen wird.

Der «Finkenkrug» ist der einigermaßen poetische Name
für ein paar Bauernhäuser und einen Schuppen, die in der
Mitte eines herrlichen Laubwaldes liegen; eine Anzahl jener Tische und Stühle, wie sie in Gartenlokalen zu finden,
fordert auf: zu fordern und zu genießen. Die Wahl der Speisen und Getränke, die man dort findet, ist selten zweifelhaft.

Teils wird nun bestellt, teils aber auch das reizendste der
Füllhörner, jener große patentierte Normalkober, geöffnet,
aus welchem sich der Segen himmlischer Manna in Gestalt
irdischer «Butterstullen» ergießt.

Später, wenn Erdbeeren gesucht oder die schon früher
angeführten unschuldigen Spiele gespielt sind, bemächtigt
sich die Jugend jener Musikanten, die mit vollem Recht in
der Dorfschenke eines Tenier oder Ostade fidelen könnten,
um beim schnarrenden Klang verstimmter Geigen in dem
erwähnten Schuppen zu tanzen.

Eine Glocke, die man nicht versucht sein kann, für das
Angelus zu halten, gibt plötzlich das Zeichen, daß es Zeit
ist, zur Eisenbahnstation aufzubrechen, und in langen, zer-
streuten Zügen, wie es gekommen, durchzieht das Völk-
chen den Wald.

Ungeduldig wartet man auf das Nahen der Lokomotive,
bis der ferne Pfiff wie ein elektrischer Funke die Gesellschaft durchfährt, von der jeder, wenn der Zug hält, den
besten Platz zu erobern sucht; hierbei ist es nicht unmöglich, daß die Mutter ihr Kind, die Braut den Bräutigam und
der Mann die Frau verliert.

So endet ein Vergnügen, – eine Landpartie, – eine Extra-
fahrt nach dem Finkenkrug.

Ludwig Löffler, 1856

«Nach Spandau»

Allein Spandau ist zugleich ein Ort des Schreckens, und
der Name hat einen üblen Klang für alle, die nicht ganz reinen Gewissens sind. Denn es ist dort eins der Hauptzucht-
häuser befindlich und die Festung bewahrt viele hundert Gefangene verschiedener Gattung, von der höchsten Klasse der
Staatsgefangenen abwärts bis zum Baugefangenen in schwe-
rem Eisen. Schon in Friedrichs des Großen, ja in seines
Vaters Munde, war das Wort «Nach Spandau» ein Donner-
schlag für den, den es traf, und noch heut zeigt man unter
anderem in der Festung das schauerliche, jedem Tageslicht
verschlossene Gewölbe, wo der Kammerdiener Friedrichs
des Großen, der ihn auf österreichische Veranlassung zu vergiften unternommen hatte, doch die Tat, ihm zu Füßen
stürzend, reuig bekannte, dreiundzwanzig Jahre geschmach-
tet hat! – Nach Spandau wanderte das ganze Kammerge-
richtspersonal, welches sich weigerte, den Prozeß gegen den
Müller Arnold, der Friedrich dem Großen zwar verdienten,
aber doch ungerechten Ruhm erworben, zu reformieren!

Ludwig Rellstab, 1851

Siemensstadt

Nachdem man den Unterschied von Gerechtigkeit und
Selbstgerechtigkeit erwogen hat, befindet man sich auf einem
Laubengelände, das, höflich ausgedrückt, nach Kreislauf der
Natur riecht; es schimmert aber dafür in allen Farben, die
zwischen Rosa und Dunkelblau liegen. Links fließt nahe
hinter gewöhnlichen Fabrikhöfen die Spree, rechts ruht der
plötzlich breit gewordene Himmel auf den zauswipfligen
Bäumen der Heide, gerade voran aber wächst etwas ins
Übermenschliche, oder wenigstens ins Übereuropäische,
höher als ein Haus, breiter als ein Turm, aufgerichtet über

Schienensträngen und Röhrenleitungen: eins der Werk-
gebäude von Siemensstadt. Je näher man kommt, desto stärker wird der Eindruck; steht man endlich nahe davor, so
findet sich an diesen rötlichen Flanken nichts als ihr zweck-
voll aufsteigendes Leben: Trotzig, vielleicht sogar etwas
protzig (in seiner gebietenden Aufgerecktheit; aber ohne ein
wenig Protzerei ist Monumentalität wohl überhaupt nicht
zu denken), zeigt das schöne Riesenkind der Technik und
des Aktienkapitals seinen athletisch ebenmäßigen Leib
dem Himmel.

Hinter ihm versteckt: das eigentliche Siemensstädtchen:
ein bescheidenes Wesen für sich, deutsche Kleinstadt anno
90, mit Lohengrinarchitektur und neueren Zusätzen.

Robert Musil, 1932

Brief aus Tegel, an Karoline

Verzeih, meine liebe Lina, wenn Dir die Bräutigamspost
heute nur zwei Worte bringt. Aber ich habe noch viel zu
tun und muß zu Mama nach Tegel. In mancher Rücksicht
ist mir meine Sommerexistenz lieber als die im Winter. Die
langweiligen Whistpartien hören dann auf, und in Tegel
ist's sehr schön. Die Gegend hat in der Tat etwas Romanti-
sches, und für eine hiesige ist sie überschön. Und ich, der
ich nun von meiner ersten Kindheit an da war, von wie
vielen Erinnerungen werd ich ergriffen bei jedem Anblick!
Wie so oft stand ich wie neulich auf dem Weinberg und sah
über das Feld und die Wiesen und den See und seine einzeln
verstreuten Eilande hin! Sehnsucht dehnte dann meinen
Busen aus wie jetzt, aber damals war das Sehnen so un-
bestimmt, so unruhvoll, jetzt so bestimmt, so harmonisch,
wenngleich auch jetzt verzehrend und heftig. Bei jedem
Schritt finde ich eine Szene der Vergangenheit wieder, und
das fesselt mich wunderbar an die Gegend. Wieviel hätte

ich manchmal in der Zeit, da ich abwesend war von hier, um eine halbe Stunde in dem Wäldchen gegeben! Es sah mich so oft gedrückt; nun hätt es mich glücklich gesehen! Und jetzt, da ich es wiedersehe, trotz der großen, schönen Natur, die ich sah, wirkt diese kleine, einfache Landschaft doch noch mit immer gleichem Zauber auf mich!

Wilhelm von Humboldt, 1790

Bei Humboldts

Der Geschmack der Humboldtschen Familie, vielleicht auch ein höheres noch als das, hat es verschmäht, in langen Reihen eichener Särge den Tod gleichsam überdauern und die Asche der Erde vorenthalten zu wollen. Des Fortlebens im Geiste sicher, durfte ihr Wahlspruch sein «Erde zu Erde». Kein Mausoleum, keine Kirchenkrypta nimmt hier die irdischen Überreste auf; ein Hain von Edeltannen friedet die Begräbnisstätte ein, und in märkisch-tegelschem Sande ruhen die Mitglieder einer Familie, die, wie kaum eine zweite, diesen Sand zu Ruhm und Ansehen gebracht hat.

Zwei Wege führen vom Schloß aus zu diesem inmitten eines Hügelabhangs gelegenen Friedhof hin. Wir wählen die Lindenallee, die geradlinig durch dend Park läuft und zuletzt in leiser Biegung zum Tannenwäldchen hinansteigt. Unmerklich haben uns die Bäume des Weges bergan geführt, und ehe uns noch die Frage gekommen, ob und wo wir den Friedhof finden werden, stehen wir bereits inmitten seiner Einfriedigung (...)

Wenn ich den Eindruck bezeichnen soll, mit dem ich von dieser Begräbnisstätte schied, so war es der, einer entschiedenen Vornehmheit begegnet zu sein. Ein Lächeln spricht aus allem und das resignierte Bekenntnis: wir wissen nicht, was kommen wird, und müssens – erwarten. Deutungsreich blickt die Gestalt der Hoffnung auf die Gräber hernieder.

Im Herzen dessen, der diesen Friedhof schuf, war eine unbestimmte Hoffnung lebendig, aber kein bestimmter siegesgewisser Glaube. Ein Geist der Liebe und Humanität schwebt über dem Ganzen, aber nirgends eine Hindeutung auf das Kreuz, nirgends der Ausdruck eines unerschütterlichen Vertrauens. Das sollen nicht Splitterrichter-Worte sein, am wenigsten Worte der Anklage; sie würden dem nicht ziemen, der selbst lebendiger ist in der Hoffnung als im Glauben. Aber ich durfte den einen Punkt nicht unberührt und ungenannt lassen, der, unter allen märkischen Edelsitzen, dieses Schloß und diesen Friedhof zu einem Unikum macht. Die märkischen Schlösser, wenn nicht ausschließlich feste Burgen altlutherischer Konfession, haben abwechselnd den Glauben und den Unglauben in ihren Mauern gesehen; straffe Kirchlichkeit und laxe Freigeisterei haben sich innerhalb derselben abgelöst. Nur Schloß Tegel hat ein drittes Element in seinen Mauern beherbergt, jenen Geist, der, gleich weit entfernt von Orthodoxie wie von Frivolität, sich inmitten der klassischen Antike langsam aber sicher auszubilden pflegt und lächelnd über die Kämpfe und Befehdungen beider Extreme das Diesseits genießt und auf das rätselvolle Jenseits hofft.

Theodor Fontane (1819–1898)

Im Humboldtschlößchen

Steht man am Mittelfenster des großen Salons, der bescheidener aussieht als ein großbürgerliches Eßzimmer der letzten Jahrhundertwende, und blickt an der mächtigen alten Eiche vorbei zur Grabstätte der Humboldts hinüber, hinter sich die kühlblau getünchten Wände und die antikischen Gipsgestalten, die niemand der Entführung oder Zertrümmerung für wert befand, dann begreift man plötzlich etwas vom Schicksal eines Namens, der einer Reihe von Generationen in diesem Lande einmal heilig war: Preußen.

Als Land hat Preußen staatsrechtlich aufgehört zu existieren. Als Bezeichnung für einen Stil, für eine Haltung, einen Charakter, einen Geist ist Preußen noch hie und da lebendig, aber verstreut, verborgen, halbbewußt, ungeliebt, ohne Zukunft, nachgeschichtlich.

Ob dieses Schicksal eines großen Namens gerecht ist? Die Geschichte fragt nicht danach. Preußische Tugenden gab es – das hat man manchmal jenseits des Rheins eher zugegeben als südlich des Mains. Die abstrakte Noblesse der Farben schwarzweiß stand für einen menschlichen Typ, dem Sparsamkeit eignete, Disziplin, Wirklichkeitssinn, Härte, Selbstbescheidung, manchmal Selbstaufgabe im Rahmen einer strengen, mit freiwilligem Eifer anerkannten Ordnung.

War es ein Charakter von menschlicher Größe, der sich dieser schwarz-weißen Idee verschrieb, kam es zu Gestalten wie Moltke, Stein, Clausewitz oder eben den Humboldts. Mittlerer Wuchs aber führte in Preußen zu einer gefährlichen Erscheinung: dem Untertan. Fürs Individuum, den freien Bürger, war wenig Raum in Preußen. «Etwas um der Sache willen tun, um seiner selbst willen» – das galt als preußisch. In dieser Neigung aber zur Verheiligung der Sache, zur Vergottung des Staates und der Pflichterfüllung in ihm, in der Preisgabe des Gewissens an ein Kollektiv schlummerten die Keime für viel Unheil deutscher Geschichte.

Solche Gedanken kommen an einem Herbsttag im Tegeler Schloß. Der Blick in den alten Park stimmt melancholisch. Hier hat Wilhelm von Humboldt oft gestanden; nicht einmal 100 Jahre ist es her, und seine Welt, eine starke, aufstrebende Welt, ist Vergangenheit. Nicht einmal einige unbezweifelte Werte jener Welt wirken noch in fruchtbarem Zusammenhang, nicht einmal jene schlichte preußische Anmut, wie sie da aus einem Portrait der Tochter Gabriele von Humboldt die Besucher des Tegeler Schlößchens nachdenklich ansieht.

Thilo Koch, 1956

Brief aus dem Gefängnis Tegel, an die Frau

11. Januar 1945

In der Verhandlung erwiesen sich alle konkreten Vorwürfe als unhaltbar, und sie wurden auch fallengelassen. Nichts davon blieb. Sondern das, wovor das Dritte Reich solche Angst hat, daß es fünf, nachher werden es sieben Leute werden, zu Tode bringen muß, ist letzten Endes nur folgendes: ein Privatmann, nämlich Dein Mann, von dem feststeht, daß er mit zwei Geistlichen beider Konfessionen, mit einem Jesuitenprovinzial und mit einigen Bischöfen, ohne die Absicht, irgend etwas Konkretes zu tun, und das ist festgestellt, Dinge besprochen hat, «die zur ausschließlichen Zuständigkeit des Führers gehören». Besprochen war: nicht etwa Organisationsfragen, nicht etwa Reichsaufbau – das alles ist im Laufe der Verhandlung weggefallen, und Schulze hat es in seinem Plädoyer auch ausdrücklich gesagt («unterscheidet sich völlig von allen sonstigen Fällen, da in der Erörterung von keiner Gewalt und keiner Organisation die Rede war»), sondern besprochen wurden Fragen der praktisch-ethischen Forderungen des Christentums. Nichts weiter; dafür allein werden wir verurteilt. Freisler sagte zu mir in einer seiner Tiraden: «Nur in einem sind das Christentum und wir gleich: wir fordern den ganzen Menschen!» Ich weiß nicht, ob die Umsitzenden das alles mitbekommen haben, denn es war eine Art Dialog – ein geistiger zwischen F. und mir, denn Worte konnte ich nicht viele machen –, bei dem wir uns durch und durch erkannten. Von der ganzen Bande hat nur Freisler mich erkannt, und von der ganzen Bande ist er auch der einzige, der weiß, weswegen er mich umbringen muß. (...)

Helmuth James Graf von Moltke

In Lübars

Spargelbeete, Erdbeeren, Kirschgärten, Schwalben, Feld-
sperlinge, Fliederbüsche, Lindenwipfel und am Feldrain
rechts zum heufarbenen Tale hin gestutzte Pappeln, jetzt
sieht man es genau: Lübars' Ziegeldächer gucken wie aus
sattgrünem Flaus. Und die bienensummende Dorfaue ist
ein schattendes Zelt, darin die Dorfkirche – sie ist selbstverständlich eine Gründung des 13. Jahrhunderts – von
Lichterflirren und grüngoldenem Blätterschatten dermaßen
überspielt wird, daß ich jetzt nicht zu sagen wüßte, wie sie
eigentlich aussieht. Alles steckt bis an den First im Hübschen und ist in allem sehenswert, aber nichts ist deshalb
schon eine Sehenswürdigkeit für sich; ein Satz, der in gewisser Weise für ganz Berlin gilt, wenn ich mir das recht
überlege, wobei freilich der Begriff hübsch etliche Einschrän-
kungen zu erfahren hätte.

Hans Scholz (geb. 1911)

Bürgerablage

Eine halbe Stunde später gab es schon wieder Wasser. Es
war die Havel in der Nähe von Heiligensee, im Ausflugs-
restaurant Feengrotte wurden riesige Mengen Weiße mit
Schuß (in knalligem Rot oder Grün) über die Ausflügler ge-
schüttet. Ein abgetakelter alter Dampfer namens «Konradshöhe» lag am Ufer und rostete seinem Untergang entgegen.
Konradshöhe hieß auch die Anlegestelle, wo kurz darauf
das MS «Tourist» hielt und etliche Entzückungsschreie von
Bord gehen ließ, auch Männer, die ihre Skatkarten bereit-
hielten. Auf die Frage, wohin die Fahrt gehe, kam die seltsame Antwort: «Bürgerablage.» Als Bürgerablage erwies
sich eine Lichtung am anderen Ufer, das hier fünfhundert
Meter entfernt ist, ein Badeplatz, ein Dampfersteg, ein
Restaurant mit großem Garten und ein Grenzposten. Dicht

neben der Anlegestelle steht ein Schild «Beginn des britischen Sektors»; hier also ist einer der Punkte, wo die Berliner Gewässer von der Politik zerschnitten werden.

Aber nirgendwo sonst gibt es einen merkwürdigen Badeplatz wie diese Bürgerablage. Da haben sich Hunderte von Berliner Bürgen abgelegt, unter Kiefern oder in der prallen Sonne, auf Luftmatratzen oder in Rettungsringen, mit Schwimmflossen und Tauchmasken, da hocken sie in Bikinis und Shorts, da hocken sie zu zweit, allein, oder sie kratzen im Familienrund Kartoffelsalat aus einer Blechkanne – und wenige Schritte entfernt verläuft der Stacheldrahtverhau. Drei Schilder warnen: Eins für die alliierten Soldaten, eins für die West-Berliner (Sie verlassen nach 70 Metern West-Berlin), und dann gibt es noch eins, mit dem es eine besondere Bewandtnis hat. An dieser Stelle nämlich geht die umgebende DDR-Grenze direkt auf das Ufer zu und bis etwa zur Mitte des Sees ins Wasser hinein; aber innerhalb des Gebiets liegen zwei winzige West-Berliner Exklaven, die Wochenendsiedlungen Erlengrund und Fichtewiese. Wer dort ein Grundstück hat, den lassen die Grenzposten gegen Vorlage des Siedlerausweises passieren. Aber er darf nicht mehr vom Garten aus ins Wasser oder ins Boot gehen, denn die Havel gehört an der Stelle schon zur DDR, nicht mehr zur Exklave. So liegen denn jetzt die Segel- und Motorboote, die «Alte Liebe», neben vielen anderen, dicht an dicht auf dem ersten Stück West-Berliner Ufer. Und die Parzellenbesitzer können sich zwar in ihren Bungalows umziehen, doch zum Baden müssen sie wieder ein paar Schritte zurück nach West-Berlin. Den Siedlerausweis, der ihnen als Passierschein dient, geben sie dann in der Blockhütte der West-Berliner Polizei ab.

Der Polizist, der an diesem Nachmittag Dienst tut, reicht einem Jungen in nasser Badehose seinen Ausweis aus der Hütte und berichtet dann. Die Grenze sei hier gut gekennzeichnet, auch im Wasser. Leider gebe es immer wieder Leute, die vom Übermut gepackt würden. «Sehen Sie sich den an, mit dem Motorboot! Albert da herum und ist eigentlich schon auf der Grenze. Sollte mich nicht wundern, wenn gleich das Boot von drüben kommt!» Nach einer Weile kam tatsächlich, hinter einem Schilfvorsprung, ein offenes Boot in Sicht, drei Soldaten in der Uniform der Grenzpolizei saßen darin. «Also eins muß man sagen: Haschmich spielen die nicht. Sie legen sich nicht auf die Lauer. Aber wenn's nun partout einer nicht lassen kann und schwimmt weiter rein über die Grenze, dann müssen sie eben einschreiten.»

Dieter Hildebrandt, 1975

Galgen und Pranger

Ein lebhaftes Gedenken bewahre ich auch noch an den
«Gesundbrunnen». Auch diese Ansiedlung lag Ende der
vierziger Jahre romantisch idyllisch zwischen Gärten und
Feldern, mit ihrem Brunnenhäuschen, in dem die Quelle
sprudelte, die dem Orte den Namen gegeben hat.

Dort wohnte die Schwester meiner Mutter mit ihrem
Manne und ihrer einzigen Tochter, einem kleinen Mädchen
in meinem Alter. Im Sommer des Jahres 1846 holte mich
in den Schulferien der Onkel eines Abends ab, damit
ich draußen in Luft und Sonne bei den Seinen ein paar
Wochen verleben möchte.

Ich marschierte tapfer mit ihm den weiten Weg durch die
Stadt bis zum Brunnen. Es war ein herrlicher, sonnen-
beglänzter Abend; aber als wir in die Nähe der Liesenstraße
kamen, wurde mir plötzlich etwas schaurig zu Mute. Eine
seltsame Erinnerung tauchte in mir auf. Im Winter vorher
hatte ich nämlich mit meinen Eltern denselben Weg zu-
rückgelegt, um meine Verwandten zu besuchen.

Es war ein düsterer trüber Novembertag gewesen, und
als wir in die Nähe der Liesenstraße kamen, zeigte mein
Vater auf ein hohes nacktes Gerüst in der Ferne und sagte:
«Da steht noch der Galgen aus alter Zeit!»

Und mir schien es, bei dem grauen Wolkenhimmel, als
umkreisten schwarze Krähen das unheimliche Gerüst, und
als würde dort ein Gehängter im Winde hin und hergeweht.

Vor dem Galgen dort auf dem Wedding befand sich zu jener Zeit noch der Pranger, an dem die zur Strafe Verurteilten stehen mußten. Ja, sogar auf dem Molkenmarkte vor dem alten Polizeipräsidium soll im Jahre 1849 noch eine Frau am Pranger gestanden haben. Ein Bekannter von mir sah sie, wie er mir erzählte, auf einem hölzernen Tische stehend, zum Gaudium der Straßenjungen, die sie verhöhnten und verspotteten.

Agathe Nalli-Rutenberg (1838–1919)

Humboldthain

Zum Andenken an den hundertjährigen Geburtstag Alexander von Humboldt's eröffneten die städtischen Behörden am 14. September 1869 einen 35 ha großen Park vor dem Rosenthaler Tor links an der Brunnen- und Badstraße, zwischen diesen letzteren, der Hoch- und der Wiesenstraße, belegen. Gleichzeitig wurde unter ungeheurer, in damaligen Zeitläufen politisch demonstrativer Beteiligung von Volksmassen der Grundstein zu einem Denkmal gelegt. Die Vorgänge hierbei erregten namentlich durch den Umstand Aufsehen, daß sich hier zum ersten Male die Sozialdemokratie in geschlossenen Reihen, mehrere Tausend Männer stark, sämtlich mit roten Abzeichen versehen, öffentlich zeigte. Später hat sich die Stelle, wo der Grundstein gelegt war, als zu der Symmetrie der Anlagen so wenig stimmend herausgestellt, daß sie aufgegeben worden und inzwischen unter Rasen und Strauchwerk verschwunden ist. Als neue Stelle für das Humboldt-Denkmal ist der höchste Punkt des leichthügeligen Bodens auserkoren, wo man einen möglichst großen Findlingsblock mit einem Medaillonbild des großen Naturforschers aufzustellen gedenkt. Inzwischen ist nun der große Park bis 1876 mit einem Aufwand von 340000 Mark fertig gestellt worden und hat sich unter der Pflege des genialen, leider bereits 1877 verstorbenen städtischen Gartendirektors Meyer sowie seines umsichtigen Schülers Maechtig überraschend schön entwickelt. Hoch belegen, gewährt er der sonst fast ganz baumarmen Gegend einen vollendeten Schmuck und der gerade dort zahlreichen ärmeren Bevölkerung einen hochwillkommenen und wohlgeschützten Erholungsplatz. Denn das muß man unseren unbemittelten und weniger schriftgelehrten Außendistrikten nachsagen, daß sie überall und wider Erwarten Vieler die neuen Gartenanlagen, welche die Kommune dem öffentlichen Schutze anvertraut hat, bestens behandeln. Der Satz, daß das Ästhetische erziehlich wirkt, hat somit in Berlin eine erfreuliche Bestätigung erhalten. Sehr geschickt sind die Anlagen nach Zonen geographisch angeordnet und die Pflanzen der arktischen, subarktischen, kälter temperierten, wärmer temperierten und subtropischen Zone in besonderen Abteilungen ungezwungen vereinigt.

Ernst Friedel, 1882

Unter Arbeitern

Die Haupt- und Geschäftsstraße, der Bazar des Nordens, ist die Brunnenstraße, namentlich in ihrem unteren und ältesten Teil, etwa bis zur Veteranenstraße. Hier ist Laden an Laden, und am Abend, wenn die Lichter funkeln, blitzt und schimmert es hinter den Fenstern, vor denen, auf beiden Seiten, eine kauf- und schaulustige, wenig verwöhnte Menge hin- und herwogt. Hier sind auch die großen, sog. «Waren-Abzahlungs-Geschäfte», welche durch ganze Stockwerke reichen und in denen man – auf Borg! – *alles* haben kann, von einem Hemdenknopf angefangen bis zu kompletten Ausstattungen und Hauseinrichtungen. Ob das System für den Arbeiter das richtige, ja nur überhaupt ein empfehlenswertes sei, vermag ich nicht zu sagen; es wird viel von der Anwendung im einzelnen Fall abhängen.

Mein Vorhaben, ein solches Etablissement kennen zu lernen, «Berlins größtes, feinstes und reellstes», wie es sich auf seinen massenhaft zur Verteilung kommenden gelben Zetteln nannte, ward durch eben den Mann vereitelt, der sie verteilte. «Ach, Sie jehen ja da nich hin», sagte er, indem er mich von oben bis unten mit einem Blicke voll Verachtung und Mißtrauen musterte. Doch sei schon hier bemerkt, daß mir von Seiten unserer Arbeiter, so häufig ich auch auf diesen Wanderungen mit ihnen zusammengetroffen bin, niemals unfreundlich oder nur unhöflich begegnet worden. Wenn man sie um Auskunft fragt, so bleiben sie stehen auf den Straßen oder erheben sich von ihren Sitzen. Rußig und müde, wie sie sind, rücken sie zusammen und machen Platz auf den Bänken – was die feineren Herren im Tiergarten und in den Pferdebahnwagen *nicht* regelmäßig tun, nicht einmal vor Damen. – Man kann sich getrost unter diese Leute setzen und ein Gespräch mit ihnen anknüpfen, sie werden immer ruhig und vernünftig antworten. Nur muß man freilich vermeiden, ihnen aufzufallen und sich nicht die Miene geben, sie beobachten zu wollen. «Wech da mit de Ojen», rief mir ein bestaubter Bursche von einem Arbeitswagen herunter, als ich mir die Lorgnette aufsetzte, um ihn anzusehen; doch er war bald wieder versöhnt, als ich das Ärgernis entfernte und setzte gutmütig hinzu: «Na, wenn's weiter nischt is!» Und ein andermal, oben am Humboldthain, als dieselbe Lorgnette an einem Baume hängen blieb, ohne daß ich's wahrgenommen, kamen zwei junge Arbeiter raschen Schrittes auf dem einsamen Wege hinter mir her, bückten sich zur Erde, suchten, reichten mir, noch bevor ich Zeit gefunden, ein Wort zu sagen, das abgebrochene Stück und entfernten sich hierauf, zufrieden mit meinem Danke.

Julius Rodenberg, 1887

An der Panke

Je mehr sich die Panke Berlin nähert, um so trüber wird ihr Gesicht.

Die ersten Fabrikschlote zeigen sich schon.

Jetzt können wir ihr überhaupt nicht mehr folgen, teils fließt sie unterirdisch, teils macht sie die schwierigsten Bogen und Wendungen, quer durch den Norden.

Dann und wann begegnen wir uns aber doch.

Panke, liebe Panke, wie hast du dir verändert?! Wo ist deine Jugend, dein Frohsinn von heute früh geblieben?!

Sie ist traurig und dunkel und schwarz, zwischen grauen, düsteren Häusermauern eingeklemmt.

Am Wedding. Es ist mittlerweile später Abend geworden – wir sehen wieder auf das Flüßlein herab. Jetzt sieht es nicht mehr aus wie ein Flüßlein, sondern wie ein schmutziger Kanalabfluß.

Zwei Lausbuben klettern an dem Brückengeländer herum und schließen eine Wette ab, nämlich, ob einer von beiden – herunterspringt. Der eine Knirps springt wirklich die drei Meter hinab und streift mit dem schmutzigen Barfuß das Wasser. «Pfui Deiwel,» schreit er und wischt sich den Fuß ab. Aber in diesem «Pfui Deiwel» – da liegt seine ganze Verachtung der schmutzigen Panke gegenüber.

Und auf der Planschwiese in Pankow – da ist sie noch der Lido der Kinder und weiter oben, im Park von Niederschönhausen, da schwören die Mädchen auf sie, und auf den Wiesen von Buch, da kann man gar die Schnecken in ihrem Kristallwasser spazierengehen sehen. Und die Fröschlein quaken dort im grünen Rahmen der Wiesenufer.

Alo, 1928

Schloß Niederschönhausen

Nieder-Schönhausen ist 57 Jahre lang, von 1740 bis 1797, der Sommersitz der Königin Elisabeth Christine, der Gemahlin Friedrichs des Großen, gewesen. Hier gab Prinzessin Friederike, Schwester der Königin Luise, dem Prinzen Louis Ferdinand sehr häufig ein Stelldichein; hier wohnten Prinz Wilhelm d. Ä. und Prinz Albrecht (Vater). Auf einer Gravüre aus dieser Epoche macht sich das Schlößchen ganz stattlich. Die Gravüre stellt eine Gesellschaft bei der Königin dar, ein Sommerfest. Auf der Terrasse und in den Anlagen vor der Front des Schlößchens lustwandeln bezopfte Kavaliere mit Galanteriedegen und Schnallenschuhen an der Seite von Damen in Reifröcken und mit turmhohen Frisuren.

Man glaubt eine zierlich-heitere «fête champêtre» zu sehen, wie die Königin Marie Antoinette sie in ihrem Petit-Trianon bei Versailles zu arrangieren liebte, um sich von dem steifen Etikettenzwang der Hoffeste zu erholen. Aber die Königin Elisabeth Christine war – zu ihrem Heil – keine Marie Antoinette. Hatte sie blühende Gesichtsfarben und volles Haar, so wurden, wenn sie den Mund zum Sprechen auftat, zwei Reihen tiefschwarzer Zähne sichtbar. Von ihrem Wesen empfängt man aus den Tagebüchern der nachmaligen Oberhofmeisterin der Königin Luise, Gräfin Voß, eine Anschauung, die allein genügen würde, um die Abneigung des großen Königs gegen die ihm von seinem tyrannischen Vater aufgezwungene Frau zu erklären. Wie mag es sie aber auch verbittert haben, daß der König sich, sowie er die Krone geerbt hatte, für immer von ihr trennte! Er ließ es ihr an nichts fehlen und bezeugte ihr immer den Respekt, der der Königin gebührte. An seinem Leben, seinem Ruhm hatte sie keinen Teil. Wie mag sie die Begierde gequält haben, nur ein einziges Mal sein Tuskulum Sanssouci zu sehen, dessen Herrlichkeiten Reisende «von Distinktion» aus allen Ländern Europas nach Preußen führten!

Sie, nur sie, ist nie in Sanssouci gewesen! Man glaubt es willig, daß die Feste bei ihr in Nieder-Schönhausen nicht durchwebt waren von dem anmutigen, leichten Hauch des Rokoko, den wir aus jener Gravüre einzuatmen geneigt wären. Aufseufzend wie nach der Erfüllung einer lästigen Pflicht stiegen die Gäste der mürrischen Königin, wenn sie von ihr dort Abschied genommen hatten, in ihre Ungetüme von Karossen und fuhren zurück nach dem ungleich vergnüglicheren Berlin.

Ad. von Wilke, 1930

Schönhauser Tor

Schönhauser Tor. Hier war Berlin, weit nach Norden und Osten und Westen, das Leben der Millionen, und wenn es gut gewesen, dann waren es 115 Mark im Monat, denn es war nicht immer volle Schicht, und 10 Mark Rente für die alte Mutter, aber 30 Mark gingen ab davon für Miete. Oder 150 Mark mit Geschinde und Gekrabbel, Treppen auf und ab, und 25 Mark Spesengeld, Mann, Frau und Kind als Stadtreisende.

Leihhäuser, daneben die «Destille zur Pfandkammer», Konfektion «für starke Damen», Berufskleidung. Uhrenläden «Zur Einsegnung». Alte Fabriken, vorn Villen mit Treppen vom Vorgärtchen her. Bald auch die neuen, herrlich vertikal, roter Ziegel, sachlich modern, hart. Für Seele und Sehnsucht war der Balkon da, Blumenkästen wurden gestrichen, neu befestigt, Bindfäden gezogen für Feuerbohnen und wilden Wein, Taubenhäuser aufgestellt. Zwischen der Destille «Zum Schmalzel-Maxe» und der «Zum feuchten Dreieck», Läden für Kanarienvögel und Laubfrösche, auch der Goldfisch lebte noch, Läden für bebänderte Lauten. Kinder spielten mit Kreisel und Murmel, hupften Himmel und Hölle, die sie mit Kreide auf den Asphalt gemalt hatten. Größere gingen feierlich, kleine Mädchen in schwarzen Kleidern, gelbe Rosen im weißen Papier und das Gesangbuch in der Hand, kleine Knaben im schwarzen Anzug mit Myrtensträußchen in Knopfloch. Man hatte sie für das Leben eingesegnet, auf das sie warteten, vorerst auf die Lehrstelle, die nicht zu bekommen war, dann auf das übrige. Alte saßen vor der Tür, hüteten die Kleinsten, einem flog der Luftballon davon. Es weinte. Erster Frühlingsschmerz. Ach, was flog einem alles davon im Leben!

Gabriele Tergit, 1931

Krusta

In der Stargarder Straße, ein paar Schritte von der Schönhauser Allee entfernt, die für manche als die eigentliche Hauptstraße der Hauptstadt gilt, hat sich seit geraumer Zeit eine Gaststätte, bislang «Metro» geheißen, in «Krusta-Stube» umbenannt und tatsächlich verwandelt. Während es in der «Metro» niemals eine Bahn zu essen gab – höchstens einen Zug konnte man nehmen –, wird in der «Krusta-Stube» wirklich Krusta serviert.

Noch wissen nicht alle Berliner mit diesem Wort etwas anzufangen, Das ist nicht weiter schlimm. Seit wann steht Soljanka auf der Speisekarte? Wie lange ist's her, als kaum jemand grünen Paprika im Laden kaufte? Wie skeptisch waren die Gesichter, als neben der heimatlichen Bockwurst die Currywurst auftauchte im Straßenbild? Man sollte Stadtgeschichte schreiben, indem man neuen Speisen nachgeht. Immer wird man gleichzeitig auf andere Veränderungen im Lebensalltag stoßen.

Eines Tages öffnete der «Goldbroiler». Weil aber so viele Menschen diese Hähnchen essen wollten, verkaufte die Gaststätte sie gleich zum Fenster hinaus. Das war ebenfalls in der Schönhauser Allee, und ich erinnerte mich, wie wir den ersten Goldbroiler aus der Aluminiumfolie wickelten, langsam und erwartungsfroh; schon wegen der Silberhülle war das wie Kinderweihnachten.

Und nun Krusta. Das ist ist quadratisches Stück Teig, auf das nach Einfällen des Küchenmeisters und abhängig von seinen Vorräten, mehrerlei gehäuft wird: Wurstscheiben, Käse, Hackbraten, Tomate, Sardellen, Ketchup, ganz kunterbunt, milde oder scharf. Dann bekommt das Ergebnis seinen Namen: «Schwarzmeer-Krusta» oder deutlich-deutsch «Wurst-Käse-Krusta». Außerdem kann man sich die Dinger vorher ansehen. Die Krustas liegen auf Blechen bereit wie der Kuchen beim Bäcker.

Jetzt werden sie erhitzt, überbacken – dies ist kein Fachbericht, sondern ein mit dem Hinblick des Verzehrers abgegebener Eindruck – und möchten mit Messer und Gabel gegessen werden. Eine Portion kostet um 3,50 Mark. Wer sich gleich zwei bestellen möchte, sollte erst einmal eine bewältigt haben.

In der «Krusta-Stube» führt eine Wendeltreppe nach oben. Nicht für die Gäste, aber für ihre Gedanken, die sich um den Namen Krusta drehen. Das ist gar kein neues Berliner Wort, obwohl es so klingt, sondern ein althochdeutsches, den alten Römern abgelauscht, und die haben ihr crusta dem Brotgeräusch nachgebildet, das beim Zerbeißen frischer Kruste entsteht.

Wem diese Erklärung nicht zusagt, der komme mit, damit wir den Entdecker der Krusta finden und erfinden. Er müßte, sagen wir mal, Engelbert Krusta heißen ... oder nein, lieber Giacomo, und seine Mutter wäre eine geborene Pizza aus Turin.

Heinz Knobloch, 1981

Schlesischer Bahnhof

Freilich trank er dort erst einmal im Wartesaal ein paar kräftige Cognacs, denn er hatte das ziemlich sichere Gefühl, daß die Besichtigung seiner neugeworbenen Schnitter kein reines Vergnügen sein werde. Aber dann war es gar nicht so schlimm. Eigentlich das übliche, die Gesichter vielleicht noch ein bißchen frecher, roher, schamloser als sonst – aber was hieß das? Wenn sie nur arbeiteten, die Ernte reinbrachten! Sie sollten es nicht schlecht bei ihm haben, anständiges Deputat, alle Woche einen Schlachthammel, einmal im Monat ein Fettschwein!

Nur der Vorschnitter war genau die Sorte Mensch, die dem Rittmeister völlig verhaßt war – Marke Radler: unten treten, oben buckeln. Er schwänzelte um den Rittmeister, sprudelte einen Schwall halb deutscher, halb polnischer Worte heraus, die Kraft und Tüchtigkeit seiner Leute priesen, und trat dabei unversehens ein Mädchen in den Hintern, das nicht schnell genug mit seinem Packen durch die Tür kam.

Übrigens stellte es sich, als der Rittmeister den Sammelfahrschein lösen wollte, heraus, daß der Vorschnitter nicht fünfzig, sondern nur siebenunddreißig Leute gebracht hatte. Aber auf eine Frage des Rittmeisters schüttete er wieder eimerweise wirre Redensarten aus, die immer polnischer und unverständlicher wurden («Natürlich hat Eva ganz recht, ich hätte Polnisch lernen sollen, aber ich denke nicht daran –!»). Der Vorschnitter schien etwas zu beteuern, er spannte den Oberarmmuskel und funkelte den Rittmeister lachend, schmeichlerisch mit kleinen, mäuseflinken schwarzen Augen an. Schließlich zuckte Prackwitz die Achseln und löste den Schein. Siebenunddreißig waren besser als nichts, und jedenfalls waren es gelernte Landarbeiter.

Dann kam der lärmende, schreiende Auszug auf den Bahnsteig; die Verfrachtung in den schon bereitstehenden Zug; der schimpfende Schaffner, der ein die Tür sperrendes Bündel in den Wagen stopfen wollte, während es samt seiner Trägerin von drinnen wieder herausgeschoben wurde; der Streit zweier Burschen; die wilden Gestikulationen und Rufe des Vorschnitters, der dazwischen ununterbrochen auf den Rittmeister einredete, um seine dreißig Dollar bat, forderte, bettelte...

Der Rittmeister meinte zuerst, zwanzig genügten, da ja ein Viertel der Leute fehle. Sie fingen an, hitzig zu rechnen, und schließlich zählte, müde der Streiterei, der Rittmeister dem Vorschnitter drei Zehndollarscheine in die Hand, nachdem auch der letzte Mann seinen Platz gefunden hatte. Jetzt floß der Vorschnitter über vor Dank, verbeugte sich, trat hin und her und brachte es schließlich wirklich fertig, die Hand des Rittmeisters zu erhaschen und inbrünstig zu küssen: Marjosef! Heiliger Wohltäter!

Etwas angeekelt suchte sich der Rittmeister einen Platz ganz vorne im Zug in einem Raucherabteil Zweiter, er setzte sich bequem in eine Ecke und brannte sich eine neue Zigarette an. Alles in allem: es war ein gutes Tagewerk, das er vollbracht hatte. Morgen konnte die Ernte richtig anfangen.

Rumpelnd und pustend kam der Zug endlich in Gang, fuhr aus der traurigen, verrußten, verlotterten Halle mit ihren zerschlagenen Scheiben. Der Rittmeister wartete nur, daß der Schaffner vorbei war, dann wollte er ein Schläfchen machen.

Schließlich kam der Schaffner, knipste die Karte und gab sie dem Rittmeister zurück. Aber er ging noch nicht, wie wartend blieb er stehen.

Nun? fragte der Rittmeister schläfrig. Ein bißchen heiß draußen, was?

Sind Sie nicht der Herr? fragte der Schaffner, mit den polnischen Schnittern?

Jawohl! sagte der Rittmeister und richtete sich grader auf.

Dann wollte ich Ihnen nur melden, sagte der Schaffner (eine Spur schadenfroh), daß die Leute alle gleich wieder auf dem Schlesischen Bahnhof ausgestiegen sind. Ganz klammheimlich.

Was? schrie der Rittmeister und sprang an die Abteiltür.

Hans Fallada (1893–1947)

Fußgängers Reich

Das Ziel: der Friedrichshain, in sich widersprüchlich bezeichnet, denn die Freiluftanlage für Nymphen und Satyrn verträgt sich kaum mit dem Namen des friderizianischsten aller Friedriche, Rasen, Büsche, Stauden, Bäume bedecken einen Hügel, an die fünfzig Meter emporgegipfelt, unter der grünen Haut ausgestopft mit dem Trümmerschutt Halbberlins, unter welchem wiederum zwei gesprengte Flakbunker die Stunde der Archäologen erwarten. Ein Straßenstück stößt in die Miniaturlandschaft vor, ohne sie zu durchkreuzen und endet vor einer rot-weiß-gestrichenen Sperre: hier beginnt Fußgängers Reich. Über das von Gräsern durchsetzte Katzenkopfpflaster strecken Kastanien ihre unruhigen gespreizten Tatzen aus. Zürnerfreundliche Hecken säumen an beiden Seiten das schmale Trottoir, undurchsichtiger und verfilzter als die geheimen Interessen von Weltmächten. Es müßte schon ein zweiter Wagen gefolgt sein, um Zürner zu überraschen, wie er den schlaffen Körper vom Auto zu den Büschen schleift, hier läßt er ihn auf schwarzer Krume zusammensacken: geschlafft! Nur noch die Schuhe an die Füße und er ist erlöst von dem Übel, Amen.

Günter Kunert, 1973

Das ehemals einzige Volksfest

Für die Bewohner des östlichen Teils der Stadt hatten die an der Spree recht hübsch gelegenen Dörfer Stralau und Treptow ebenso große Anziehungskraft wie Charlottenburg. Diese beiden Ortschaften, namentlich Stralau, waren infolge des vielen Besuchs, den sie täglich aus Berlin empfingen, in förmliche kleine Wirtshauskolonien verwandelt worden. Wie in Charlottenburg die Butterbrote, so waren es in Stralau die Fische aus der Spree, namentlich die Aale, die das Publikum zum Genusse einluden und mit Gurkensalat verspeist wurden, wie denn auch andere Dörfer ihre eigenen anlockenden Speisen darboten; zum Beispiel Wilmersdorf die Schafmilch usw. In Stralau war neben dem Fischessen auch das Fahren auf Kähnen und Segelbooten und das Baden in der Spree ein anziehender, aber nicht ungefährlicher Zeitvertreib, dem alljährlich eine ziemlich große Zahl der Gäste zum Opfer fielen. Infolgedessen befindet sich, vielleicht einzig in seiner Art, dort ein besonderer Friedhof für Ertrunkene, auf dem ausschließlich diese Verunglückten begraben werden. Er liegt dicht an der Kirche, deren Turm der König von Schinkel hatte erbauen lassen. – Stralau ist außerdem berühmt, weil daselbst das einzige Berliner Volksfest, der Stralauer Fischzug, am 24. August gefeiert wird. Dasselbe stammt noch aus der Zeit, wo Berlin und Köln Fischerdörfer waren, artete aber später vollständig aus. Der Pöbel erging sich und ergeht sich wohl auch noch dabei in abschreckender Roheit, und am Abend kehrt die ganze Bande betrunken zurück. Man sagte, daß drei Monate vor dem Stralauer Fischzuge in Berlin die meisten Kinder geboren werden. Die höhere Bürgerschaft, früher auch der Hof, ja zuweilen der König, fuhren vormittags in Equipagen hinaus, um sich den Spektakel mit anzusehen.

Felix Eberty (1812–1884)

An der Oberspree

Das Wetter war prachtvoll, flußaufwärts alles klar und sonnig, während über der Stadt ein dünner Nebel lag. Zu beiden Seiten des Hinterdecks nahm man auf Stühlen und Bänken Platz und sah von hier aus auf das verschleierte Stadtbild zurück.

«Da heißt es nun immer», sagte Melusine, «Berlin sei so kirchenarm; aber wir werden bald Köln und Mainz aus dem Felde geschlagen haben. Ich sehe die Nikolaikirche, die Petrikirche, die Waisenkirche, die Schloßkuppel, und das Dach da, mit einer Art von chinesischer Deckelmütze, das ist, glaub ich, der Rathausturm. Aber freilich, ich weiß nicht, ob ich ihn mitrechnen darf.» «Turm ist Turm», sagte die Baronin. «Das fehlte so gerade noch, daß man dem armen alten Berlin auch seinen Rathausturm als Turm abstritte. Man eifersüchtelt schon genug.»

Und nun schlug es vier. Von der Parochialkriche her klang das Glockenspiel, die Schiffsglocke läutete dazwischen, und als diese wieder schwieg, wurde das Brett aufgeklappt, und unter einem schrillen Pfiff setzte sich der Dampfer auf das mittlere Brückenjoch zu in Bewegung...

Der Dampfer, gleich nachdem er das Brückenjoch passiert hatte, setzte sich in ein rasches Tempo, dabei die linke Flußseite haltend, so daß immer nur eine geringe Entfernung zwischen dem Schiff und den sich dicht am Ufer hinziehenden Stadtbahnbögen war. Jeder Bogen schuf den Rahmen für ein dahintergelegenes Bild, das natürlich die Form einer Lunette hatte.

Mauerwerk jeglicher Art, Schuppen, Zäune zogen in buntem Wechsel vorüber, aber in Front aller dieser der Alltäglichkeit und der Arbeit dienenden Dinge zeigte sich immer wieder ein Stück Gartenland, darin ein paar verspätete Malven oder Sonnenblumen blühten. Erst als man die zweitfolgende Brücke passiert hatte, traten die Stadtbahnbögen so weit zurück, daß von einer Ufereinfassung nicht mehr die Rede sein konnte; statt ihrer aber wurden jetzt Wiesen und pappelbesetzte Wege sichtbar, und wo das Ufer quaiartig abfiel, lagen mit Sand beladene Kähne, große Zillen, aus deren Innerem eine baggerartige Vorrichtung die Kies- und Sandmassen in die dicht am Ufer hin etablierten Kalkgruben schüttete. Es waren dies die Berliner Mörtelwerke, die hier die Herrschaft behaupteten und das Uferbild bestimmten.

Unsre Reisenden sprachen wenig, weil unter dem raschen Wechsel der Bilder eine Frage die andre zurückdrängte. Nur als der Dampfer an Treptow vorüber zwischen den kleinen Inseln hinfuhr, die hier mannigfach aus dem Fluß aufwachsen, wandte sich Melusine an Woldemar und sagte: «Lizzi hat mir erzählt, hier zwischen Treptow und Stralau sei auch die ‹Liebesinsel›; da stürben immer die Liebespaare, meist mit einem Zettel in der Hand, drauf alles stünde. Trifft das zu?»

«Ja, Gräfin, soviel ich weiß, trifft es zu. Solche Liebesinseln gibt es übrigens vielfach in unsrer Gegend und kann als Beweis gelten, wie weit verbreitet der Zustand ist, dem abgeholfen werden soll, und wenn's auch durch Sterben wäre.»

«Das nehm ich Ihnen übel, daß Sie darüber spotten. Und Armgard wird es noch mehr tun, weil sie gefühlvoller ist als ich. Zudem sollten Sie wissen, daß sich so was rächt.»

«Ich weiß es. Aber Sie lesen auch durchaus falsch in meiner Seele. Sicher haben Sie mal gehört, daß der, der Furcht hat, zu singen anfängt, und wer nicht singen kann, nun, der witzelt eben. Übrigens, so schön, ‹Liebesinsel› klingt, der Zauber davon geht wieder verloren, wenn Sie sich den Namen des Ganzen vergegenwärtigen. Die sich so mächtig hier verbreiternde Spreefläche heißt nämlich der ‹Rummelsburger› See.»

«Freilich nicht hübsch; das kann ich zugeben. Aber die Stelle selbst ist schön, und Namen bedeuten nichts.»

«Wer Melusine heißt, sollte wissen, was Namen bedeuten.»

«Ich weiß es leider. Denn es gibt Leute, die sich vor ‹Melusine› fürchten.»

«Was immer eine Dummheit, aber doch viel mehr noch eine Huldigung ist.»

Unter diesem Gespräche waren sie bis über die Breitung der Spree hinausgekommen und fuhren wieder in das schmaler werdende Flußbett ein. An beiden Ufern hörten die Häuserreihen auf, sich in dünnen Zeilen hinzuziehen, Baumgruppen traten in nächster Nähe dafür ein, und weiter landeinwärts wurden aufgeschüttete Bahndämme sichtbar, über die hinweg die Telegraphenstangen ragten und ihre Drähte von Pfahl zu Pfahl spannten. Hie und da, bis ziemlich weit in den Fluß hinein, stand ein Schilfgürtel, aus dessen Dickicht vereinzelte Krickenten aufflogen.

«Es ist doch weiter, als ich dachte», sagte Melusine. «Wir sind ja schon wie in halber Einsamkeit. (...)»

Theodor Fontane, 1899

Weiter unten

Er hat im weiten Pompadour seiner Geliebten Dinge bemerkt, die ihn wunderbar fesseln und den Launen der für einige Zeit Erkorenen fügsam machen. Es war eine weiße, bis an den Kork gefüllte Gluckerflasche, deren Inhalt ihm ebensowenig fremd ist wie der eines gleichzeitig bemerkten Päckchens in etwas fettigem Papier, in dem er die sterblichen Reste eines herrschaftlichen Kalbs- oder Rinderbratens ruhen weiß. Auch hatte er ihr gestern abend, als er auf dem Hausflur dreiviertelstundenlang seinen Arm um jene Stelle ihres körperlichen Seins geschlungen hielt, wo man nicht ohne empirischen Grund eine Taille vermuten könnte, in sanftester Weise den Vorwurf gemacht, daß sie, mindestens in Beziehung auf die Liebe, eine Anhängerin der platonischen Philosophie sei, ohne jedoch den Namen des sokratischen Schwanes zu nennen. Und sie hatte ihm darauf eine Antwort gegeben, die eines delphischen Orakels nicht unwürdig wäre, nämlich: «Morjen, Jottlieb, is Stralauer Fischzug!» Und diese Antwort war als ein süßer Hoffnungsstrahl in das große, weite Herz des Kriegers gefallen.

«I Herr Jeses!» ruft seine Liebste soeben einem hohen Vorübergehenden zu, welcher ihr absichtslos eine deutliche Notiz zur Ergründung seines Gewerbes beigebracht hatte: «Wat schlagen Sie mir denn so uf'n Hals, Sie Schuster! Können Sie denn nich ordentlich wie'n vernünft'ger Mensch jehen! Sie jlooben woll, Sie sitzen uf Ihren Dreifuß un arbeiten?»

«Ja», antwortet dieser, sich ein wenig umdrehend, «det is schon möglich. So wie ick Leder sehe, leg' ick los.»

«Lehmann! Lehmann!» ertönt es aus einem Charlottenburger Fuhrwerke.

«Was denn?» antwortet einer der Fußgänger. «Aha, du bist es, Schernitzky! Wat wule wuhsten?»

«Wir sind 'ne jute Kulör heute! Schwammberger, Pipske, Koppel un Drewitz, alle sind da! Jleich hinter de Kirche, rechts uf de Wiese, findst de uns! Ein juter Dag kann dies werden! Spute dir, spute dir, Lehmann, damit...» Der Schluß dieses Satzes verhallt im Getöse des weiterrollenden Wagens.

Schwer geht's durch die Menschenmenge,
Bis das ferne Tor erreicht.
Immerwährend im Gedränge,
Atmet man nun wieder leicht.
Für das Auge ein Genuß,
Hier fürwahr im Überfluß:
Auf dem Wasser, schwer beladen,
Rudern sich die Gondeln fort;
An der Sprea Grüngestaden

Lagern sich die Müden dort.
Vor uns dieser bunte Jubel,
Dieser wechselvolle Trubel!
Und so weit man auch nur schaut,
Stehen Buden aufgebaut,
Voll von Hering und Salaten,
Schweinezungen, Hammelbraten,
Pfefferkuchen, Kälbernieren,
Hiesigen und fremden Bieren,
Butter, Käse, Pfeffer, Salz,
Saure Gurken, Gänseschmalz,
Schinken, rohen und gekochten,
Branntewein in allen Sorten,
Rüben, gelbe sowie rote,
Alle Sorten Würste, Brote,
Ganz besonders für den Gaumen,
Kleine rote Hundepflaumen,
Und verkaufend her um Birnen,
Sonnverbrannte Hökerdirnen!

Und in dieser grünen Zeile,
Stets gehemmt in ihrer Eile,
Peitsche knallend, unverdrossen,
Diese Tausende Karossen!
Unter dichten Maulbeerbäumen
Immer weiter, ohne Säumen,
Lust'ge Leute, immer weiter,
Über Sümpfe, durch Gesträuche,
Groß' und Kleine, Arm' und Reiche,
Und mitunter auch ein Reiter
Auf dem Mietpferd, hochbedungen,
Und ein Korps Zigarrenjungen,
Ganze Haufen Musikanten,
Hoboisten wie Sergeanten,
Stellenweise Offizianten,
Klempnermeister, Sänger, Küster,

Nadler, Sattler und Magister,
Bürstenbinder, Balgentreter,
Der Soldaten lust'ger Schwarm,
Tambour, Pfeifer und Trompeter,
Die Geliebte in dem Arm –
Kurz, das lebende Berlin
Sieht man hier nach Stralau ziehn!
Und nun sind wir alle da,
«Nu is't jöttlich, heissassa!»

Adolf Glaßbrenner (1810–1876)

Landesausstellung

Eines Tages besuchte uns Onkel Albert und fuhr mit uns
nach Treptow zur Landesausstellung. Manche der älteren
Berliner werden sich noch dieser Veranstaltung erinnern. Es
war im Jahre 1896. Der Treptower Park war zu einem Aus-
stellungsgelände hergerichtet, das auf seinem weiten Ter-
rain den Fortschritt auf dem Gebiet der Technik zeigte, und
fremde Völker und Gebräuche einem erstaunten Publikum
vorstellte. In Scharen strömten die Berliner dort hin, die
endlosen Sandwege konnten sie nicht von ihrer Begeisterung
abhalten.

In große Aufregung versetzte mich zuerst ein riesiger
Elefant, den die Firma Carl Mampe recht repräsentativ
quer zum Eingang des Parkes aufgebaut hatte. Wir krochen
innerhalb eines seiner gewaltigen Füße eine Wendeltreppe
hinauf und landeten in seinem Bauch. Hier hatte man mit
viel Geschmack eine kleine Likörstube aufgemacht und
«Mampe Halb und Halb» floß in die Kehlen der Berliner.

Nicht weit davon befanden wir uns plötzlich in Kairo.
Man hatte hier im echten Stil Teile dieser bekannten Stadt
am Nil nachgebaut. Basarbuden, Mokkadielen, Kunsthand-
werker, dazu Tanzgruppen, orientalische Wahrsager in echt

morgenländischer Besetzung sowie alles, was es an Sehenswertem in Kairo gab, wurde hier gezeigt. Der Anblick dieser braunhäutigen Ägypter mit ihrem lebhaften Augenspiel, ihrem Redeschwall und ihrem fremdartigen Gesang, löste in uns eine eigenartige Stimmung aus.

In einiger Entfernung davon war ein Stück Alt-Berlin aufgebaut. Hier kamen die Weißbierkenner zu ihrem Recht. Veraltete kleine Gäßchen verbreiteten eine seltsame Ruhe und Harmonie und versetzten uns in eine Zeit der Beschaulichkeit unserer Großeltern, wo noch das Hämmern des Schuhmachers und das klingende Aufschlagen der Schmiedehämmer den Stadtteil erfüllten.

Georg Massat (1887–?)

Der Hauptmann, 19. Szene

Amtszimmer des Bürgermeisters. An der Wand ein Porträt Bismarcks und eine Photographie Schopenhauers. Obermüller in einem bequemen Sessel hinterm Diplomatenschreibtisch. Ein Stadtschreiber mit Stenogrammblock, stehend daneben

OBERMÜLLER *diktiert.* – können wir Ihnen daher in dieser Sache keineswegs entgegenkommen. Habense's? Entgegenkommen. Die Verwaltung einer Stadtgemeinde, deren Hauptkontingent sich aus Industriebevölkerung rekrutiert – oder nein, lassense mal, zuviel Fremdworte – deren Bevölkerungsgroßteil sich aus Industrieangestellten zusammensetzt – zusammensetzt – kann nur nach den Grundsätzen der modernen freisinnigen Sozialpolitik geleitet werden. Wir haben hier in Köpenick keine Garnison und brauchen deshalb nicht, wie andre Gemeinden, die hauptsächlich auf die Militärbehörde Rücksicht nehmen müssen – na, was ist denn los?

KILIAN *steckt den Kopf herein, mit vorquellenden Augen.*
Herr Bürjermeister! Herr Bürjer –

OBERMÜLLER. Was soll denn das heißen? Wieso können Sie
hier einfach, ohne anzuklopfen –

VOIGTS STIMME *draußen.* Zwei Mann vor Gewehr, der Ge-
freite als Ordonnanz, die andern bleiben vorläufig auf
dem Gang zur Verfügung. Mal Platz hier!

*Er schiebt von hinten Kilian beiseite, tritt ein. Man sieht
in der Tür die beiden Soldaten und ihre aufgepflanzten
Bajonette.*

OBERMÜLLER *sprachlos, erhebt sich langsam von seinem
Sessel.*

VOIGT. Sind Sie der Bürgermeister von Köpenick?

OBERMÜLLER. Allerdings.

VOIGT *zu dem Schreiber.* Gehnse mal raus.

OBERMÜLLER. Ja, was soll den das –

VOIGT *hebt die linke Hand, ihn zur Ruhe weisend, dann
klappt er die Hacken zusammen, legt die rechte an den
Mützenschirm.* Auf Allerhöchsten Befehl Seiner Majestät
des Kaisers und Königs erkläre ich Sie für verhaftet. Ich
habe Auftag, Sie sofort auf die Neue Wache nach Berlin
zu bringen. Machen Sie sich fertig.

OBERMÜLLER *bleich, aber einigermaßen gefaßt.* Das verstehe
ich nicht! Das muß doch ein Irrtum sein, wieso denn
überhaupt?

VOIGT. Wieso? *Weist auf die Truppe hinter sich.* Genügt
Ihnen das nicht?

OBERMÜLLER. Ja, aber es muß doch ein Grund vorliegen!
Können Sie mir denn nicht –

VOIGT. Sie werden schon wissen. Ich habe nur Befehl.

OBERMÜLLER *haut auf den Tisch.* Das ist aber doch stark!
Ich lasse mich hier nicht einfach –

VOIGT. Haben Sie gedient?

OBERMÜLLER. Jawohl, ich bin Oberleutnant der Reserve.

VOIGT. Dann wissen Sie doch, daß jeder Widerstand nutzlos

ist. Befehl ist Befehl. Hinterher könnense sich beschweren.

OBERMÜLLER. Ja, ich habe aber doch gar keine Ahnung –

VOIGT. Tut mir leid. Ich auch nicht. Ich habe nur Befehl.

Winkt den beiden Grenadieren, die kommen mit festem Tritt ins Zimmer, nehmen mit aufgepflanztem Bajonett Posten rechts und links vom Schreibtisch.

OBERMÜLLER *starrt, nimmt seinen Zwicker ab, Schweiß auf der Stirn.*

VOIGT *zum Gefreiten, der hinter ihm steht.* Schaunse mal nach, was der Polizei-Inspektor macht. Nebenan, Zimmer zwölf. *Zu Obermüller.* Wer hat die Stadtkasse unter sich?

OBERMÜLLER. Der Stadtkämmerer Rosencrantz. Ich möchte aber sehr bitten –

VOIGT. Danke. *Zu Kilian.* Holense den Herrn mal her.

KILIAN *dienstfertig.* Der steht schon im Vorzimmer, Herr Hauptmann! *Ruft nach rückwärts.* Herr Stadtkämmerer!! Reinkommen!!

ROSENCRANTZ *mit sehr hohem Stehkragen, Glatze und Schmissen.* Zur Stelle, Herr Hauptmann!

VOIGT. Haben Sie gedient?

ROSENCRANTZ. Jawohl, Herr Hauptmann! Leutnant der Reserve im ersten nassauischen Feldartillerieregiment Nummer siebenundzwanzig Oranien.

VOIGT. Danke. Leider muß ich auch Sie vorläufig in Haft nehmen und auf die Neue Wache in Berlin bringen. Sie machen sofort einen vollständigen Kassenabschluß, den ich kontrollieren werde.

ROSENCRANTZ. Zu Befehl, Herr Hauptmann. Ich muß mich zu diesem Zweck in die Stadtrendantur und in den Kassenraum begeben. Bitte gehorsamst um Passiererlaubnis.

VOIGT. Sie bekommen natürlich eine Wache mit.

OBERMÜLLER *hat sich wieder gesammelt.* Erlauben Sie mal, Herr Stadtkämmerer, wie kommen Sie eigentlich dazu, hier ohne weiteres zu kapitulieren? Sie haben in diesem

Hause ohne meinen Befehl keinen Abschluß zu machen! Noch bin ich nicht abgesetzt!

ROSENCRANTZ. Aber verhaftet, verzeihen Herr Hauptmann, ich dachte wenigstens...

OBERMÜLLER. Das geht nicht so einfach! Ich verlange die Bestellung eines Vertreters! Die Stadtkasse kann nicht ohne Beschluß der Verwaltung...

VOIGT *sehr scharf.* Die Verwaltung der Stadt Köpenick bin ich!

Carl Zuckmayer (1896–1977)

Die Müggelberge

Inmitten des quadratmeilengroßen Wald- und Inseldreiecks, das Spree und Dahme kurz vor ihrer Vereinigung bei Schloß Cöpenick bilden, steigen die Müggelberge beinah unvermittelt aus dem Flachland auf. Sie liegen da wie der Rumpf eines fabelhaften Wassertieres, das hier in sumpfiger Tiefe zurückblieb, als sich die großen Fluten der Vorzeit verliefen.

Carl Blechen, «der Vater unsrer märkischen Landschaftsmalerei», wie er gelegentlich genannt worden ist, hat in einem seiner bedeutendsten Bilder die Müggelberge zu malen versucht. und sein Versuch ist glänzend geglückt. In feinem Sinn für das Charakteristische ging er über das bloße Landschaftliche hinaus und schuf hier, in die Tradition und Sage der Müggelberge zurückgreifend, eine historische Landschaft. Die höchste Kuppe zeigt ein Semnonenlager. Schilde und Speere sind zusammengestellt, ein Feuer flackert auf, und unter den hohen Fichtenstämmen, angeglüht von dem Dunkelrot der Flamme, lagern die germanischen Urbewohner des Landes mit einem wunderbar gelungenen Mischausdruck von Wildheit und Behagen. Wer die Müggelberge gesehen hat, wird hierin ein richtiges und geniales Empfinden unsres Malers bewundern – er gab dieser Landschaft die Staffage, die ihr einzig gebührt.

Die Müggelberge repräsentieren ein höchst eigentümliches Stück Natur, abweichend von dem, was wir sonst wohl in unserem Sand- und Flachlande zu sehen gewohnt sind. Sie machen den Eindruck eines Gebirgs-Modells, etwa als hab es die Natur in heiterer Laune versuchen wollen, ob nicht auch eine Urgebirgsform aus Märkischem Sande herzustellen sei. Alles en miniature, aber doch nichts vergessen. Ein Stock des Gebirges, ein langgestreckter Grat, Ausläufer, Schluchten, Kulme, Kuppen, alles ist nach Art einer Reliefkarte vor die Tore Berlins gelegt, um die flachländische Residenzjugend hinausführen und ihr über Gebirgsformationen einiges ad oculus demonstrieren zu können.

Wir haben den Grat ohngefähr in seiner Mitte erreicht, wo er mehr eine muldenartige Erhöhung zeigt. Die Kuppen befinden sich an den vorgeschobeneren Punkten, so daß der ganze Berg einem ausgedehnten Schloßbau gleicht, der hohe Erker und Altane, vor allem aber ein paar abgestutzte Ecktürme an seinen zwei Giebelseiten trägt. Diese West- und Ostkuppe der Müggelberge gestatten die weiteste Aussicht ins Land hinein. Besonders die Westkuppe. Über den Rücken des Berges hin schreiten wir dieser letzteren zu.

Der Weg führt durch dichtes Gehölz, das wie ein grüner Wandschirm dasteht und nach keiner Seite hin einen Durchblick gestattet. Alle fünfzig Schritte begegnen wir einigen halberstorbenen Eichen, von denen es schwer zu sagen ist, was sie vor der Hand des Holzschlägers gerettet haben mag, ihr hohes Alter, ihre malerische Schönheit oder eine abergläubisch-pietätsvolle Rücksicht gegen das Geschlecht der Spechte, die darin wohnen und auf den Müggelberg-Kuppen in ähnlicher Weise heimisch sind, wie die Raben und Dohlen auf den Kirchtürmen alter Städte.

So erreichen wir nach kurzem Gang unser Ziel, eine kahle kreisrunde Plattform. Die Kiefern und Fichten, die bis dahin als dichtes Gebüsch zu beiden Seiten des Weges standen, hier haben sie sich abwärts gezogen und ragen nur noch mit ihren Gipfeln über das Plateau hinweg. In einem Riesenkranze von dunklen Nadeln bewegt sich's um uns her, und nur eine einzige Kiefer, ein schlanker, hellroter Stamm, der stolz wie eine Pinie dasteht, ragt noch hoch auf, als ob es ein Flaggstock wär, und streckt seine grüne Krone wie ein Wahrzeichen weit ins Land hinein.

Wir lehnen uns an den Stamm des schönen Baumes und blicken westlich auf die Bilder modernen Lebens und lachender Gegenwart. Aus der Sand- und Sumpfwüste früherer Jahrhunderte wurde hier längst ein Park- und Gartenland, und Dörfer und Städte wachsen heiter mit ihren roten Dächern und Giebeln aus allen Schattierungen des Grüns hervor. Die Türme der Hauptstadt, die graugelben Wände des Cöpenicker Schlosses, beide leuchten im Schein der untergehenden Sonne. Fabrikschornsteine begleiten den Lauf des Flusses, und hoch über den weißen Segeln der Kähne, die geräuschlos stromab ziehen, steht bewegungslos die schwarze Wolke der Essen und Schlote. Leben überall, kein Fußbreit Landes, der nicht die Pflege der Menschenhand verriete.

Wir wenden uns jetzt nach der entgegengesetzten Seite hin, in die halb im Dämmer liegende östliche Landschaft hinein zu blicken. Welch ein Gegensatz! Die Spree zieht den Müggelsee wie einen breiten Spiegelkristall an ihrem schmalen blauen Bande auf, und die Dahme buchtet sich immer weiter und breiter landeinwärts und schafft Inseln und Halbinseln, so weit unser Auge reicht. Auf Quadratmeilen hin nur Wasser und Wald. Nichts, was an die Hand der Cultur erinnert. Keine andre Fahrstraße als das verwirrende Flußnetz, das sich durch die scheinbar endlosen Forstreviere zieht. Eine Fischmöve schwebt satt und langsam über dem Müggelsee. Und während jetzt die Abendnebel von den Seen her aufsteigen und ihre Schleier auch um den Rand der Kuppe legen, auf der wir stehen, ist es, als stiege die alte Zeit mit aus der Tiefe herauf.

Theodor Fontane, 1882

NACHWORT

«Wer etwas weiß, hat zehn Augen; wer nichts weiß, ist blind.» Das italienische Sprichwort erklärt exakt, wofür dieses Berlin-Buch gemacht ist: Man kann sogar von Kurz- und Kürzestbesuchen etwas haben, wenn man sich, kurz und kürzest, über das informiert hat, was man sieht. Das Wissen gibt dem Sightseeing die entscheidende vierte Dimension.

In Berlin reicht sie nicht wie in Rom oder Troja durch die Schuttschichten vieler Jahrhunderte. Nicht von der Stadt Nr. 15 in die Stadt Nr. 14 und so fort bis hinein in eine graue Vorzeit. 750 Jahre Berlin 1987 – dieses Jubiläum zeigt schon einen recht engen Rahmen an, und die eigentliche Geschichte der Stadt ist noch wesentlich kürzer. Hier folgten die verschiedenen Leben ein und derselben Stadt einander im Eiltempo, und alle erst in der jüngeren Vergangenheit. Berlin hatte keine Zeit, sich in Säulenstümpfen, verfallenen Kavernen und knochengefüllten Tiefbrunnen, in Fundamentresten und Katakomben abzusetzen. Die noch nicht so lange, aber aufregend wechselvolle Geschichte hat sich sedimentiert in ganz wenigen Zeugnissen der Gotik, in einer größeren Zahl von Bauten und Anlagen der Barock- und Rokoko-Zeit, in einer Fülle von schönem Klassizismus und in einer Überfülle von Historismus und Gründerzeitmanier. Bereits zum Sediment gehören auch die Bauwerke des Schienen- und Straßenverkehrs und die Stein oder Garten gewordenen Zeichen eines neuen Zeitalters, vor und nach den beiden Weltkriegen gesetzt. Das alles spricht, erzählt, berichtet – wenn man «weiß».

Berlin liegt als aufgeschlagenes Buch vor uns, weil es eine Unmenge von Büchern aus seinen Vergangenheiten gibt. Einen großen Teil dieses Materials haben wir ausgewertet. Die ganze Fülle war nicht in einem Taschenbuch wiederzugeben, auch nicht in Kurzauszügen. Aber wir vertrauen darauf, daß unser Vergnügen beim vielen Lesen über Berlin auch das dtv-Reise-Textbuch zu einer vergnüglichen Lektüre gemacht hat.

Die Leserinnen und Leser, die nicht nur gezielt in diesem Buch nachschlagen oder spielerisch darin schmökern, sondern Kapitel für Kapitel richtig lesen, werden erleben, wie ihnen aus den Einzelaspekten ein Gesamtbild der Stadt, ja eine Vertrautheit mit ihr erwächst. Sie werden sehen, daß Berlin schon immer denen, die nicht hier lebten, unheimlich war durch sein Tempo; sie werden erkennen, daß man schon immer in diese Stadt gereist ist, um was zu erleben, oder sich in ihr niedergelassen hat, um was zu werden; und sie werden vielleicht sogar etwas von dem ahnen, was die Berliner so mit ihrer Stadt verbindet.

In diesem Buch ist auch von vielem die Rede, was nicht mehr da ist. Das ist ein Appell an die Phantasie, nicht anders als in Pompeji oder Delphi. Zugegeben: manchmal wird dieser Appell fast zu einer Zumutung. Stellen Sie sich nur einmal vor, wenn Sie am Ende der Potsdamer Straße auf dem Brachland vor der Mauer stehen, daß dies zu Anfang des Jahrhunderts der verkehrsreichste Platz Europas war, der vielgerühmte Potsdamer Platz: Quirliges Leben, furchterregender Verkehr, Hektik, Lärm...

Heute ist dort nur die Mauer. Sie trennt Berlin in zwei Teile. Für die Reisenden aber ist sie kaum ein Hindernis; sie können beide Teile Berlins besuchen und besichtigen.

Aus den hier zusammengestellten Texten ist zu erkennen, daß das alte Berlin sich im heutigen Ost-Berlin entwickelt hat, daß aber schon lange vor der Teilung Berlins, nämlich bereits in den zwanziger Jahren, die große Gewichtsverlagerung von Ost nach West begonnen hat: Damals wurde der Kurfürstendamm zur Attraktion. Und noch zehn Jahre älter sind beispielsweise die ersten Pläne für die neue Universität in Berlin-Dahlem, die heutige Freie Universität Berlin.

Ein Wort zur Organisation des Buches: Der einzelne Platz, die bestimmte Sehenswürdigkeit ist im Ortsregister Seite 322–324 zu finden. Den Überblick über die Stadtteile und über die jedem Stadtteil gewidmeten Texte bietet das Inhaltsverzeichnis Seite 5–12. Innerhalb der Kapitel führen die Texte dann so topografisch wie möglich von Punkt zu Punkt und so historisch wie innerhalb dessen möglich von den älteren Darstellungen zu den jüngeren. Die Überschriften der Texte sind mit wenigen Ausnahmen von den Herausgebern formuliert. Jahreszahlen in den Überschriften bezeichnen den Zeitpunkt eines Geschehens oder einer Situation, wenn aus der Rückschau geschildert wird. Die unter den Texten angegebenen Jahreszahlen besagen, daß das Geschehnis oder die Situation und die Niederschrift zusammenfallen oder nah beieinander liegen. Wenn der genaue Zeitpunkt nicht auszumachen war, sind die Lebensdaten des Autors in der Text-Unterschrift genannt.

Barbara und Walter Laufenberg

AUTOREN- UND QUELLENVERZEICHNIS

ALO (Adolf Christoph Locher, 1891–1960). Ohne Geld durch Berlin. Berlin 1928. *Seite 288*

ANDREAS-FRIEDRICH, Ruth (1901–1977). Der Schattenmann (andere Ausgaben: Schauplatz Berlin). Suhrkamp Verlag Frankfurt a. M. (1947) 1983. *Seite 132*

ARNIM, Achim von (1781–1831) und Bettina von Arnim geb. Brentano (1785–1859). (1,2) Achim und Bettina in ihren Briefen, Frankfurt 1961. (3) Achim von Arnim und Bettina Brentano, Stuttgart und Berlin 1913. *Seiten 37, 98, 152*

BENJAMIN, Walter (1892–1940). Berliner Kindheit um 1900. Suhrkamp Verlag, Frankfurt a. M. 1950. *Seite 156, 177*

BENN, Gottfried (1886–1956). Gesammelte Werke Hrsg. von Dieter Wellershoff. Wiesbaden 1968. Abdruck mit Genehmigung des Verlages Klett-Cotta, Stuttgart. *Seite 230*

BENNETT, Jack O. (geb. 1914). Erinnerungen und Gedanken eines Luftbrückenpiloten. In: Blockade, Luftbrücke und Luftbrückendank (Berliner Forum); Presse- und Informationsamt des Landes Berlin 1984/Heft 2. *Seite 234*

BIEWEND, Edith (geb. 1923). Gleich links vom Kurfürstendamm. Ehrenwirth Verlag, München 1979. *Seite 216*

BISMARCK, Otto von (1815–1898). Gedanken und Erinnerungen. München 1952. *Seite 129*

BORN, Nicolas (1937–1979). Die erdabgewandte Seite der Geschichte. Rowohlt Verlag, Reinbek 1976. *Seiten 182, 193, 207*

BOVERI, Margret (1900–1975). Tage des Überlebens. Verlag R. Piper & Co., München 1968. *Seiten 161, 245*

BREDEL, Willi (1901–1964). Ein neues Kapitel. Aufbau-Verlag, Berlin/DDR 1961. *Seite 27*

BRUYN, Günter de (geb. 1926). Buridans Esel. Mitteldeutscher Verlag, Halle 1968. *Seite 94*

CASANOVA, Giacomo (1725–1798). Geschichte meines Lebens. Hrsg. und eingeleitet von Erich Loos. Erstmals nach der Urfassung ins Deutsche übersetzt von Heinz von Sauter. Verlag Ullstein/Propyläen, Berlin 1964. *Seite 113*

CHATEAUBRIAND, François René de (1729–1781). Erinnerungen. Hrsg., neu übertragen und mit einem Nachwort von Sigrid von Massenbach. Nymphenburger Verlagshandlung, München 1968. *Seite 32*

CORINTH, Lovis (1858–1925). Das Leben Walter Leistikows. Cassirer Verlag, Berlin 1910. *Seite 186*

DÖBLIN, Alfred (1878–1957). (1,3) Die Nachtwandlerin, aus: Die Ermordung einer Butterblume. (2) Berlin Alexanderplatz. Walter Verlag, Olten 1962, 1961. *Seiten 42, 101, 227*

DREWITZ, Ingeborg (1923–1986). Oktoberlicht. F. A. Herbig Verlagsbuchhandlung, Berlin/München/Wien 1969. *Seite 168*

DUTSCHKE, Rudi (1940–1979). Voltaire-Flugschrift Nr. 17. (Fernsehinterview Günter Gaus/Rudi Dutschke vom 3. Dezember 1967). Edition Voltaire, Frankfurt a. M. 1968. *Seite 243*

EBERTY, Felix (1812–1884). Jugenderinnerungen eines alten Berliners. Berlin 1925. *Seite 297*

EHRLER, Hans Heinrich (1872–1951). Meine Fahrt nach Berlin. Stuttgart 1929. *Seite 247*

ELOESSER, Arthur (1870–1938). Die Straße meiner Jugend. Berlin 1919. *Seite 181*

ERMAN, Wilhelm Adolf (1850–1932). Mein Werden und mein Wirken. Quelle & Meyer Verlag (Leipzig 1929) Heidelberg/Wiesbaden. *Seite 62*

ESCHMANN, Ernst Wilhelm (geb. 1904). Soziologie des Westens. In: Das Berlin-Buch, hrsg. von Wolfgang Weyrauch. Leipzig 1941. *Seite 25*

FALLADA, Hans (1893–1947). (1) Kleiner Mann – was nun? Berlin 1932. (2,4) Wolf unter Wölfen. Berlin 1937. (3) Damals bei uns daheim. Reinbek 1955. Abdruck mit Genehmigung von Emma D. Hey, Braunschweig. *Seiten 68, 99, 142, 294*

FECHNER, Hanns (1860–1931). Der Spreehanns. Rembrandt-Verlag, Berlin 1925. *Seite 238*

FECHTER, Paul (1880–1958). Die Landschaft. In: Das Berlin-Buch, hrsg. von Wolfgang Weyrauch. Leipzig 1941. *Seite 233*

FEUCHTWANGER, Lion (1884–1958). In: Hier schreibt Berlin, neu hrsg. von Herbert Günther. München 1963. *Seite 127*

FICHTE, Johann Gottlieb (1762–1814). Reden an die deutsche Nation. Hamburg 1978. *Seite 43*

FLÜGGE siehe KÖHLER-ZILLE

FONTANE, Theodor (1819–1898). (1) Jost Schillemeit: Berlin und die Berliner; Neuaufgefundene Fontane-Manuskripte; in: Jahrbuch der Deutschen Schillergesellschaft, Alfred Kröner Verlag, Stuttgart 1986. (Die Arbeit von Jost Schillemeit bringt den Text der ersten Niederschrift Fontanes und nennt die von Fontane daran vorgenommenen oder zur Erwägung notierten Korrekturen. Wir bringen einen Lesetext-Vorschlag, in den Fontanes Korrekturen eingearbeitet sind; daß damit die philologisch gültige Fassung vorliegt, möchten wir nicht beanspruchen.) (2) Von Zwanzig bis Dreißig. München 1967. (4) Der Stechlin. (3,5) Wanderungen durch die Mark Brandenburg. Sämtliche Werke, hrsg. von Edgar Gross. München 1959ff. *Seiten 17, 38, 276, 298, 307*

FRIEDEL, Ernst (1837–1918). Deutsche Kaiserstadt Berlin. Berlin und Leipzig 1882. *Seiten 176, 258, 285*

FRISCH, Max (geb. 1911). Tagebuch 1946–1949. Suhrkamp Verlag Frankfurt a. M. 1950. *Seite 240*

FUCHS, Günter Bruno (1928–1977). Pennergesang. Carl Hanser Verlag, München 1965. *Seite 221*

GLASSBRENNER, Adolf (1810–1876). Wie war Berlin vergnügt. Berlin 1977. *Seite 300*

GOETHE, Johann Wolfgang (1749–1832). *Seiten 14, 119*

GRASS, Günter (geb. 1927). Die Plebejer proben den Aufstand; Ein deutsches Trauerspiel. Luchterhand Verlag, Darmstadt und Neuwied 1966 *Seite 75*

GROGGERT, Kurt (Lebensdaten nicht ermittelt). Geschäftsleben. In: Mitten in Berlin. Ein Lesebuch über das Stadtleben in Kreuzberg 1900–1950, hrsg. von Michael Haben. Verlag Ästhetik und Kommunikation Berlin o. J. (um 1984). *Seite 222*

GUSTAS, Aldona (geb. 1932). Der Funkturm. In: Berliner Malerpoeten, hrsg. von Aldona Gustas. Nicolaische Verlagsbuchhandlung, Herford und Berlin 1974. *Seite 194*

HÄRLIN, Benny (geb. 1957) und SONTHEIMER, Michael (geb. 1955). Potsdamer Straße. Rotbuch Verlag, Berlin 1983. *Seiten 124, 232*

HAUFS, Rolf (geb. 1935). Straße nach Kohlhasenbrück; Gedichte. Neuwied 1962. Abdruck mit Genehmigung des Autors. *Seite 256*

HAUSHOFER, Albrecht (1903–1945). Moabiter Sonette. *Seite 212*

HEINE, Heinrich (1797–1856). Zitiert aus: Und grüß mich nicht unter den Linden; Gedichte und Prosa, hrsg. von Gerhard Wolf. Berlin/DDR 1980. *Seiten 33, 49, 61, 90, 108*

HEINROTH, Katharina (geb. 1897). Mit Faltern begann's. München 1979. Abdruck mit Genehmigung der Autorin. *Seite 179*

HESSEL, Franz (1880–1941). Ein Flaneur in Berlin (Neuausgabe von: Spazieren in Berlin, 1929). Berlin 1984. *Seiten 72, 143, 169*

HEYM, Georg (1887–1912). Lesebuch, hrsg. von Heinz Rölleke. München 1984. *Seite 211*

HILDEBRANDT, Dieter (geb. 1923). Deutschland, deine Berliner. Hamburg 1975. Abdruck mit Genehmigung des Autors. *Seiten 137, 231*

HÖLLERER, Walter (geb. 1922). Die Elephantenuhr. Suhrkamp Verlag, Frankfurt a. M. 1973. *Seite 268*

HOFFMANN, E. T. A. (1776–1822). (1) Ritter Gluck; Novelle. (2) Leben und Werk in Briefen, Selbstzeugnissen und Zeitdokumenten, hrsg. von Klaus Günzel. Berlin/DDR 1978. *Seiten 58, 114*

HUMBOLDT, Wilhelm von (1767–1835). Briefe. Hrsg. von Wilhelm Rößler. München 1952. *Seite 275*

JOEL, Karl (1864–?). Für Berlin. In: Berlin unterm Scheinwerfer, hrsg. von J. Landau. Berlin 1924. *Seite 23*

JÜNGER, Ernst (geb. 1895). Das abenteuerliche Herz; Figuren und Capriccios. 14. Aufl. 1979 Klett-Cotta, Stuttgart. *Seite 244*

KÄSTNER, Erich (1899–1974). Gesammelte Schriften. Atrium Verlag, Zürich 1959. © Erich Kästner Erben, München. *Seiten 123, 220*

KALÉKO, Mascha (1912–1974). Das lyrische Stenogrammheft. rororo 1784, Rowohlt Taschenbuch Verlag, Reinbek 1956. *Seite 174*

KARSUNKE, Yaak (geb. 1934). reden & ausreden. Berlin 1969. Abdruck mit Genehmigung des Autors. *Seite 136*

KERR, Alfred (1867–1948). (1) Berliner Tageblatt vom 1. September 1928. (2, 3, 4) Die Welt im Licht, hrsg. von Friedrich Luft. Köln 1961. © Sir Michael Kerr und Mrs. Judith Kerr-Kneale. *Seiten 67, 217, 254*

KIRSCH, Sarah (geb. 1935). Drachensteigen. Langewiesche-Brandt, Ebenhausen bei München 1979. *Seite 150*

KLATT, Detloff (1882–?). Treffpunkt Moabit. Wichern-Verlag, Berlin o. J. *Seite 211*

KLEIST, Heinrich von (1777–1811). Michael Kohlhaas. *Seite 78*

KLEPPER, Jochen (1903–1942). Unter dem Schatten deiner Flügel. Aus den Tagebüchern 1932–1942. Deutsche Verlags-Anstalt, Stuttgart 1956. *Seite 250*

KNOBLOCH, Heinz (geb. 1926). Berliner Fenster; Feuilletons. Mitteldeutscher Verlag Halle/Leipzig 1981 (Seite 88 unten / Seite 89 aus Manuskript 1986). *Seiten 88, 95, 292*

KOCH, Thilo (geb. 1920). Zwischen Grunewald und Brandenburger Tor. München 1956. Abdruck mit Genehmigung des Autors. *Seiten 163, 270, 277*

KÖHLER-ZILLE, Margarete (1884–1976) und FLÜGGE, Gerhard (1914–1972). Mein Vater Heinrich Zille. Berlin/DDR 1955. *Seite 215*

KOLMAR, Gertrud (1894–1943). Eine jüdische Mutter. Kösel-Verlag, München 2. Aufl. 1978. *Seite 174*

KORTNER, Fritz (1892–1970). Aller Tage Abend. Kindler Verlag, München 1959. *Seite 161*

KRAFT, Ruth (geb. 1920). Die Shimmytreppe. Berlin/DDR 1971. Abdruck mit Genehmigung der Autorin. *Seite 104*

KRETZER, Max (1854–1941). Wilder Champagner; Berliner Erinnerungen und Studien. Leipzig 1919. *Seite 152*

KRÜGER, Horst (geb. 1919). (1) Deutsche Augenblicke. München 1969. (2, 3, 4) Stadtpläne. München 1967. Abdruck mit Genehmigung des Autors. *Seiten 105, 139, 175, 223*

KÜGELGEN, Bernt von (geb. 1914). Aus: Freies Deutschland (Mexiko), 2. Januar 1944; zitiert nach: Sonntag, 26. Januar 1969. *Seite 26*

KUNERT, Günter (geb. 1929). Gast aus England. Hanser Verlag, München 1973. *Seite 296*

LAFORGE, Jules (1860–1887). Berlin, der Hof und die Stadt 1887. Frankfurt a. M. 1970. *Seiten 41, 46*

LAUFENBERG, Walter (geb. 1935). (1) Ich liebe Berliner. Tomus Verlag, München 1986. (2) Berlin, Parallelstraße 13. Stolberg/Rhld. 1982, Rechte beim Autor. (3) Die Stadt bin ich. Haude und Spenersche Verlagsbuchhandlung, Berlin 1985. *Seiten 155, 240, 246*

LEDIG-ROWOHLT, Heinrich Maria (geb. 1908). Thomas Wolfe in Berlin. Rowohlt Verlag, Hamburg 1948. *Seite 269*

LEISING, Richard (geb. 1934). Aus dem Manuskript. Rechte bei Langewiesche-Brandt, Ebenhausen bei München. *Seite 106*

LESSING, Gotthold Ephraim (1729–1781). Werke, hrsg. von Hermann Kesten. Köln 1962. *Seite 81*

LÖFFLER, Ludwig (1819–1876). Berlin und die Berliner. Leipzig 1856. *Seiten 64, 119, 208, 272*

LUISE, Königin von Preußen (1776–1810). Briefe und Aufzeichnungen. Hrsg. von Malve Gräfin Rothkirch. München 1985. *Seite 191*

MASSAT, Georg (1887–?). Ein Berliner erzählt aus seinem Leben. Berlin 1956. *Seiten 187, 303*

MEHRING, Walter (1896–1981). Das große Ketzerbrevier. München 1974. Abdruck mit Genehmigung des Claassen Verlages, Düsseldorf. *Seite 219*

MEINECKE, Friedrich (1862–1954). Autobiographische Schriften. K. F. Koehler Verlag, Stuttgart 1969. *Seite 242*

MENDELSSOHN-BARTHOLDY, Fanny (1805–1847). Meister der deutschen Musik in ihren Briefen. Hrsg. von H. Brandt. Ebenhausen bei München 1928. *Seite 50*

MENUHIN, Yehudi (geb. 1916). Unvollendete Reise. Verlag R. Piper & Co., München 1976. *Seite 205*

MENZEL, Adolph (1815–1905). Adolph von Menzels Briefe, hrsg. von Hans Wolff, Berlin 1914. *Seite 121*

MODROW, Hans O. (geb. 1905). Berlin 1900; Querschnitt durch die Entwicklung einer Stadt um die Jahrhundertwende. Reimar Hobbing Verlag, (Berlin 1936) Essen. *Seite 261*

MOLTKE, Helmuth James Graf von (1907–1945). Bericht aus Deutschland 1943; Letzte Briefe aus dem Gefängnis Tegel 1945. Henssel Verlag, Berlin 1971. *Seite 279*

MUSIL, Robert (1880–1942). Gesammelte Werke. Rowohlt Taschenbuch Verlag, Reinbek 1978. *Seiten 156, 192, 274*

NALLI-RUTENBERG, Agathe (1838–1919). Mein liebes altes Berlin. Berlin 1910. *Seiten 218, 284*

NICOLAI, Friedrich (1733–1811). Beschreibung der Königlichen Residenzstädte Berlin und Potsdam. Berlin 1786. *Seite 184*

NOSTIZ, Helene (1878–1944). Berlin. Erinnerung und Gegenwart. Leipzig und Berlin 1938. *Seite 34*

OLFERS, Marie von (1826–1924). Briefe und Tagebücher 1870–1924. Verlag E. G. Mittler & Sohn, Berlin 1930. *Seiten 86, 125, 153, 228*

PARTHEY, Lili (1800–1829). Tagebücher aus der Berliner Biedermeierzeit. Berlin/Leipzig 1926. *Seite 226*

PIPER, Reinhard (1879–1953). Mein Leben als Verleger. R. Piper & Co. Verlag, München 1964. *Seite 247*

PROCHOWNIK, Edda (Lebensdaten nicht ermittelt). So lebten wir einst in Berlin. arani Verlag, Berlin 1963. *Seite 154*

RAABE, Wilhelm (1831–1910). Die Chronik der Sperlingsgasse, in: Sämtliche Werke. Göttingen 1951–1970. *Seite 110*

RELLSTAB, Ludwig (1799–1860). Berlin und seine nächsten Umgebungen. Darmstadt 1852. *Seiten 112, 274*

REUTER, Ernst (1889–1953). Schriften, Reden. Propyläen-Verlag, Berlin. *Seite 148*

RODENBERG, Julius (1831–1914). Bilder aus dem Berliner Leben. Berlin 1885/1887. *Seiten 110, 286*

SAENGER, Erna (1876–?). Geöffnete Türen; Ich erlebte hundert Jahre. Berlin o. J. *Seiten 72, 87*

SCHEFFLER, KARL (1869–1951). Die fetten und die mageren Jahre; Ein Arbeits- und Lebensbericht. Paul List Verlag, München/Leipzig 1948 *Seiten 22, 35*

SCHINKEL, Karl Friedrich (1781–1841). Briefe, Tagebücher, Gedanken, hrsg. von Hans Machowsky. Berlin 1922. *Seite 47*

SCHMOOK, Alexander (1888–?) Es war im Grunewald... Jagdliche Erinnerungen und Plaudereien des letzten Grunewaldforstmeisters. Verlag Naturkunde, Hannover/Berlin 1950. *Seite 263*

SCHNEIDER, Peter (geb. 1940). Der Mauerspringer. Luchterhand Verlag, Darmstadt und Neuwied 1982. *Seite 30*

SCHNURRE, Wolfdietrich (geb. 1920). Als Vater Bart noch rot war. Arche Verlag, Zürich 1958. *Seite 93, 172*

SCHOLZ, Hans (geb. 1911). Berlin, jetzt freue dich! Hamburg 1960. Abdruck mit Genehmigung des Autors. *Seiten 251, 280*

SEIDEL, Heinrich (1842–1906). Von Perlin nach Berlin und anderes. Stuttgart und Berlin 1925. *Seite 214*

SIEMENS, Werner von (1816–1892). Lebenserinnerungen. Berlin 1916. *Seite 83*

SOMBART, Nikolaus (geb. 1923). Jugend in Berlin; Ein Bericht. Hanser Verlag, München 1984. *Seite 265*

SONTHEIMER siehe HÄRLIN

SPRINGER, Robert (1816–1885). Berlin; Ein Führer durch die Stadt und ihre Umgebungen. Leipzig 1861. *Seiten 17, 44, 109, 140*

STAËL, Madame de (1766–1817). Kein Herz, das mehr geliebt hat; Eine Biographie in Briefen, hrsg. von Georges Solovieff, übersetzt von Rudolf Wittkopf. S. Fischer Verlag, Frankfurt a. M. 1971. *Seite 36*

STENDHAL (Henry Beyle) 1783–1842. Gesammelte Werke. Bd. 8: Ausgewählte Briefe, deutsch von Artur Schurig. Propyläen Verlag, Berlin 1924. *Seite 16*

STETTENHEIM, Julius (1831–1916). Heitere Erinnerungen; Keine Biographie. Berlin 1896. *Seiten 63, 145*

SZATMARI, Eugen (geb. 1892). Das Buch von Berlin. München 1927. *Seite 147*

TERGIT, Gabriele (Elise Reifenberg, 1894–1982). Käsebier erobert den Kurfürstendamm. Berlin 1931. *Seiten 71, 171, 199, 291*

TROJAN, Johannes (1837–1915). Berliner Bilder; Hundert Momentaufnahmen. Berlin 1903. *Seiten 66, 126, 199, 229*

TUCHOLSKY, Kurt (1890–1935). Gesammelte Werke in 2 Bänden, Band 1. Rowohlt Verlag, Reinbek 1960. *Seite 159*

ULLSTEIN, Heinz (geb. 1893). Spielplatz meines Lebens; Erinnerungen. Kindler Verlag, München 1961. *Seite 116*

VOLTAIRE, François-Marie (1694–1778). Mein Aufenthalt in Berlin. Hrsg. und übersetzt von Hans Jacob. München 1921. *Seite 80*

WALSER, Robert (1878–1956). Berliner Bilderbogen. In: Das Gesamtwerk, Suhrkamp Verlag, Zürich / Frankfurt a. M. *Seite 158*

WAUER, Hugo (1828–1912). Humoristische Rückblicke auf Berlins «gute alte» Zeit von 1834 bis 1870. Berlin 1910. *Seiten 51, 210*

WEBER, Annemarie (geb. 1918). (1) Westend. Deutscher Taschenbuch Verlag 1985. (2) Schloß Grunewald. In: Spreewind; Berliner Geschichten. Berlin 1969. Abdruck mit Genehmigung der Autorin. *Seiten 168, 267*

WEIGER, Horst (Lebensdaten nicht ermittelt). Eindrücke in Berlin, London, Paris. Privatdruck 1982. *Seite 139*

WERNER, Anton von (1843–1915). Erlebnisse und Eindrücke 1870–1890. Berlin 1913. *Seiten 40, 249*

WILKE, Ad. von (1867–1934). Alt-Berliner Erinnerungen. Berlin 1930. *Seiten 115, 144, 198, 259, 290*

WOLFE, Thomas (1900–1938). Es führt kein Weg zurück. Rowohlt Verlag, (Berlin 1942) Reinbek 1968. *Seite 195*

ZAPF, Hans (Lebensdaten nicht ermittelt). Ecke Joachimstaler, in: Hier schreibt Berlin, hrsg. von Herbert Günther. München 1963. *Seite 167*

ZELLER, Eberhard (geb. 1909). Geist der Freiheit. 4. vollst. neu bearb. Aufl., Gotthold Müller Verlag, München 1963. *Seite 202*

ZELTER, Karl Friedrich (1758–1832). Goethe/Zelter Briefwechsel. *Seite 118*

ZILLE siehe KÖHLER-ZILLE

ZOBELTITZ, Fedor von (1857–1934). Ich hab so gern gelebt; Die Lebenserinnerungen. Ullstein Verlag, Berlin 1934. *Seiten 92, 166, 185*

ZUCKMAYER, Carl (1896–1977). Der Hauptmann von Köpenick, in: Gesammelte Werke. S. Fischer Verlag, Frankfurt a. M. 1960 *Seite 305*

Berliner Morgenpost vom 27. Juni 1263. *Seite 231*

Urkundenbuch zur Berlinischen Chronik, hrsg. von dem Verein für die Geschichte Berlins. 1232 bis 1550 (Hrsg. F. Voigt / E. Fidicin). Berlin 1880. *Seite 15 oben*

Schriften des Vereins für die Geschichte der Stadt Berlin. 1. Band, Heft 1:

Die Chronik der Cölner Stadtschreiber von 1552 bis 1605; die Wendland'sche Chronik von 1648 bis 1701. Berlin 1865; unveränderter Nachdruck 1903. Übertragung von den Herausgebern. *Seite 15 unten*
Völkischer Beobachter vom 12. Mai 1933. *Seite 54*
Anschläge; 220 politische Plakate als Dokumente der deutschen Geschichte 1900–1980; ausgewählt und kommentiert von Friedrich Arnold. Ebenhausen bei München 1985. *Seite 201*

Wir danken den in den Quellenvermerken genannten Verlagen für die Genehmigung zum Abdruck der Texte. Nicht für jedes Zitat war die urheberrechtliche Situation zu klären. Der Deutsche Taschenbuch Verlag ist für Hinweise dankbar.

Die Herausgeber

Barbara Laufenberg, Jahrgang 1950, ist als Herausgeberin von Anthologien («Berlin im Gedicht», 1987) und Rezensentin tätig. Ihr Mann, Walter Laufenberg, Jahrgang 1935, ist Schriftsteller und hat zuletzt den Roman «Axel Andexer oder Der Geschmack von Freiheit und so fort» (1985) veröffentlicht sowie die Satire «Ratgeber für Egoisten» (1987). Sie leben in Berlin und Heidelberg.

Bilderverzeichnis

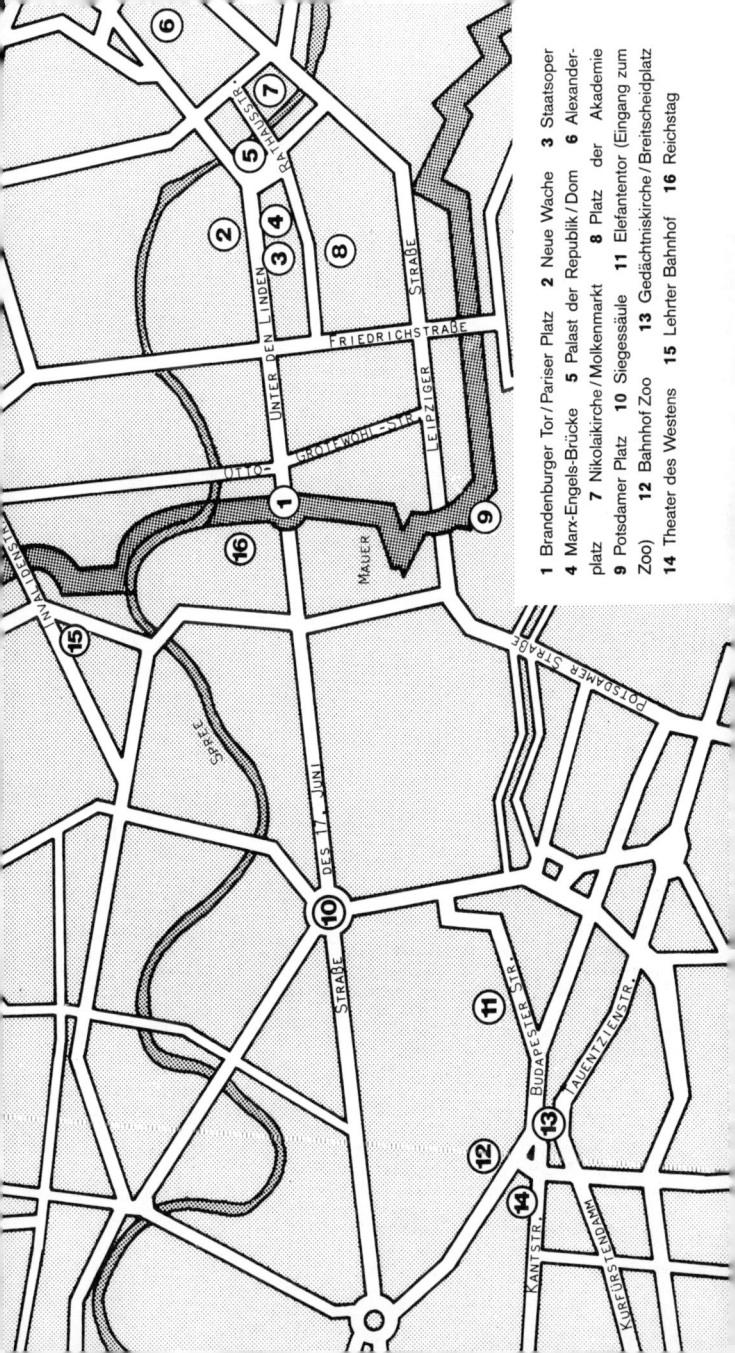

1 Brandenburger Tor / Pariser Platz 2 Neue Wache 3 Staatsoper
4 Marx-Engels-Brücke 5 Palast der Republik / Dom 6 Alexanderplatz 7 Nikolaikirche / Molkenmarkt 8 Platz der Akademie
9 Potsdamer Platz 10 Siegessäule 11 Elefantentor (Eingang zum
Zoo) 12 Bahnhof Zoo 13 Gedächtniskirche / Breitscheidplatz
14 Theater des Westens 15 Lehrter Bahnhof 16 Reichstag

ORTSREGISTER